國家古籍整理出版專項經費資助項目

清·傅山　著
尹協理　主編

# 傅山全書

## 第三册

山西出版傳媒集團
山西人民出版社

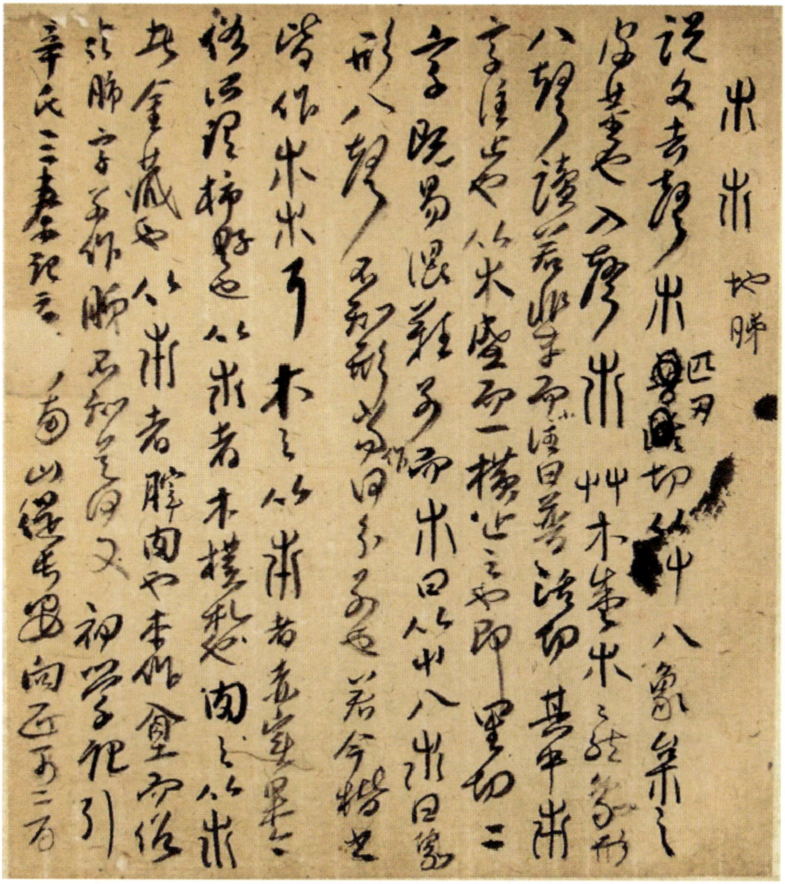

傅山讀書筆記手稿之一（西北民族大學圖書館藏）

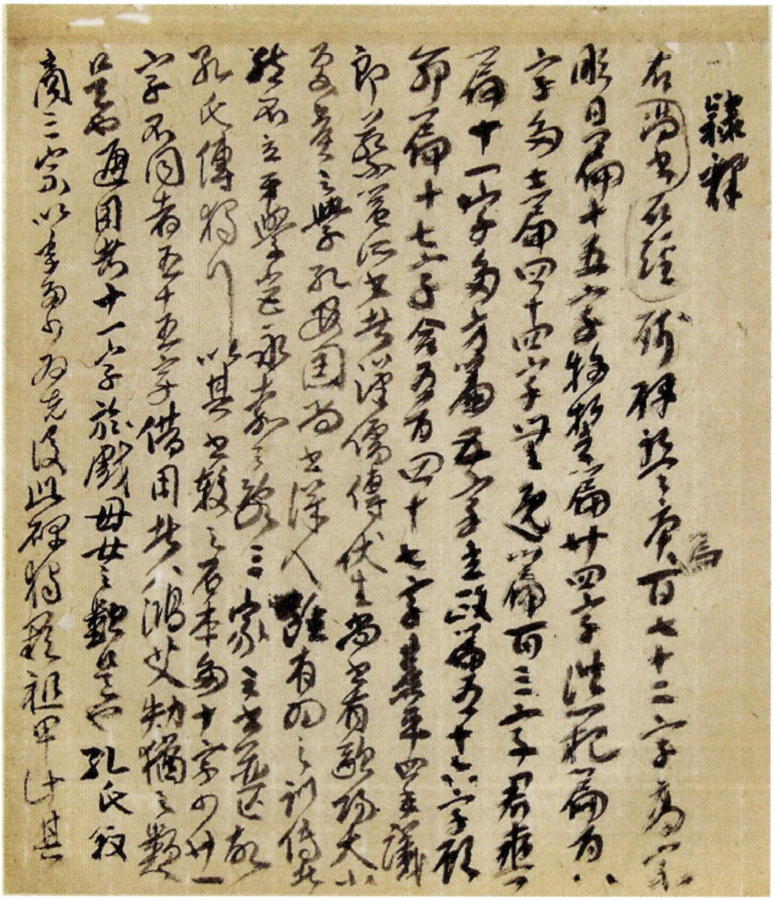

傅山讀書筆記手稿之二（西北民族大學圖書館藏）

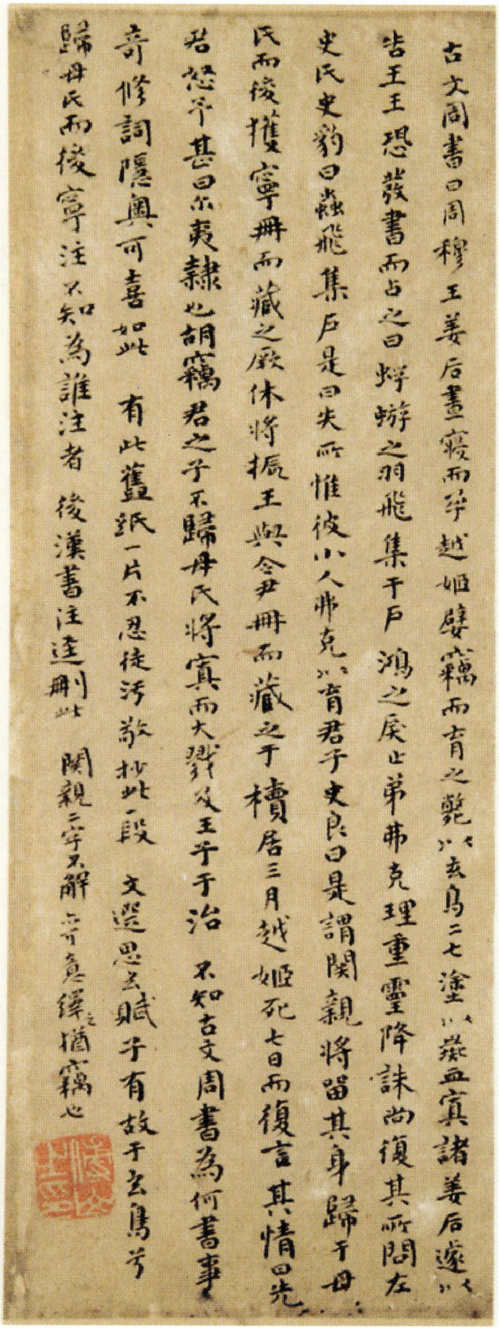
古文周書曰周穆王姜后晝寢而孕越姬嬖竊而育之斃以玄鳥二七塗以彘血寘諸姜后遂以
告王王恐發書而占之曰蜉蝣之羽飛集于戶鴻之庚止弟弗克理重靈降誅尚復其所問左
史氏史豹曰蟲飛集戶是曰失所惟彼小人弗克以育君子史良曰是謂關親將留其身歸于母
氏而後獲寧冊而藏之厥休將振王與令尹冊而藏之于櫝居三月越姬死七日而復言其情曰先
君怒予甚曰尔夷隸也胡竊君之子不歸母氏將寘而大戮及王子于治　不知古文周書為何書事
奇修詞隱奧可喜如此　有此舊紙一片不忍徒污敬抄此段　文選思玄賦子有故于玄鳥兮
歸母氏而後寧注不知為誰注者　後漢書注達刪此　關親二字不解　字意繹之猶竊也

傅山雜記古文周書手稿（上海圖書館藏）

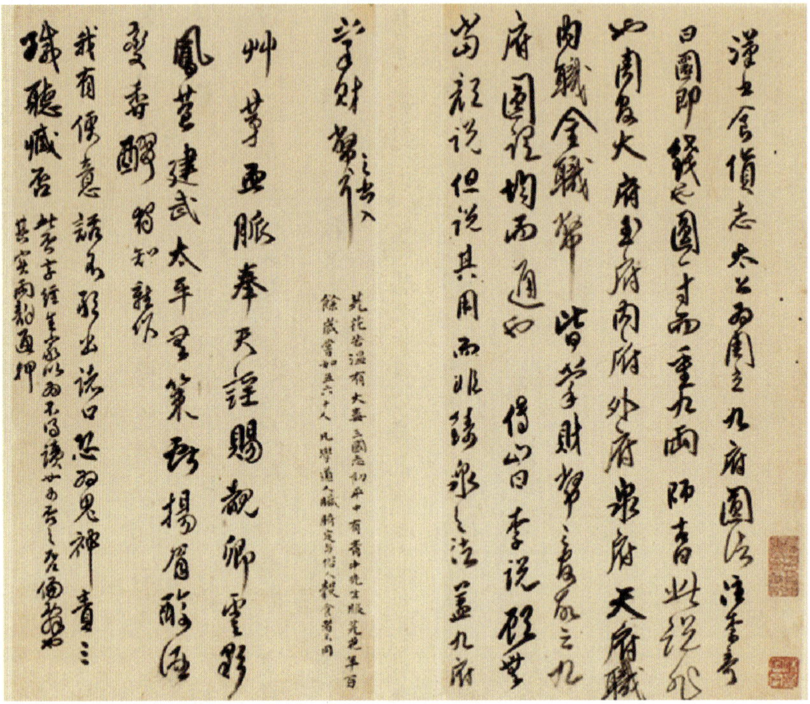

傅山雜記九府圓法手稿（上海博物館藏）

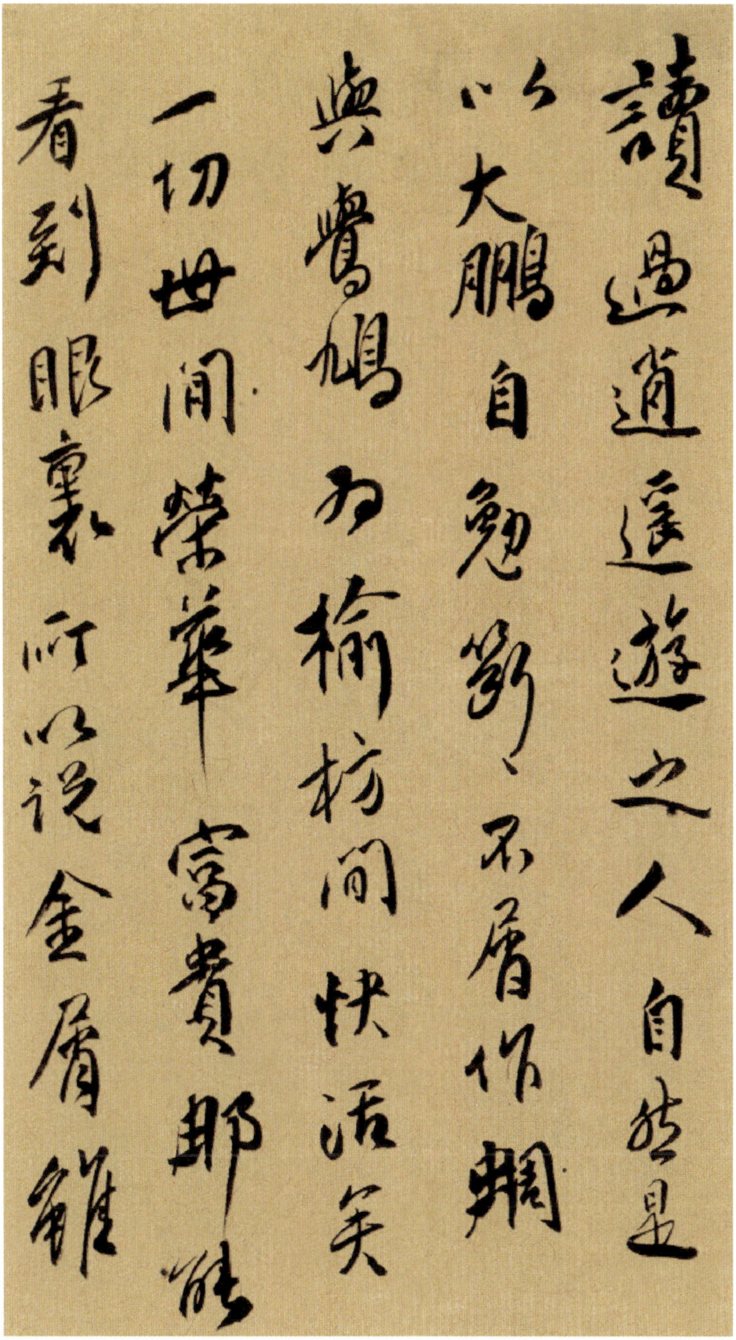
讀逍遙遊之人自是
以大鵬自勉，斷斷不屑作蜩
與鷽鳩，為榆枋間快活矣。
一切世間榮華富貴，那能
看到眼裏，所以說金屑雖

傅山雜記逍遙遊手稿
（甘肅鄧寶珊先生家藏）

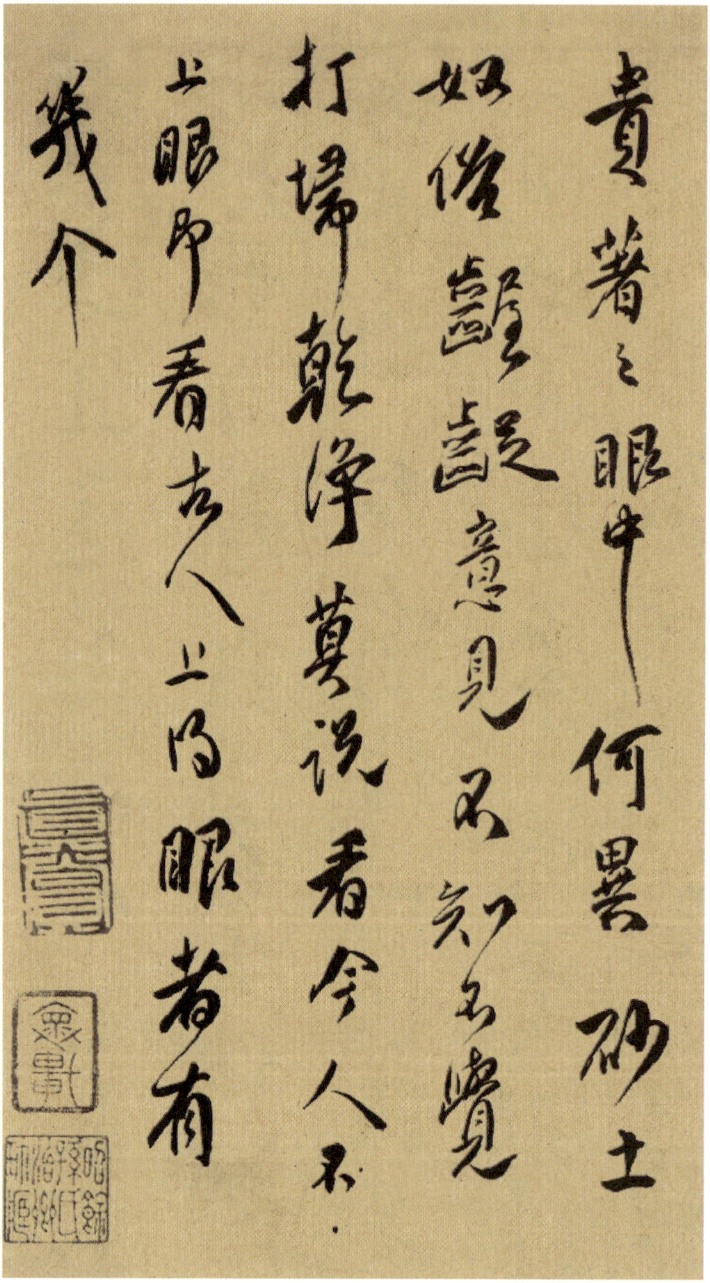
貴著之眼中何異沙土
好似齷齪意見不知不覺
打掃乾淨莫說看今人不
上眼即看古人上
眼者有
幾个

傅山雜記道學先生手稿

（甘肅鄧寶珊先生家藏）

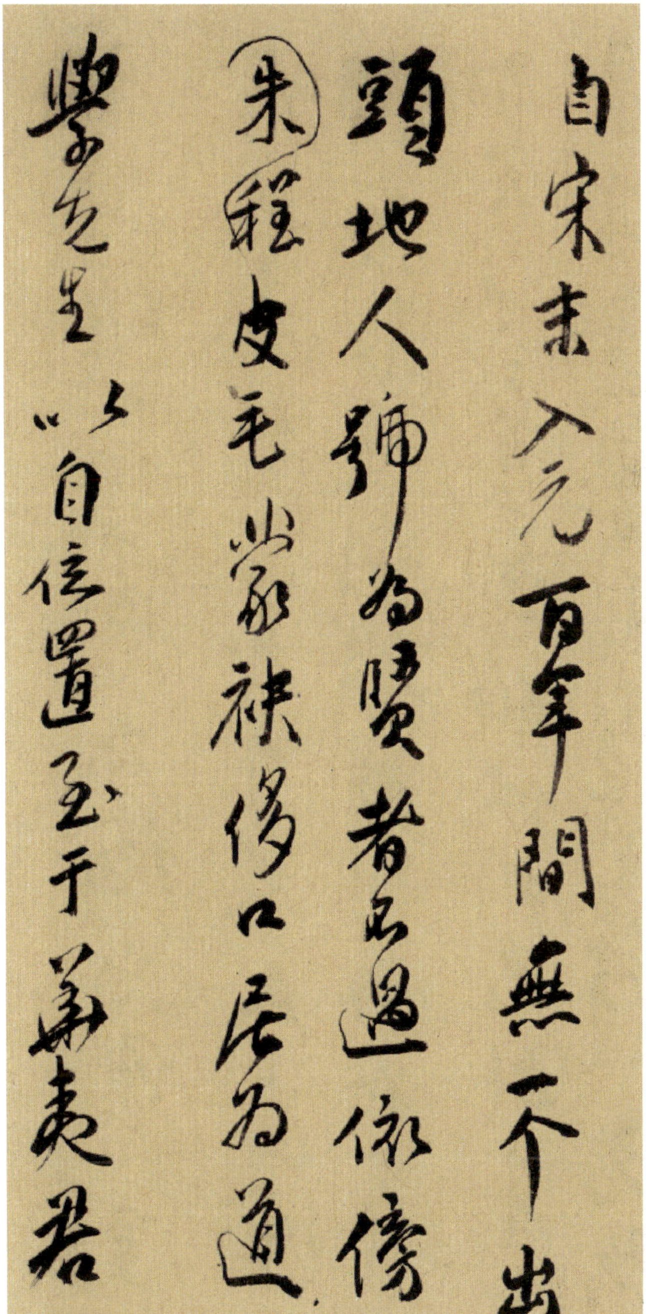

自宋末入元百年間無一个出頭地人，號爲讀者，只過依傍朱程皮毛，必家禪傍，口稱爲道學先生，以自位置，至于華夷君

臣之辯一切還之不論當便之言
聖人春秋之義真令人遺淦
精雅教授開理并義死節
而今門之三百寧恥仕胡元此才
是真道學聖賢之學 元章

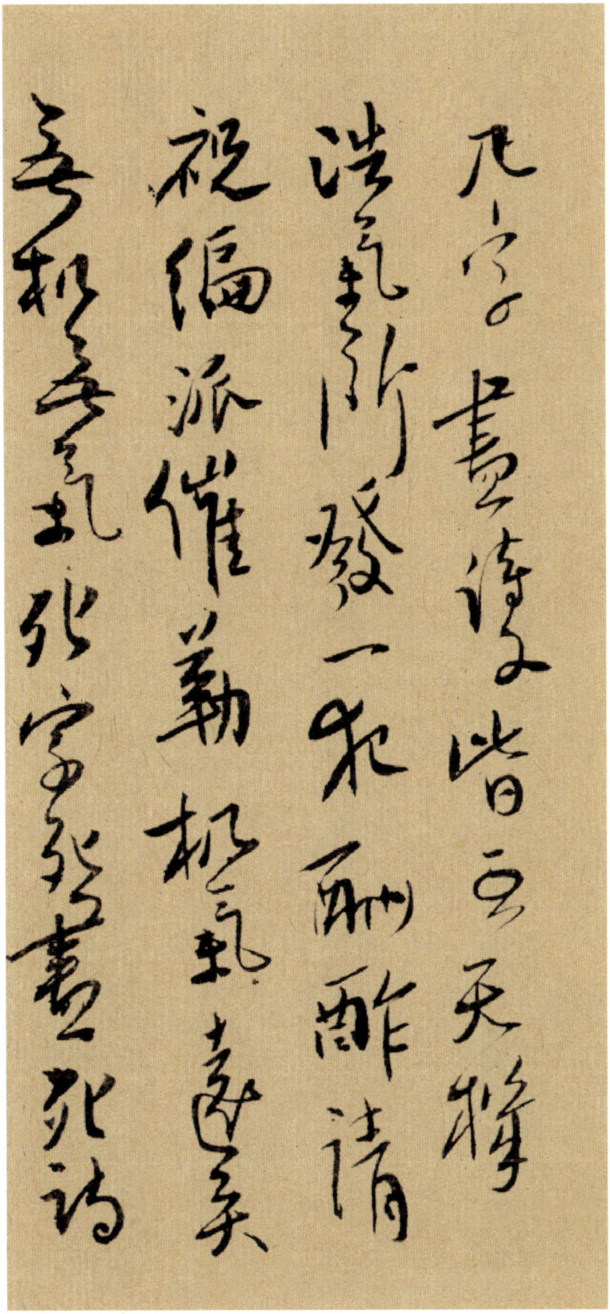
凡字畫詩文皆是天機
浩氣所發一犯酬酢請
祝編派催勒機氣盡矣
無機無氣死字死畫死詩

傅山雜記天機手稿（太原晉祠博物館藏）

傅山雜記法與氣手稿（甘肅鄧寶珊先生家藏）

炲應哩我都不待聽真古文氣法全分不出
氣之來出即是法之始氣之止處即是法之終氣之
回復處即是法之周旋原無法（無之）處糟漫動之其

合古法其不合古法且道書經不像易經〻禮又不

像〻書經此〻不皆背古法耶只如枚生七發以後只一箇

樸子七啓像穀壹屢更　如奴人之言只作到咎

七七四十九或七百七千七萬余敢云非枚生法出之矣

失笑大半是宋人懷之故老泉東坡之外不

敢奉教老夫近來只是好發子難人能解朱

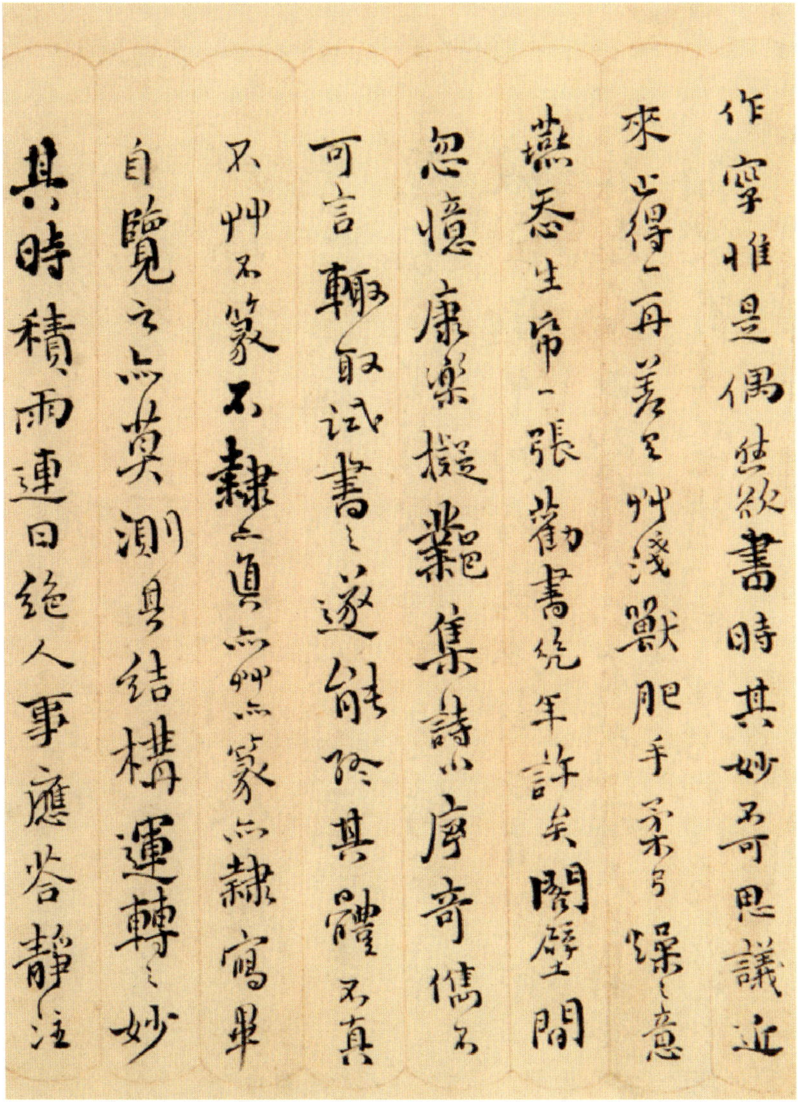
作字惟是偶然欲書時其妙不可思議逆
來必得之再善之草淺獸肥手柔弓燥之意
蕭然生布一張勸書幾年許矣閣壁間
忽憶康樂擬鄴集詩小序奇儁不
可言輒取試書之遂能於其體不真
不草不篆不隸亦真亦草亦篆亦隸寫畢
自覽之亦莫測其結構運轉之妙
其時積雨連日絕人事應答靜注

傅山雜記作字惟是偶然手稿（上海圖書館藏）

南華〻是不可解者〻四段頗謂得子
玄〻以未得〻意思而寐〻起即書帝誰
知寫字〻造適于漆園老僊也近臘
日老一日欲稱嵩能纔頓〻轉也而以六書
澀寫六經補歐陽率更楷書〻蘇
浸〻上擬中郎而無法財佐道先胥
其志耳 中郎蹟〻只有道碑在西時
簡便 有進說文黃初假鍾繇碑抑不足觀也

山書

# 第三册　目錄

卷三十九　雜記（三）

卷四十二　雜記（六）

卷四十五　雜記（九）……三一九

卷四十六　雜記（十）……三六一

# 卷三十六　讀書筆記〔一〕

## 肆乎其肆

石經論語殘碑，既總記字數下，別一條「賈諸」下，「蓋肆乎其肆也」，不知此句是論語中文邪？非邪？下又「盍、毛、包、周」云云，是謂注疏家學問。

## 侯公匿弗肯復見

史記項紀：「漢王復使侯公往說項王，項王乃與漢約，中分天下，割鴻溝以西者爲漢，鴻溝而東者爲楚。項王許之，卽歸漢王父母妻子。軍皆呼萬歲。漢王乃封侯公爲平國君。匿弗肯復見。曰：『此天下辯士，所居傾國，故號爲平國君。』」詳文義，「匿弗肯復見」是侯公藏匿，不肯復見漢王。漢王乃曰：「此天下辯士，所居傾國，故號爲平國君」。「故」字一句，還是漢王說封侯公之本義。如此看侯公，知是當時明哲士。其說項王時不知如何委曲中窾，而其情節有不堪一一對漢高說者。功成身退，其智也。又恐漢王猜疑，在項營目擊其狼狽私事而算計之，故再不肯見，良高節矣。葉夢得云「漢高終身不見侯公」，則是以「弗肯復見」屬之漢王，而「匿」字當屬之誰？不知此義

〔一〕此卷據蘭州西北民族大學圖書館藏手稿釋文，由葛敬生、楊莉整理。傅山全書初版本未收。手稿中似有傅山子眉、侄仁、孫蓮蘇字蹟，當在青主指導下所記。原稿無題，據内容，編者定爲「讀書筆記」。篇中題下加「*」符號者，其標題爲編者所加。

何本，且不解漢王不見侯公之意爲何。亦以大恩難報而復有愧沮于中，不欲再見耶？金鄉長侯君碑云：侯公曾孫封明統侯，不知在何時封者。

## 㝃字

説文「㝃，稍前大也。」从而从大。而，其聲，今習爲「柔㝃」之「㝃」。據説文「稍前大」之釋，不見「柔㝃」之義。稍，説文所教切，从木者，平聲。木，末也。稍，漸義，少義。稍食，非日所常食，間時而食爲稍，與「稍前大」義皆不合。若以木、末解之，則本小而稍大者則㝃矣。或是此義耶？草之本細而末大者唯蓬，故蓬不能直。

## 夷節莊子則陽篇。

「夷節之爲人，無德而有知，不自許，以之神其交固，顛冥乎富貴之地。」三句形容狥物之士最妙。有知之知，非知覺之知，是知聞、知交、相知之知。言其人中無所得，而外多有知交，中無德，故不知自命爲何如人，動以身許人，而不自許，到處皆相知，猶言四海兄弟。其于人交也如神，令人不測其何以到處能傾國，而顛倒沉冥于富貴人，如單豹之走高門懸薄之流也。

## 公孫弘有五

平津侯著矣。戰國策齊有公孫弘：「孟嘗君爲從，公孫弘謂孟嘗君曰：君不如使人先觀秦王」云云。中山有公孫弘：「司馬喜使趙爲己求相中山，公孫弘陰知之」云云。韓非子：「公孫弘斷髮而爲越王騎」，又一人也。東漢虞延傳：「又欲辟幽州從事公孫弘，以弘交通楚王而止」。是五人矣。

## 漢有姓三者

劉熊碑陰有「故公曹三頌」。

## 導服之導

說文「棪」字、「㐁」字下皆云：「讀如三年導服之導。」儀禮士虞禮「中月而禫。」鄭注：「禫，古文或作導。」是「導」古有「禫」聲一音。趙凡夫云「並所未詳」，只不曾細讀注疏耳。然「棪」，以冉切。「㐁」，他念切。字如今讀皆非「禫」聲。

## 漢碑可笑語

博陵太守孔彪碑：「仁必有勇，可以託下。」

## 襛字

說文衣字部，「襛」字注引春秋傳有「空襛」。

## 𦮽字匌字

管子輕重甲第八十篇：「十鈞之弩，不得𦮽𣟴，不能自正。」「𦮽」字恐是「𦮽」字之小訛，𦮽，束也。」

「三月解匌，而弓弩無匡輆者。」「匌」字不知是何音？恐亦是「胠」字之義。左傳襄廿三年秋，齊侯伐衛有「啓」有「胠」。注：「左翼曰啓。右翼曰胠。」音乞業反。又起居反。又音脅。又去聲，丘據切，脅也。以左右翼之義解之，猶之乎撤必之義，讀亦如之。」

## 姓姓

漢書姓偉著矣。説文注有姓奚得玉琯者，見玉部「琯」字下。

## 伏湛侯霸宋弘張湛皆莽人

伏湛，莽繡衣執法，後隊屬正。更始之平原太守，中興大司徒，封陽都侯。
侯霸，莽之隨縣宰，執法刺奸。淮平太尹。中興拜尚書令，代伏湛爲司徒，封關内侯。
宋弘，莽之共工。中興拜尚書令，代王梁爲大司空，封栒邑侯。此卽知貧賤交、糟糠婦者。
張湛，莽時歷太守、都尉。中興爲左馮翊，代戴涉爲大司徒。

## 卓茂郭丹蔡茂皆不仕莽

卓茂，莽居攝時，不肯爲吏職。更始時侍中祭酒，中興太傅，襃德侯。郭丹，逃莽徵。更始時諫議大夫，守平氏不下。中興幷州牧、司徒。蔡茂，不仕莽，歸竇融。中興爲廣漢太守，後代戴涉爲司徒。餘常官且無論，如伏湛、張湛等，興郭丹、蔡茂，皆中興司徒，有何甄別？在上用人固耳。而仕莽者獨不愧于心歟？

## 尃字

上林賦「尃結縷」，徐亦曰：「古『布』字。」「雲尃霧散。」封禪書。徐廣曰：「古布字作尃。」傅眉曰：「即『敷』字。」

## 勝字

商子賞刑篇：「贊茅、岐周之粟，以賞天下之人，不人得一勝。」即「升」字。

## 武安君

國策：「趙王封蘇秦爲武安君。」白起、李牧皆封武安君。

## 國策

衛鞅亡魏入秦及裂，在孝公策。軍吏惡王稽、杜摯以反，在昭襄王册。相去凡八十餘年。商子杜摯又一。

## 豬肉帖

鶴林玉露三卷：「周益公家藏歐陽公家書一幅，〔二〕紙斜封，乃冷壽光牒。其辭云：『具位某。豬肉一斤，右伏蒙頒賜，領外無任感激，謹具牒謝。年月日。具位。』蓋改牒爲狀，自元豐始，日趨于諛矣。且前輩交際，其饋止于如此。」

## 瘊子甲

夢溪筆談十九卷：青堂羌鍛甲之法，其始甚厚，不用火，冷鍛之，比元厚三分減二乃成。〔三〕其末留筋頭許不鍛，隱然如瘊子，欲以驗未鍛時厚薄耳。

〔二〕後一「公」字與「書」字，手稿脱，據鶴林玉露中華書局本補。
〔三〕「成」字，手稿脱，據夢溪筆談中華書局本補。

## 味潄

筆談廿四卷：「養鷹鸇者，其類相語，謂之「味潄」。味，音以麥反。三館書有味潄三卷，皆養鷹鸇法度，具其醫療之術。」

## 墨客揮犀

宋彭乘著。乘本傳但云「聚書萬卷」，而不及所著書名。

## 㑹㑹賓

唐書顧彥暉珮劍，名「㑹㑹賓」。不知是何名義？

## 喻汝礪汜字

八陣圖歌：「河圖洛書亦如此，堂堂孔明今未死。我們生人如死人，老了不作一件事。卻被獼猴坐御牀，孰眡天王出居汜。」「汜」字左傳音「凡」，此逕作「似」音讀矣。桯史十四卷。

## 荀諷之鏡

酉陽雜俎十卷物異部：「諷好讀道書，善藥性。有鐵鏡徑五寸餘，鼻大如拳，亦無他異。但數人同照，各自見其影，不見别人影也耶！」

碁

南齊江斆「碁第五品，爲朝貴中最。」

碁三

唐書：「新羅國人善棋，詔率府兵曹參軍楊季鷹副，邢璹往。國高弈皆出季鷹下。」

碁四

詩有打油，碁亦有鄧油。北夢瑣言：「簡州刺史安重霸黷貨無厭。部民有油客子者，姓鄧，能棋，其力粗贍。安輒召與對敵，只令立侍。每落一子，俾其退立于西北牖下，俟我算路，然後進之。終日不下十數子而已。鄧生倦立饑，殆不可堪忍。次日又召，或有諷鄧生曰：『此侯好賂，本不爲棋，何不獻效而自求退？』鄧生然之，以金十鋌獲免。良可笑也。」

碁五

玉泉子載：「吕元膺爲東都留守，常與一處士對碁之次，有文簿堆擁，元膺方秉筆閲覽，碁侶謂吕必不顧局矣，因私易一子以自勝。吕輒已窺之，而碁侶不悟。翌日，吕請碁士他適，内外人莫測，棊者亦不會，仍以束帛贐之。如是十年許。呂疾亟，命兒姪列前曰：『遊處交友，尔宜精擇。吾爲東都留守時，有一棊者云云，吾以他事俾去。當日一棊子，亦未足介意，但心迹可畏。亟言之，慮其憂畏；終不言，又恐汝輩滅裂于知聞。』言畢，惘然長逝。」

馬永卿嬾眞子載：杜牧之贈國手王逢詩：「玉子紋楸一路饒，偏宜簷竹雨蕭蕭。羸形暗去春泉長，猛勢橫來野火燒。守道還如周伏柱，鏖兵不媿霍嫖姚。得年七十更萬日，與子同于局上消。」

## 山子道王

三國志曹瞞傳注引博物志：「馮翊山子道王善圍棊。」〔一〕

## 歆酒取器事相類者二則。

北夢瑣言十六卷：「梁朱溫初兼四鎮，蜀主遣押衙潘峴持聘。峴飲酒一石不亂，每攀譙飲，禮容益莊，溫愛之。飲酣，溫曰：『押衙能飲一盤器物乎？』峴曰：『不敢。』乃簇在席飲器，次第注酌，峴並飲之，愈溫克。溫謂其歸館，多應傾瀉困臥。〔二〕偵之，峴簪笋籜冠子，秤所得酒器，滌而藏之。」

玉泉子載：「裴均僕射之鎮襄州也，鄭滑館驛巡官裴弘泰至驛。值彼大宴，客司漏名。及設定，

〔一〕三國志中華書局本作「馮翊山子道、王九眞、郭凱等善圍棊。」

〔二〕「瀉」，手稿作「寫」，據文意與北夢瑣言改。

令人召屈，遂奔至。均大不悦，因責之曰：『君何後來？大涉不敬。』時酒已數籌。弘泰曰：『都不見客司報宴，非敢怠慢。然叔父檢罪，請盡飲在坐器物，仍欲乞飲盡賜弘泰上件器物，可乎？』合坐皆壯之，均亦許之。弘泰遂次第揭銀器飲之。飲訖，卽寘懷中，須臾盈懷。盤中餘一銀䀋（海），受一斗已上，其酒亦滿。弘泰捧之而飲，均亦令人吏去䀋（海）覆中。飲訖，踏其䀋（海），抱之而出，索壯馬歸驛。均以弘泰飲酒必過量，憂之，使吏問飲後所宜。使者方見弘泰戴紗帽于廳上秤器物，正重二百餘兩。均大笑，迴車贈賞甚厚。」

## 陀羅擎羊

王逵蠡海錄鬼神類：「北斗居亥，以亥爲正。天門三合論卯未，故以陀羅擎羊當之。卯爲春木旺鄉，故陀羅托桃花。未爲羊，故擎羊托羊首也。」

又曰：「風雷在天，有聲而無形，故假乾位，戌亥肖屬以配之。風伯首像犬，雷公首像豕。雨爲坎。坎，中男也。雨師像士子。電、雷，光也，對乾配震者巽。巽，長女也。電母像婦人。古之鹵簿四神旗，皆繪畫也。」

## 隸釋

右石經尚書殘碑，盤庚篇百七十二字，高宗肜日篇十五字，牧誓篇廿四字，洪範篇百八字，多士篇四十四字，無逸篇百三字，君奭篇十一字，多方篇五字，立政篇五十六字，顧命篇十七字，合五百四十七字，熹平四年，議郎蔡邕所書者。漢儒傳，伏生尚書有歐陽、大小夏侯之學，孔安國尚書漢人雖有爲之訓傳者，然不立于學宮。永嘉之亂，三家之書並亡，故孔氏傳獨行。以其書較之，石本多十字，少廿一字，不同者五十五字。借用者八，「鴻艾勃猶」之類是也。通用者十一字，「於戲毋女」之類是也。孔氏叙商三宗以年多少爲先後，此碑獨闕祖甲，計其字蓋在中宗之上，以傳序爲次也。但云高宗饗國百年異爾。范史云蔡邕以俗儒穿鑿經籍，疑誤後學。與堂谿典、馬日磾等奏求正定六經文字，時博士試甲乙科，爭第高下，至有行賂改蘭臺漆書經字者，靈帝乃從諸儒之請，刊石立之太學，天下咸取則耶。碑高一丈，廣四尺，陸機洛陽記云：「碑凡卌六，書、易、公羊二十八碑，其十二毀。論語三碑，其二毀。禮記十五碑，皆毀。」北齊徙之鄴都，至河陽岸頹，半沒于水。隋復載入長安。有易一卷，書六卷，魯詩六卷，儀禮九卷，春秋一卷，公羊九卷，論語一卷。未及補治而亂作，營繕者至用爲柱礎。唐初魏鄭公收聚之，十不存一，則石經之散亡久矣。本朝一統時，遺經斷石藏于好事之家，猶崑山片玉，已不多見。今京華鞠爲氈罽之鄉，殘碑日益鮮矣。予既集隸釋，因以所有，鑱之會稽蓬萊閣。

石經魯詩殘碑百七十三字，魏、唐、國風數篇之文也。與毛詩異者，如「猗」作「兮」、「貫」作「宦」、「樞」作「蓲」數字。又有一段二十餘字，零落不成文，惟有「叔于田」一章及「女曰雞」八字可讀。其間有「齊、韓」字，蓋敍二家異同之說。猶公羊碑所云「顏氏」，論語碑所云「盍、毛、包、周」之比也。漢代詩分爲四，在東京時，毛氏詩不立學官。隋志有石經魯詩六卷。此碑既論齊韓于後，則知隋志爲然也。

石經儀禮殘碑，四十五字，皆大射儀之文也。石磨滅，字畫比他經不明白。靈帝紀云「詔諸儒正五經文字，刻石立于大學」，蔡邕傳則云「奏求正定六經」，紀傳既已不同。陸機洛陽記所載，但有書、易、公羊、禮記、論語、尔雅。隋志云：「後漢刻七經于石碑，皆蔡邕所書。」其目有「一字石經儀禮九卷」，乃漢史、陸記之疎略也。未央宮有曲臺殿，天子射宮也。西京無太學，於此行禮，故后蒼著書說禮數萬言，名曰「曲臺記」。今禁中有選德殿，蓋便坐觀射之地，而清閒之燕、咨訪治道，率在於是，殆與曲臺闇合。古者射爲六藝之一，儀禮一經說射者兩篇，後世非介胄之士則不習，與古殊矣。「媵觚」、「媵爵」云者，媵蓋送也。

石經公羊殘碑，三百七十五字，自隱公四年至成公元年，及哀公十四年之文也。所書者皆是公羊氏傳辭，而無春秋正經。又有顏氏說，石文斷續不可考繹。蓋嚴、顏異同之辨也。以今板本較之〔一〕惟易四字、省四字尔。漢注引陸機洛陽記云：「禮記碑上有馬日磾、蔡邕名。」今此碑有堂谿典八人姓名，論語碑亦有左立二人姓名。陸氏所記，未之詳也。

石經論語殘碑，九百七十有一字，前四篇、後四篇之文也。每篇必計其章，終篇又總其字。又載盍、毛、包、周有無不同之說，以今所行板本較之，亦不至甚異。其文有增損者，其字亦有假借及用古者，有字異而訓不遠，若「置其杖」、「買之哉」者。漢人作文不避國諱。威宗諱「志」，順帝諱「保」，石經皆臨文不易。樊毅碑「命守斯邦」、劉熊碑「來臻我邦」之類，未嘗爲高帝諱也。此碑「邦君爲兩君之好」、「何必去父母之邦」，尚書「安定厥邦」，皆書「邦」作「國」，疑漢儒所傳如此，非獨遠避此諱也。水經云：「光和六年立石於太學，其上悉刻蔡邕名。魏正始中又刻古、篆、隸三字石經。蓋諸儒受詔在熹平，而碑成則光和年也。」隋志有一字石經七種，三字石經三種，其論云：「漢鐫七經皆蔡邕書。」隋志矛盾。又云：「魏立一字石經。」其說自相矛盾。新舊唐志有今字石經七種，而注論語云蔡邕作。又有三字石經古、篆兩種，蓋唐史以隸爲今字也。觀遺經字畫之

〔一〕「今」，手稿作「及」，據隸釋中華書局影印本改。

妙，非蔡中郎輩不能爲。以黄初後來碑刻比之，相去不啻霄壤，豈魏人筆力可到？當以水經爲據。三體者，乃魏人所刻，儒林傳云爲古文、篆、隸三體者，非也。史稱邕自書丹，使工鐫刻。今所存諸經字體各不同，雖邕能分善隸，兼備衆體，但文字之多，恐非一人可辦。史云邕與堂谿典、楊賜、馬日磾、張訓、韓説、單颺等正定諸經。今公羊、論語之後，惟堂谿典、日磾二人姓名尚存，别有趙䂊、劉弘、張文、蘇陵、傅楨、左立、孫表數人。竊意其間必有同時揮毫者。予詳玩遺字，公羊、詩、書、儀禮又在論語上。劉寬碑陰王曜題名，則公羊、詩、書之鴈行也。黄初孔廟碑則論語之苗裔也。識者當能别之。

## 敦物

禹貢：「終南、惇物。」孔傳：「惇物，山名。」「垂山也。」「地理志：華山，古文以爲敦物。」隸釋無極山碑有「終南之敦物」，則是以「敦物」爲終南之所産也。東漢光和年間有未見孔傳之人乎？亦當時説書原自不同，别有此一説乎？即云「敦物」是所産，亦非一物名，當謂終南山中厚有出産，可用之物不可三數也。

## 漢有姓雉者

逢盛碑陰有「督郵雉敬賓、雉后升。」孔宙碑陰有「故吏北海都昌雉章，字文理。」

## 山神傳言

無極山碑：「山神卽使高傳言：『雨可得。』」語甚鄙誕。高是人名，不具其姓。今晉趙之間每求雨，輒有鄉人爲「馬子」者傳神語，是其遺俗。

## 合耦于耡

地官里宰：「以歲時合耦于耡，以治稼穡。」司農云：「耡讀爲藉。」硬改其義矣。杜子春曰：「耡讀爲助。」逕去「耒」字而單用半个「助」字，亦不妥。康成旣曰「耡，里宰治處」矣，下又曰：「於此合耦，〔一〕使相佐助」，則是一「耡」字而以己意作「治處」，又用杜義「佐助」之義，畢竟是「治處」耶？「佐助」耶？

自愚看之，「耦」是耕犂之蹟，「耡」是耕耔之蹟，廣狹自有定度。要犂與耡其廣狹相稱，故云「合耦于耡」，猶言炤耕隴之度爲耡。蓋犂力耦隴易寬，而耡一人所秉，不得與之同度，此欲令耦之度合于耡之度，耦該寬窄多少，耡該寬窄多少也。以歲時言之，耕在前，耡在後。當耦時就計耡，不得令耦之寬窄有不便于耡處也。且上云兵器，不必輒刀鎗始爲兵，犂耡皆金鐵之器，治土之兵也。故下但云「趨其耕耨」而已。

「行其秩敍」，注謂「受耦相佐助之次第」。疏義云：「或家有一夫，二夫共耦，若長沮、桀溺

〔一〕「耦」，手稿作「偶」，據十三經注疏本改。

耦而耕，或先後次第相佐助爲之也。」解亦繁晦。愚謂鋤田先後之叙，不得人爲之編排，鋤者自有次第。但其中有老壯幼、巧拙、勤惰之不同，如今顧鋤田，有一人可日半畝者，有可一畝者，須相其勤惰而爲之工食。秩猶言祿秩也。卽以田之厚薄，稼之稀稠，用工亦日有別，所以謂之秩敍也。

## 榷字

漢魯峻碑：「拜司隸校尉，董督京輦，掌察羣寮，蠲細舉大，榷然疏發，不爲小威，以濟其仁。」後銘又曰：「督司京師，穆然清邈，當□緄職，爲國之榷。」說文：「榷，水上橫木，所以渡者。」徐鉉曰：「此卽今所謂水彴橋。」爾雅謂之「石杠」，亦曰「畧彴」又「榷酤」。天漢三年「初榷酒酤」。韋昭曰：「以木渡水曰榷。謂禁民酤，獨官開置，如道路設木爲榷，獨取利也。」又通作「搉」。揚子：「爲其父而搉其子。」又曰：「弘羊搉利而國用足。」搉，博雅：「揚搉，都凡也。」徐曰：「搉之言罩也，人謂粗略而舉之曰揚搉。」集韻：「大舉也。」亦作「擢」，又「手反覆也」。以碑文再用「榷」義考之，似謂不苛細，與約略、大舉義同，全不用「榷酤」、「彴橋」之義。至於「緄職」下綴以「爲國之榷」，似亦用「大綱」之義。

## 頎字

繁陽令楊君碑銘：「頎不審眞。」「頎」字本義「長」，見詩注。據「長」義解此句不去。惟考工輈人云「輈欲頎典」，音與「頎乎其至也」之「頎」同爲「懇」。鄭司農曰：「堅刃貌。」凡輈「尺所一縛」似謂此。以「堅」字鮮之，與「不審眞」文義通，言「堅不聽」也。又辨「頭佳貌」，亦與此不合。

## 蝴蝶石

偶于郭仲黑子案見蝴蝶石一片，云得之仇猶。其石厚竟寸，長近尺，一頭寬四寸，一頭寬三寸。其上蜂蝶隱起，高三四分，須、足、腹、翼皆具。其未成者三分之一，似是蜂蝶入石縫不得出，遂化而爲石，亦酉陽雜俎衡陽魚石之類耶？向在仇猶寓時，見趙三官家案上一小石屏，大縱横不盈八九寸。向明視之，白質而黑章，黑處如畫兩竹，枝葉分明，濃纖藴藉，逕似今譜中所撫，齊于蘇長公筆，亦奇物。

## 枲耳

陸機草木疏云：「葉青白色，似胡荽，白華，細莖，蔓生。」今枲耳葉不似胡荽，且非蔓生也。詩「采苦」注，引陸疏謂：「甘草葉，似地黄。」今甘草葉似槐而微毛，子如豆角，身有小刺。

## 𧙑字

魏勝傳有「𧙑」字，是人名「滕𧙑」。

## 螽

詩陸德明音義：「螽音終，此處當少「斯」字。爾雅作蜇，音同。」案爾雅釋蟲：「蜇螽，蚣蝑。」

郭注：「螽音終，蜇音斯。」是蜇與斯同音。正義曰：「此云螽斯，七月云斯螽，文雖顛倒，其實一也。」七月毛傳：「斯螽，蚣蝑也。」鄭箋：「自『七月在野』，至『十月入我牀下』，皆謂蟋蟀。」孔疏甚明，分莎雞、斯螽、蟋蟀是三物，皆拒不疋。而朱注謂「斯螽、莎雞、蟋蟀一物，隨時變化而異其名」，不知何本？朱先生必有所考，似非臆說。

## 五角六張

馬永卿嬾眞子：「世言五角六張，此古語也。嘗記開元中有人獻俳文于明皇，其略云：說甚三皇五帝，不如來告三郎。既是千年一遇，且莫五角六張。」「謂五日遇角宿，六日遇張宿，此兩日作事多不成。然一年之中，不過三四日。紹興癸丑歲只三日：四月五日角，七月廿六日張，十月廿五日角。多不過四日，他皆倣此。」

今晉俗謂人忙亂者爲「張角」，仍是此意。

## 亭長嬾眞子。〔一〕

唐秘書省吏凡六十七人，典書四人，楷書十人，令史四人，書令史九人，亭長六人，掌故八人，熟紙匠十人，裝潢匠六人，筆匠六人。世但知鄉村之吏謂之亭長，殊不知唐諸司多有之。尚書省志云：「以亭長啓閉，傳禁約。」則知三省亦有也。

〔一〕「子」，手稿誤作「字」，據文意改。

茄子飯

宋史四百六卷洪咨夔傳：「遷金部員外郎。會詔求直言，慨然曰：『吾可以盡言悟主矣。』其父見其疏曰：『吾能喫茄子飯，汝無憂。』」不知本義何謂？似能淡薄意耶？

紫大蟲

張威木棓名。

撒星陣

張威以荆鄂多平川廣野，是彼騎兵之利，乃意創法名「撒星陣」，分合不常，聞鼓則聚，聞金則散。騎兵至則聲金，一軍分爲數簇。金人隨而分兵，則又鼓而聚之。倏忽之間，分合數變。金人失措，然後縱擊之，以此輒勝。威卽張紅眼也。

十離詩薛書記詩也。

唐王保定摭言載：元相幕客有薛書記者，因醉擊相猶子，得罪去幕，作十離詩以謝，第一首則犬離主。依人之無恥，何所不至如此。

## 如意車

魏勝創如意戰車。

## 聲相近*

牟、髡聲相近，同昆，或髦字之譌？陣、田聲相近。

衛世家：「康叔卒，子康伯立。」索隱曰：「系本康伯名髡。宋忠曰：即王孫牟也，事周康王爲大夫。」「髡、牟聲相近。」譙周古史考作牟伯。」不知「髡」「牟」聲古何讀而云相近？

## 小人

述異記：漢武帝於未央宮，忽聞人語云：「老臣負自訴。」不見其形。良久，見梁上一老翁，長八九寸，面皺鬢白，拄杖僂步至前。帝問曰「卿何姓名？所訴者何？」翁緣柱放杖，叩首不言。因仰視屋，俯視帝脚，忽不見。帝問東方朔，朔曰：「其名爲藻，兼水木之精也。」

## 七寸三寸人

神異經：「李子昂長六寸，日行千里，爲鵠所呑，在鵠腹中七年不死。」獨異志引之。

續博物志：「勒畢國人長三寸，有翼，善言語戲笑，因名語國。飲丹露爲漿。丹露者，日初出有露汁如珠也。」

又曰：「漢武故事：東郡送一短人，長七寸，曰『巨靈』。光武時穎川張仲師長二寸。〔二〕東方朔曰：『西北荒中有小人長七寸，朱衣玄冠。鶴國男女皆長七寸，海鵠吞之腹中，不死。』」

## 矬子可怖

「矬子」前已見第三卷。
郭解「爲人靜悍」，「陰賊著于心本」。又曰：「爲人短小，恭儉。」
酷吏延年「爲人短小精悍」。
唐宰相李紳「短小精悍」。

## 眇小無髯

唐書闞播傳：李希烈遣李克誠縛李元平。「希烈以其眇小無髯，戲謂克誠曰：『使尔取元平，乃以其子來邪？』」時元平「遺矢于地」。

## 矬子方正

王敬弘短小而方正，恒玄謂之「彈棋八勢」。

〔二〕「潁川」，青主手稿與漢武故事均如此，疑爲「潁川」之誤。

## 矬子不得爲侍中

南齊陸慧曉「欲用爲侍中，以形短小，乃止。」

## 矬子老氣

杜工部送韋評事充同谷判官云：「子雖軀幹小，老氣橫九州。」

## 矬子作模樣

田蚡「貌侵生貴甚」。〔一〕注：「侵，短小也。生貴，自己尊貴。」

## 色授字見經傳不獨司馬之賦。

匏苦：「有鷕雉鳴。」毛傳：「鷕，雌雉聲。衛夫人有淫佚之志，授人以色，假人以辭，不顧禮義之難，致使宣公有淫昏之行。」

〔一〕「甚」，手稿作「盛」，據史記、漢書中華書局本改。

## 古甲字

「甲」字古文「十」如「十」字。今「戎」字、「早」字下从十，習謂後世俗書也，不知實合古文。少解篆隸者，即謂「戒」「早」是正文而笑。「戎」「早」，鐘鼎、商父甲鼎、立戈形觚皆有作十字，周敔鐘「早」逕作「早」字，但不知所謂「日」「十」「田」爲何義？

## 闓壼閫同

南齊卌五卷遙光傳：「闓隍爽闓，踰百雉之制。」

## 朩𣎳地胏。

說文：去聲，朩，匹刃切，「从屮，八象枲之皮莖也。」入聲，𣎳，「艸木盛朩朩然。象形，八聲。讀若輩。」而小注曰：「普活切。」其中𣎳字注：「止也。从朩盛而一橫止之也。」「即里切。」二字既易混難別。而朩曰：「从屮八。」𣎳曰：「象形，八聲。」不知形當作何分別也。若今楷書皆作朩朩耳。木之从𣎳者，赤實果，今俗所謂柹子也。从𣎳者，木樸、札也。肉之从𣎳者，金藏也。从𣎳者，脺肉也。本作𡋯，而俗作肺字，別作胏，不知是何義？

初學記引辛氏三秦記云：終南山，「從長安向西，可二百里中，有石室靈芝。有一道士，不食五穀，自言太一之精，齋潔乃得見之。而所居地名曰：『地胏。』可避洪水。」

地胏或作地肺，不知的是从朩、从𣎳？然朱字不成字，是𣎳之訛成此形。

# 嬖字

說文：「嬖，便嬖，愛也。」

史記周紀：「因殷嬖臣費仲而獻之。」

隱公三年傳：「公子州吁，嬖人之子也。」注：「必計反。賤而得幸曰嬖。」

莊十九年傳：「王姚嬖于王，生子頹。」

莊廿八年：「驪姬嬖，欲立其子，賂外嬖梁五與東關嬖五。」看驪姬嬖，即可知「嬖」字不專，如世俗之所謂嬖子也。

左傳閔二年：狐突諫曰：「昔辛伯諗周桓公曰：『嬖子配適。』」

緇衣：「葉公之顧命曰：『毋以嬖御人疾莊后，毋以嬖御士疾莊士，大夫、卿、士。』」音義引字林曰：「賤而得幸曰嬖。」

左傳宣十二年：邲之戰，「嬖人武參欲戰。」注：「伍奢祖父也。」襄廿六年：「武參與蔡子朝友善。」

哀五年：「齊燕姬生子，不成而死。諸子鬻姒之子荼嬖。」

僖廿四年傳〔二〕：富辰曰：「棄嬖寵而用三良。」注：「七年殺嬖臣申侯。」

文六年傳：賈季曰：「辰嬴嬖于二君。」

文十八年傳：「敬嬴嬖，而私事襄仲。」

---

〔二〕「廿四年」，手稿作「廿三年」，據春秋左傳注中華書局一九九〇年版改。

定十年：「宋公子地嬖蘧富獵，十一分其室，而以其五與之。公子地有白馬四。公嬖向魋，魋欲之。公取而朱其尾、鬣以與之。」

襄廿八年：「盧蒲癸言王何而反之，二人皆嬖。」

襄十九年：「齊戎子嬖。」

襄廿三年：晉「程鄭嬖于公。」

襄廿四年：「晉侯嬖程鄭，使佐下軍。」

襄廿六年：「宋公見棄也，而視之，尤。姬納諸御，嬖，生佐。」

昭九年：屠蒯「又飲外嬖嬖叔。」「初，公欲廢知氏而立其外嬖。」正義：「即李調也。」禮記：「調也，君之褻臣也。」

昭七年：「鄭罕朔殺罕魋。罕朔奔晉。韓宣子問其位于子產，子產曰：『君之羈臣，苟得容以逃死，何位之敢擇？卿違，從大夫之位；罪人以其罪降，古之制也。朔于敝邑，亞大夫也，其官，馬師也，獲戾而逃，唯執政所寘之。得免其死，爲惠大矣，又敢求位？』宣子爲子產之敏也，使從嬖大夫。」注：「子產數游楚，云子皙上大夫，女嬖大夫，不尊貴也。」則晉之嬖大夫亦是下大夫。

昭元年：「子產執子南而數之，曰『子皙，上大夫』」云云。

昭十二年：周「成、景之族賂劉獻公」云云。「丁酉，殺瑕辛及宮嬖綽。」注：「皆甘悼公之黨。」

襄廿五年：「叔孫宣伯之在齊也，叔孫還納其女于靈公，嬖，生景公。」

哀五年：「鄭駟秦富而侈，嬖大夫，而常陳卿之車服于其庭。鄭人惡而殺之。」

成二年：「春，齊侯圍龍。頃公之嬖人盧蒲就魁門焉。龍人囚之。齊侯曰：『勿殺，吾與而盟。』弗聽，殺而膊諸城上。」

哀廿五年傳：「彌子飲公酒，納夏戊之女，嬖，以爲夫人。」

哀八年：「齊閭丘明來涖盟，且逆季姬以歸，嬖。」「冬十二月，齊人歸讙及闡，季姬嬖故也。」

哀九年：〔一〕「宋取鄭師於雍丘。」傳：「鄭武子賸之嬖許瑕求邑，無以與之。請外取，許之，故圍宋雍丘。」

哀十一年傳：「衛大叔疾娶于宋子朝，其娣嬖。」

哀十六年：「衛侯占夢，嬖求酒于大叔僖子，不得。」注：「以能占夢見愛。」

定十三年：「梁嬰父嬖于知文子，文子欲以爲卿。」

成十七年傳：「胥童以胥克之廢也，怨郤氏，而嬖于厲公。郤錡奪夷陽五田，五亦嬖于厲公。郤犨與長魚矯爭田。」「既，矯亦嬖于厲公。」

昭三年：「燕簡公多嬖寵，欲去諸大夫而立其寵人。冬，燕大夫比以殺公之外嬖。公懼，奔齊。」

昭七年：「衛襄公嬖人婤姶生孟縶。」

昭八年：「陳哀公二妃生公子留。二妃嬖，留有寵。」

昭八年：陳「輿嬖殺馬毁玉以葬哀公。」注：「輿，衆也。袁克，嬖人之貴者。」

---

〔一〕「哀」，手稿作「定」，據中華書局本改。

## 遲字

玉篇「遲」字在白部，思靡切。廣韻「遲」字在鹽韻，息廉切，日光進也。又从日矣。遲羅，國名。又讀如新，唐書「新羅國」。

## 戎字

說文「戎」下从甲，隸作戎。今習篆文者類能作戒，以戎字爲俗字，不知十卽甲。博古圖父甲鼎作、十之類是也，而十翻古于甲矣。

## 天母日兄孝經讖見詩柏舟疏。

雲溪友議四卷陸暢作雲陽宮主下降催妝詩：「天母看調粉，日兄憐賜花。」此用孝經讖「兄日姊月」之語。天母不知出處，再考。

## 史記漢書之異*

史記：厲王「乃往請辟陽侯。辟陽出見之，卽自袖鐵椎椎辟陽侯，令從者魏敬剄之。」漢書則曰：「卽自褎金椎椎之，命從者刑之。」殺辟陽侯後，「馳詣闕下，肉袒謝。」史記、漢書皆曰：「文帝傷其志，爲親故弗治。」高誘序則曰：「奪四縣。」

西漢淮南王傳：「孝文八年，憐淮南王有子四人，年皆七八歲，迺封子安爲阜陵侯，子勃安陽侯，子賜陽周侯，子良爲東城侯。」「十二年，民有作歌，史記同，歌淮南王曰：一尺布，尚可縫。一斗粟，尚可舂。兄弟二人，不相容。」高誘淮南序則曰：「一尺繒，好童童。一升粟，飽蓬蓬。兄弟二人，不能相容。」

高序：封三子爲王。「太傅賈誼諫曰：怨讐之人不可封也。」後淮南、衡山卒反，如賈誼言。史漢無賈傳語。

誘序稱「安爲辨達，善屬文。皇帝爲從父，數上書，召見。孝文皇帝甚重之，詔使爲離騷賦。自旦受詔，日早食已。上愛而秘之。」此言獻之文帝。

漢書言：「武帝好藝文，以安屬爲諸父，辯博善爲文辭，甚尊重之。每爲報書及賜，常召司馬相如等視草迺遣。初，安入朝，獻所作内篇，新出，上愛秘之。使爲離騷傳，旦受詔，日食時上。」此言獻之武帝。

## 素王

史記殷紀，伊尹「從湯，言素王及九主之事。」索隱曰：「素王者，太素上皇，其道質素，故稱素王。九主者，三皇、五帝及禹也。」

## 銀環金環

詩「貽我彤管」。毛傳：「古者后夫人必女史彤管之法，史不記過，其罪殺之。后妃羣妾以禮御于君所，女史書其日月，授之以環，以進退之。生子月辰，則以金環退之。當御者，以銀環進之，著于左手；既御，著于右手。事無大小，記以成法。」正義：「史若有不記妃妾之過，其罪則殺之。」此似有成文，未聞所出也。

## 衛宏詩序宏學古文尚書于杜林。

按宏本傳：「宏字敬仲，東海人。少與河南鄭興俱好古學。初，九江謝曼卿善毛詩，乃爲其訓。宏從曼卿受學，因作毛詩序，善得風、雅之旨，于今傳于世。」「光武以爲議郎。」是宏東漢初猶在也。

## 毛公*

鄭玄有詩小序箋。「張華博物志曰：鄭注毛詩曰箋，不解此意。或云毛公嘗爲北海相，玄是郡人，故以爲敬。」「箋，薦也，薦成毛義也。」此東漢注。

西漢藝文志云：「又有毛公之學，自謂子夏所傳，河間獻王好之，未得立。」

初學記：「初，孔子以詩授卜商。商爲之序，以授魯人曾申。曾申授魏人李克，李克授魯人孟仲子，仲子授根牟子，根牟子授趙人荀卿，荀卿授漢人魯國毛亨，作訓詁傳以授趙國毛萇，時人謂亨爲大毛公，萇爲小毛公。以二公所傳，故名其詩曰毛詩。」云「見毛詩正義。」

史記不載河間獻王此事，西漢書王傳有之。西漢儒林「毛公趙人」，不言其名。東漢儒林「趙人毛長傳詩」，是趙人毛公名長。

今正義引譜曰：「魯人大毛公爲訓詁傳于其家，河間獻王得而獻之，以小毛公爲博士。」路史載此甚詳，與初學記同。

## 宋安俊傳叿字

俊「破趙元昊吃叿、井那砦。」〔一〕

## 史表大事記

「文帝九年以芷陽鄉爲霸陵。」索隱曰：「音止，又昌致反。」

## 禹貢

「嶧陽孤桐。」陸：「嶧音亦，一音夕。」

## 摻字操字易混。

詩：「摻執子之袪兮。」陸音：「所覽反。」徐：「所斬反。」正義曰：「摻字：說文摻字，參（此音反）聲，〔二〕訓爲斂也，操字，喿（此遙反）聲，訓爲奉也。」此徐鉉未音之說文也。今行說文不惟無此訓，手部且無「摻」字。

〔一〕「井」，手稿作「斗」，據宋史中華書局本改。
〔二〕「此」，毛本作「此」，誤，應從監本作「山」。

## 小序傳

齊雞鳴小序：〔一〕「刺荒也。」毛傳：「荒，謂政事廢亂。」諸序下皆箋，此獨有傳，當求善本。前正義謂毛無序傳，以序著詩前不須傳，惟節有箋。今此有之，或當謁耶？而著小序下復有傳，何也？傳謂「時不親迎，故陳親迎之禮以刺之。」東方未明序下有傳。

## 妖字

廣韻尤韻有「妖」字，注：「鼻目間限也。」與憂字同聲，从女从夫，聲義俱不可解。而虞韻亦有「妖」字，曰：「貪也。」屑韻有「妜」字，前音同悅，曰「娟也。」後又列「妜」，音同前，曰：「鼻目間輕薄曰『妜』也。」从夬聲，近之矣。義亦曰「鼻目間」。則从女傍，夫、夬易混也。玉篇「妖」字下則曰：「鼻目間恨也。」恨、限又混，而「恨」則有義，「限」似無謂矣。至于「鼻目間之輕薄」，不知謂生之不重厚耶？謂于鼻目間作態輕薄人耶？又集韻于「妜」下曰：「憂妒也。」于「妖」則同玉篇，而音方無切，不作尤韻讀也。

## 弋字

東漢書王符傳「弋綈」，注云：「西漢音義曰厚也。」今西漢書文帝記贊「弋綈」注：「弋，

〔一〕「雞鳴」當爲「還」之誤。

皂也。」不云厚。「綈，厚繒也。」是謂繒之厚爲綈，初非以弋爲厚，蓋言皂色厚繒耳。不知符注何遽誤讀如此。古厚字作旱，或與阜字易混，遂以阜爲旱耶？然下云綈旱繒，明白阜與旱兩具，又隔二三字，不得顛倒錯混也。

## 王慈謝超宗答問

謝超宗謂王慈曰：「卿書何當及虔？」慈曰：「我之不得仰及，猶雞之不及鳳也。」時人以爲名答。超宗父鳳。

## 公主脩婦禮

王慈之子「觀，尚齊世祖吳縣公主，脩婦禮。」慈妻劉氏，劉秉女也，「未嘗交答」。南朝不古矣，而家庭之法如此。

## 奪侄壻侍婢

南齊劉繪傳：「安陸王寶晊爲湘州，以繪爲冠軍長史、長沙内史，行湘州事。寶晊妃，繪兄悛女也。寶晊愛其侍婢，繪奪取，具以啓聞。」此事大可笑。

## 外方嵩高

禹貢豫州，「熊耳、外方至于陪尾」。地理志「外方、嵩高」，山也。

## 不肉不疢

管子大匡篇：〔二〕「設問國家之患而不肉。」注：「其人既可，將立之，又時設問國家之患，以知智謀之深淺，不直相其骨肉而已。」齊語作「可立而授之，設之以國家之患而不疢」。「肉」字固怪，「疢」字亦無味。然上文曰：「乃召而與之坐，省相其質，以參其成功成事。」「省質」似謂相視其體質，故下有「不肉」之語。如注解亦通，但云不相其骨肉而已，不如逕作「不但有外貌胖大，如今所謂肉人耳」之肉。

## 涅濡即硬軟意。

六書索隱：「涅卽澄，清也。」然以「清」對「濡」，則「濡」是濁，而「濡」從無濁意。宙合篇「動靜、開闔、詘信、涅濡、取與」十字皆對。「涅」卽「逞」也，疾也，與「濡」字對。「濡」，本或作「儒」，「儒」亦「濡」也。房注音弋，「涅」反讀如郢。郢，楚也，亦疾也。又可與魯人之「儒緩」對，或解作「涅儒」，通謂「濡滯」。可笑。

## 趙宋史兩王著

一、自周仕宋，三百六十九卷。

〔二〕以下引文在小匡篇，疑青主筆誤。

一、自蜀入宋，三百九十六卷，「攻書」。太宗曾以書「示著」，而著輒「規益」。閣帖有王著字者以此，而本傳不及模鉤上石事。

## 兩王延德

一、開封東明人。一、大名人。皆掌過御府。

## 長曆三百廿二卷。

孫思恭精關氏易，妙于大衍，著堯年至熙寧長曆。關氏易。

## 王素

「知太原府，汾河大溢。素曰：『若壞平晉，遂灌州城矣。』亟命具舟楫，築堤以捍之。一夕，水驟至，人賴以安。」不知平晉在今何所？無攷。

## 宋宗室名不可解無音者

不可勝數，此當細細抄考，錄此以識。

不抈。善斫。汝匷。必榙。必琊。汝艔。崇嘼。崇扳。必递。必欚。崇銎。必竱。必讖。崇稖。不惷。善耕、汝恧。必攸。崇張。善稹。崇稂。崇欒。汝澩。崇樝。崇僬。必楙。汝劉。崇賷。汝濟。汝杫。崇鐕。不甎。善棫。汝揀。崇懷。士稵。汝燅。善彪。汝粲。崇槦。士嶒。士鴟。汝秎，徇、徯、僊、獾。崇嶜，謝。士瑓。良玐。不响。善㡳。必瑙。必歷。汝楙，又有汝淼。崇欕。不纙。必榛、良僊。不㡿。必梣。崇舶。汝滙。汝卉。不偄。汝岫。汝昍。必櫟。廱。堊。

## 傅史資料*〔一〕

騷經：「説操築于傅巖兮，武丁用而不疑。」王逸章句：「武丁，殷之高宗也。〔二〕言傅説抱懷道德，而遭遇于刑罰，操築作于傅巖。武丁思想賢者，夢得聖人，以其形象求之，因得傅説，登以爲公，道用大興，爲兂高宗也。」「兂」不知何字？書曰：「高宗夢得説，使百工營求諸野，得諸傅巖，作説命」是也。遠遊：「奇傅説之託辰星兮。」王逸注：「賢聖雖終，精著天地。辰星、房星，東方之宿，蒼龍之體也。傅説，武丁之相。傅説死後，其星著于房尾也」。九思守志：「就傅説兮乘龍。」逸自注：「傅説，殷王武丁之賢相也，死補辰宿。」逢尤：「呂傅舉兮殷周興。」

書説命大傳疏細細抄。皇甫之言及尸子，皆可笑。正義以爲孔別有所授，不見山海經邪？

國語楚語：「靈王虐，白公子張驟諫」，引武丁「以象夢求四方之賢聖，得傅説以來，升以爲公」云云。

廣韻：「説，姓，傅説之後。」

漢古文苑泗水亭碑十八侯銘，傅寬第十一：「休休將軍，如虎如羆。御師勒陳，破敵以威。靈

〔一〕此數條手稿順序零亂，編者據傅氏人名年代先後重新排列，標題亦爲編者所加。

〔二〕「之」之下，手稿衍一「之」字，據王逸楚辭章句删。

金曜楚，火流烏飛。將命仗節，功績永垂。」

漢功臣表：「陽陵侯傅寬」，「子頃侯清嗣。」史記表作「靖」，史傳作「精。」共侯明，史記表、傳皆作恭侯則。漢傳無此二人。

「傅介子年十四，好讀書，嘗棄觚而歎曰：大丈夫當立功異域，何能坐事散儒！」西京襍記。

漢書功臣表：「義陽侯傅介子，元鳳四年七月乙巳封，十三年，元康元年薨。嗣子有罪，不得代。」其子無名。

史記褚先生所補云：「子厲代立，爭財相告，有罪，國除。」漢傳作「敞」。

漢書曰：李尋，字子長，通尚書。哀帝初卽位，召尋待詔黃門，使傅喜，尋對曰：『位卑術淺，偶隨衆賢待詔，反汚玉堂之署。』」

謝承後漢書曰：〔二〕「傅翻，字君成。轉諫議大夫。天性諒直，數陳讜言，武帝嘉之。」

傅毅有明帝誄。

韓勑碑陰有「故會稽太守魯傅世起。」

隸釋論殘碑有傅楨。

謝承後漢書曰：「傅賢，字仲舒。遷廷尉。賢清廉貞正，自掌法官，無私閒。常垂念刑罰，務從輕比。每冬至斷獄，遲廻流涕。」

傅子曰：「嘏祖父睿，代郡太守。父充，黃門侍郎。」伯父巽。

三國志牽招傳，有「漁陽傅容在鴈門有名蹟，繼招後，在遼東又有事功云。」

---

〔二〕「後漢書」，手稿作「漢書」，據初學記中華書局本改。

傅容。三國志公孫淵傳，注引吳書曰：「魏遣使者傅容、聶夔拜淵爲樂浪公。」

傅幹與張叔威書曰：「吾與足下，義結紩素，恩比同生。」

傅充妻辛氏有鷰頌。

酉陽雜俎玉格部：「傅先生入焦山七年，老君與之木鑽，使穿一盤石，石厚五尺，曰：『此石穴，當得道。』〔二〕積四十七年，石穿，得神丹。」

傅玄曰：「孟堅漢書，實命世奇作。」

傅子曰：「王黎爲黄門郎，軒軒然得志，煦煦然自樂。」

又曰：「馬鈞字德衡，爲給事中。與高堂升平秦郎爭論于朝，言及指南車。二子云：『無此，記虚耳。』鈞曰：『虚爭空言，不如試之効矣。』」〔三〕此條無「傅」字。

張孟陽作濛汜賦，太僕傅玄見賦歎息，以車迎載，言談終日，深相貴重，載遂知名。

傅玄有吏部尚書箴。傅玄有答卞萃詩序，有筆賦，有鷹兎賦。傅玄有硯賦，又有琴賦，有西都賦。

鮑炤松栢篇小序：「知舊先借傅玄集，以余病劇，遂見還。」

「傅咸掌有臥蛇文，指甲上隱起芝草如雕刻，是以文章過人。逍遙公南康記。」此張惟時墨卿談乘載之，云見之御府秘書也。

傅咸有御史中丞箴，有贈建平太守叔龍四言詩，有贈何劭王濟詩並叙，有答辛曠詩序，有紙賦。

---

〔二〕「當」，手稿作「嘗」，據酉陽雜俎中華書局一九八一年本改。

〔三〕「試」，手稿作「誠」，據初學記中華書局本改。

傅咸有孝經、論語、毛詩、周易、周官、左傳詩，皆四言也。

初學記左右丞門引傅暢諸公讚：「許奇爲尚書左丞，有準繩操。」「王隱晉書曰：傅咸爲尚書左丞。時尚書郭奕，咸故將也，累辭疾病不起，復不上朝。又自表妹葬，乞出臨喪，詔書聽許。咸奏擧之。」

傅暢諸公讚曰：「荀勗領秘書監。太康二年汲郡冢中得竹書，勗躬自撰次注寫，以爲中經，列於秘書。經傳闕文，多於證明。」

又曰：「庾峻自司空長史遷秘書監。幽贊符命，天文地理，因有述焉。」

晉書閻鼎傳有傅遜，鼎司馬也。及傅暢並見。

劉輿傳有傅宣。

傅宣別傳曰：「宣爲御史中丞，明法直繩，內外震肅，甚有威風。」

晉書庾旉傳：「齊王攸之就國也」，旉與博士傅珍等八人上疏云云。

江偉有襄邑令傅渾頌。

初學記香鑪門引有傅先生南岳記曰：「衡山芝崗石室，有瓦香鑪。」

陸士衡吳趨行：「八族未足侈。」注：「陳、桓、呂、竇、公孫、司馬、徐、傅也。」

晉書劉元海載記：「元海馳遣黃門郎傅詢，召劉聰等還師。」

呂光載記有：「張掖督郵傅曜考覆屬縣，丘池令尹興殺之，投諸空井，曜見夢于呂光曰：『臣張掖郡小吏，案校諸縣，丘池令尹興贓狀狼藉，懼臣言之，殺臣投于南亭空井。臣衣服形狀如是。』光寤而猶見，久之乃滅。遣使覆之如夢，遂殺興焉。」

傅彥。前燕將呂護據野王通晉。慕容恪諸將傅彥言于恪曰：「宜急攻之。」

晉沙門竺法義，山居好學，住在始寧保山。後得病積時，攻治備至，而了不損。日就綿篤，遂不復自治，唯歸誠觀世音。如此數日，晝眠，夢見一道人，來候其病。因爲治之，刳出腸胃，湔洗腑臟。見有結聚不淨物甚多。洗濯畢，還納之。語義曰：「汝病已除。」眠覺，衆患豁然，尋得復常。案其經云，或現沙門梵志之像。意者義公所夢其是乎！義以太元七年亡。〔二〕自竺長舒至義六事，並宋尚書令傅亮所撰。〔三〕亮自云：其先君與義遊處，每說其事，輒懍然增肅焉。法苑珠林。異夢除病，大奇。

法苑珠林斂念部感應緣，卷一百十四。出述異記。

法苑珠林七十六卷呪術篇玄暢傳：「傅琰西鎮成都，欽暢風軌，待以師敬。」暢于齊后山建寺，名齊興，作贊一篇，琰具表以聞。

齊虞通之贈傅昭詩：「英妙擅山東，才子傾洛陽。清塵誰能嗣，及爾遘遺芳。」梁書曰：傅昭少有神情。廷尉虞愿聞之，「遣車迎昭。時愿宗人通之在坐，並當世名流。通之贈昭詩」云爾。

傅昭有恭職北效詩，五言。

傅縡有笛賦、天馬引。

傅縡有天馬引。

魏書韓子熙傳：子熙與「學官令傅靈摽伏闕上書」，頌清河王冤也。

趙彥深母傅氏，見本傳，北齊。

〔二〕「元七」二字，手稿殘，據法苑珠林校注中華書局本補。
〔三〕「尚」字，手稿殘，據法苑珠林補。

傅准、傅照、傅諝、傅秉、傅執。宇文周書蕭詧傳末：「傅准，北地人，祖炤，金紫光祿大夫。父諝，湘東王外兵參軍。准有文才，善詞賦。以西中郎參軍隨詧之鎮，官至度支尚書。蕭巋七年，卒，贈太常卿，謚曰『敬康』。所著文集廿卷。有二子，曰秉、曰執，並才兼文史。秉，尚書右丞。執，中書舍人，尚書左丞。」

隋經籍志有：周易十三卷，傅氏注。晉諸公讚二十一卷，晉秘書監傅暢撰。晉公卿禮秩故事九卷，傅暢撰。晉新定儀注四十卷，晉安成太守傅瑗撰。應驗記一卷，宋光祿大夫傅亮撰。北地傅氏譜一卷。傅子百廿卷，晉傅玄撰。後漢車騎司馬傅毅集二卷。梁五卷。

傅玄有龍銘、靈蚔銘、鴻鴈生塞北行、啄木詩、白楊行、禊詩三首、答程曉詩、四言一、五言一。答潘尼詩。

春秋正義：「傅咸七經詩，王羲之寫，今所存者六經耳。」

宋郭彖睽車志：成忠郎傅霖，淳熙庚子任臨安監，嘗建請於北關創立新倉。攘取民居八十餘家，毀撤屋宇，老稚流離，怨嗟讙沸。初，霖夜坐書閣，草定建請利便，忽見其姊婿林路分家二亡婢自前行過，徑趨宅堂。方驚愕間，其妻及女皆寐焉。急呼醒，問之，云：「適見其婢自外來，云與小娘子作伐。」詢其女而夢協，甚惡之。其女遂病。倉成而地卑濕，或言曩數有渰沒之患。霖愈益憂恐，乃高爲地版，離地二尺，所費不貲。又欲大營備水車骨之具，官無餘鏹，其家素富，乃從妻丐五百緡，妻拒不與。霖窘迫，以刃自裁，救之不死，醫者以桑皮縫合其創，傅藥，雖愈而頷頸攣不復伸，俯首不能仰視，神識沮喪，遂成心疾，請祠祿以歸。

趙元昊傳：康定元年，夏人破安遠諸砦，設伏三川口，執劉平、傅偃等五人。

高麗傳：「詔中書舍人傅墨卿奠慰。」楊應誠之至高麗也，「命其門下侍郎傅俯至館中」云云。

此高麗傅姓也。

鶴林玉露宜春傅公謀詞云：「草草三間屋，愛竹旋添栽。碧紗窗外，眼前都是緑雲堆。一月山翁高臥，踏雪水村清冷，木落遠山開。唯有平安竹，留得伴寒梅。家僮開門看，有誰來？客來一笑，清話煑茗更傳杯。有酒只愁無客，有客又愁無酒，酒熟且裵徊。明日人間事，天自有安排。」

傅亮。宋高宗紀：建炎二年，「金人破永興軍，前河東經制副使傅亮以兵降。」

傅宿。桯史載苗劉請鐵卷事云之：「明日將朝，郎官扣漏院，白急速事。」「朱忠靖勝非顧問：檢詳故事，曾檢得否」云云。「宿笑曰：『已得之矣。』遂退。後傅論功遷官。」

癸辛襍識新集有傅伯壽賀韓侂胄啓數語。可笑。

宋史趙汝愚傳：闕禮令「宣贊舍人傅昌朝密製黄袍」。

宋史朱弁傳：弁自北歸，「述北方所見聞忠臣義士」，有傅偉文等「死節事狀，請加褒録以勸來者。」

宋藝文志：傅弈道德音義二卷。傅大士寶誌金剛經贊一卷。傅大士心王傳語一卷。樓穎傅翕小録要集一卷。傅士安還丹訣一卷。右道釋類。

傅子五卷，晉傅玄撰。襍家類。

傅玄集一卷。傅堯俞奏議十卷。傅翼之集一卷。傅堯俞集十卷。傅察集三卷。傅崧卿集六十卷，奏議二卷，制誥三卷。傅自得至樂齋集四十卷。别集類。

元史順紀有「同考官傅亨」。

元史：元陳旅「至温陵，從鄉先生傅古直游。」

蘇白衡跋陳子上書有傅子敬等四人。

趙汸送操公琬序，文衡。有「侍郎傅公同至局中」之語。再考是何人。

梅純損齋備忘錄載：「洪武廿三年榜列勳臣五十七人，其因革次第與洪武三年不同，曰建功者十五人，潁國公傅友德在十五人之首。洪武三年則曰封侯廿八人，潁川侯傅友德在廿四。」

夏忠靖原吉文集有題傅澤民分桂軒詩，敍中稱「永樂癸未，澤民由水衡官擢監察御史」也。又有禁繫省咎與傅生一首。

鄒緝陳雅言墓表：「受詩于翠微傅志行。」

備遺錄都給事龔公夫人傅。

觚不觚錄：王元美爲青臬時，有巡撫傅頤。

隋經籍志：後漢傅石甫妻孔氏集一卷，至隋亡。魏尚書傅巽集二卷，錄一卷，至隋亡。晉司隸校尉傅玄集十五卷，梁有錄一卷，亡。傅咸集十七卷，梁卅卷，錄一卷。傅暢集五卷，梁有錄一卷。梁有晉鎮東從事中郎傅毅集五卷，至隋亡。晉關内侯傅珉集一卷。散騎常侍傅純集二卷，錄一卷，亡。晉殿中將軍傅綽集十五卷，亡。晉太常傅迪集十卷，亡。晉散騎常侍傅伉妻辛蕭集一卷。宋尚書令傅亮集三十一卷，梁廿卷，錄一卷。傅玄等撰迦維國賦二卷。〔二〕神雀賦一卷，後漢傅毅撰。

唐趙璘因話錄載：郭汾陽祭貞懿皇后文云：「謹遣上都進奏院官傅濤，敢昭告」云云。

唐書文宗紀太和三年三月：「乙巳，以太原兵馬使傅毅爲義武軍節度使，義武軍不受命。」

傅文靜。唐書牛僊客傳：「僊客涇州鶉觚人。初爲縣小吏，令傅文靜器之。」

---

〔二〕此句，據隋書經籍志，應爲「相風賦七卷，傅玄等撰」。

大唐新語卷四：「司農卿姜師度明于川途，〔一〕善于溝洫，嘗于蓟北約魏帝舊渠，〔二〕傍海新創，號曰平虜渠。以避海難，餽運利焉。時太史令傅忠孝明于玄象，〔三〕京師爲之語曰：『傅忠孝兩眼窺天，姜師度一心看地。』言其思穿鑿之利也。」

唐藝文志：周易傅氏十四卷，比隋多一卷。傅玄周官論評十二卷，陳邵駮。傅隆禮議一卷。傅暢晉諸公讚二十二卷，多隋一卷。傅暢公卿禮秩故事九卷，與隋同。傅弈高識傳十卷。傅瑗晉新定儀注卅卷，與隋同。傅亮續文章志二卷。傅弈注老子二卷、法琳破邪論二卷，琳姓陳，太史令傅弈請廢佛法，琳爭之，放死蜀中。傅子百卄卷，與隋同。傅仕均大唐戊寅曆一卷。

北漢世家：「建隆二年冬，李繼勳敗鈞兵，斬百餘級，獲其遼州刺史傅廷彥弟，勳以獻。」

馮拯傳：「王超、傅潛出定、瀛間」云云。

王繼英傳：「大將傅潛逗撓得罪，令繼英卽軍中召還屬吏。」

謝德權傳云：「前歲契丹入塞，傅潛閉壘自固。」

宋史錢若水傳安邊疏中，有請斬傅潛之語。

陳執中傳：「沂卒王倫叛，趍淮南。執中遣巡檢傅永吉追至采石磯，捕殺之。」

蔡翛傳：「翛兄弟亦知事勢日異，其客傅墨卿、孫傅等復語之曰：『天下事必敗，蔡氏必破，當亟爲計。』」

〔一〕「川」，手稿作「吏」，據大唐新語中華書局本改。
〔二〕「蓟北」，手稿作「前北」，據大唐新語中華書局本改。
〔三〕「傅忠孝」，大唐新語中華書局本作「傅孝忠」。下同。

# 卷三十七　雜記（一）

## 聲音有別*〔二〕

說文解聲，音也；音，聲也。此古人疎處。音責於口，聲責於耳，其文、其義皆有自然之妙。音、聲雖可互通用之，然有短長、寬窄、近遠、根梢、傳變之異。細繹樂記「審聲知音」四字，則是從末尋本，沿流溯源之理。如所謂「宮無迴聲」之說，是從聲到音上，所以如此。若從音尋聲，不必費力，垣内作音，垣外聞聲，聽者審之，如子認母。

說文妙處，如云某聲不作某音。此意最古。淺見家依傍耳食云：說文音、字皆有「讀如某」、「讀如某」，而盡爲徐鉉去之，加反切，不古。此皆不曾細讀注中文義。至如「讀如某」，原不一一乃尔，今見之注者具在，不曾去也。此與不曾細考分隸之學，而耳食前人「分不是隸」之說同。

泥古者似嘗知古矣，究竟原不曾得古人原委苦心，從半路里看得俗儒一句半句省事話，說遙末作捷逕，以恐詷人，作聲名者，可笑之甚，而自詫其精博。貧道不勝與辨，卽辨之亦不信。〔鄧藏手稿〕

---

〔二〕自此以下，凡注有「*」者，標題爲編者所加。新增加的内容，在每篇末注明文字來源，凡未注者，均爲丁本所原有。

## 屈字多聲

說文尾部「⿱尾出」字，「九勿切，無尾也。从尾，出聲」。玉篇尾部：「⿱尾出，豆律切，短尾也。」說文出部無屈字。玉篇出部「屈」字，「丘勿切，由也」。廣韻入聲八物韻中「亥」九勿切下，列「屈」字曰：「屈產，地名。亦姓，楚屈平。」又音詘。又別立一屈，區勿切，抝曲。亦姓。又虜複姓屈突氏。又一「倔」字具物切下，列「⿱尾出」字，曰：「短尾鳥也。」十月韻中「闕」去月切下，列「⿰糸屈」字，曰：「狄衣，禮記作屈。」易繫「尺蠖之屈，以求信也」，陸德明音義：「屈，丘勿切。」則是「屈」字原有九勿、區勿、去月三聲。而今之習六書者，每勒屈字，必从尾，以說文爲本。正韻凡四列屈字，曰：曲勿切（曲也，亦作詘、絀）、九勿切（姓也，楚屈原）、渠勿切（竭也）、丘月切。引玉藻「君命屈狄」之文。案玉藻「屈狄」注：「屈，周禮作闕，謂刻繒爲翟，不畫也。此子、男之夫人及其卿、大夫、士之妻命服也。」則「屈」原有四聲也。如說文「渠，彊魚切」，則「渠勿」與「九勿」二切不甚遠。若如北人讀「渠」爲「去魚切」，則「渠勿」與「曲勿」不甚遠。獨玉篇「⿱尾出」之「豆律切」則大異。吾疑「豆」字或是「豈」字之訛邪？若「豈律切」，則與「曲物」、「區、丘物」同也。「豆」字若不訛，則又當讀如「咄」矣。而字之从出者，如咄、拙皆「當沒切」，亦可通去。至于从屈者，則淈、堀、崛、⿱髟屈、窟、掘、⿰屈刂、詘、絀、倔、⿰衤屈諸字，皆諧屈聲，而不甚遠也。但不知「屈」、「⿱尾出」果係兩文，義不相混借耶？亦「屈」即「⿱尾出」之省邪？顧野王或有所本邪？而說文無「屈」字，何也？〔省博手稿，王愛國重校。〕

## 古聲之相近

周禮注：「爂、脆聲相近。」左傳注：「墜、奪聲相近。」「甘、鏨近。」「雉、夷近。」襄公二十三年，〔二〕「入且于之隧」。

爂音標，而曰與脆相近者，音義之人不曾細繹爂卽爨之省文，逕當作爂字看，又傳寫之訛也。奪、墜相近，墜如隊伍之隊也。隊、墜聲近，隊之入聲則奪矣。卽如奪字，古作敓，敓又有兑音，如那兑也。

甘泉賦：「列新雉于林薄。」服虔曰：「新雉，香草也。雉、夷聲相近。」師古曰：「新雉卽辛夷，爲樹甚大，非香草也。」

水經十六卷甘水注：「甘水東十里許洛城南，有故甘城，北對河南，故世謂之鏨洛城。鏨、甘聲相近。」不知甘與鏨如何近？〔省博手稿，王愛國重校。〕

## 騩字無一的音

騩，山海經西首：「騩山，錞于西海，淒水出焉。」音巍，一音「隗囂」之隗。西次三：「騩山，神耆童居之。」中次三：「騩山，上有美棗。」中七：「大騩山，又音歸，有䓘草，不夭。」中九：「騩山。」中次十一：「大騩之山。」

〔二〕「二十三」，手稿空白，據下引文補。

廣韻「騩」在微韻，與「歸」同聲。注：「大騩，山名。」山海經注：「音巍。」海篇音「居位切」，又去聲，解曰「馬色也」。說文：「居位切，馬淺黑色。」海篇引此也。玉篇：「京媦切，馬淺黑色。又小名。」韻會補：「基位切，馬淺黑色，从馬，鬼聲。」徐曰：「漢儀，丞相見免乘騩馬，自府歸也。」又支韻：「居逵切，馬淺黑色。又大騩，山名，在滎陽密縣。」郭山海注亦曰在此，而音獨爲巍。又微韻，又語韋切，大概平、去二音。山海經注，又云同「隗囂」之隗，「隗」則上聲矣。韻會補曰：「大隗，山名。」則隗、騩通矣。公羊僖二十六年：「楚人滅隗。」逕同夔聲矣。釋文五罪反。又上聲，又支韻，灰韻魚回切。則騩、隗通，可如巍聲也。莊徐無鬼篇：「黃帝將見大隗乎具茨之山，至襄城，七聖皆迷，遇牧馬童子。」路史「隗」又作「大恢」，注又作「大塊」，古字通用無一定如此。〔省博手稿，王愛國重校。〕

## 拾字有兩音*

「拾」字有兩音。決拾之拾，鄉射「納射器」中有拾，如本音。又：「司射猶挾乘矢，以命三耦，各與其偶讓取弓矢拾。」注：「拾，其劫反，更也，言遞取弓矢，見威儀也。」似謂一遞一个取，不是一人連取也。左傳「不狎鄙」，亦遞也。又音涉，曲禮上二卷：「拾級聚足。」注：「拾，涉也。級，等也。聚足，謂每階先舉一足，而後足併之，不後過前也。」

## 古弔音的

古「弔」字皆作「的」音讀。盤庚曰「弔由靈」，注：「弔，至也。」費誓曰「罔敢不弔」，

注：「精至也。」莊子「弔詭」，郭注：「的當詭卓。」誠妙解也。〔鄧藏手稿〕

## 說文*

說文解字最古最迂，然卻足見漢人一斑雋處，亦不可廢。〔鄧藏手稿〕

## 姕字*

說文女部：姕，卽移切，婦人小物也。詩云：「屢舞姕姕。」渠績切，讀若跂，婦人小物也。不知「婦人小物」爲何義。跂，巨支切，平聲。而姕，曰讀若跂，切以渠績之入聲。何也？今詩無「姕姕」句。

## 洨字*

說文：「洨水出常山、石邑、井陘，東南入于泜。从水，交聲。沛國有洨縣，下交切。」廣韻：「水名，又縣名。」漢書地理志沛郡屬有洨，注：「侯國。垓下，高祖破項羽。莽曰育成。」應劭曰：「洨水所出，南入淮。」師古曰：「洨音肴。」漢書王子侯表：「洨夷侯周舍，趙敬肅王子。孝武征和元年封。」據水名，則是有出井陘入泜，一出洨縣入淮，二洨也。縣爲郗國，一耳。今欒城縣南有牌坊曰「古洨」，當是說文之所云出井陘入泜者耶？但今泜水在其西北。東漢郡國志：「豫州沛國：洨有垓下聚。」主父偃傳：「洨孔車。」

## 斜字*〔一〕

斜，說文：「杼也。从斗，余聲，讀若荼，似嗟切。」荼與似嗟切殊遠。草部荼，同都切。徐鉉曰：「卽今之茶字。」然則讀若荼，許氏當時之聲也；似嗟切，徐氏後來之聲也。徐音雖似今廣韻之音，仍無不正之義。急就章：「板柞所産谷口，〔二〕斜與家蓋爲韻。」是古亦有似嗟切之讀。師古無音也。公孫賀傳：「朱安世曰：斜谷之木，不足爲我械。」注：「音弋奢反。」洪武韻在遮韻，邪、耶下兩收。玉篇：「徐嗟切，杼也，散也，不正也。」杼卽今之梭也。榆次人讀聲如似嗟切。

## 甹字

說文丂字部「甹」字，注：「俠也。三輔謂輕財者爲甹。」徐鉉曰：「任俠使氣也。」从由从丂，不得其聲之所从來。說文又無「由」字。如後人解由爲用之義，則用氣卽使氣，而丂則氣（勹）之礙于一而不得舒也。愚勉强傅會之，則曰丂似从平之省，丂字中列兮字。从由从平之省，當謂事由我而平也。庶得聲于影響耳。

今人謂賭而大注爲甹，舍死者爲甹命。〔省博手稿，王愛國重校。〕

---

〔一〕「斜字」，傅山全書初版本題作「杼字」，據文義改。

〔二〕「柞」，丁本空白，據他本補。

## 虘字

說文：「虘，虎行貌。」虘劉、恭虘。命名者，孔門弟子伯虘，呂虘、王僧虘、服虘、鄭虘最著矣。陳情之李密一名虘。唐詩記事廿卷有裴虘餘，有篙工水濺侍女之詩。「虘」字本「慶」字，王定保摭言有之。〔一〕（晉祠手稿）

## 羸字

羸，郎果切，說文在肉部，注：「或曰獸名。」形、聲、義皆不知所從也。羸、羸、羸、羸、羸、羸，散見各部，亦不及從羸之義。吾謂當特立一羸部，收前數字於中，便簡也。（王本）

## 吴字*

說文注：「吴，姓也，郡也，一曰大言也。从矢、从口，五呼切。」徐鍇曰：「大言，故矢口以出聲。詩曰：不吴不揚。今寫詩者改吴作吳，又音化，其謬甚矣。」廣韻禡韻有吳字，注：「大口話，本胡快切，今習如化。」說文注合、會，善言也。籀文作譮。今詩「不吴」，逕音話。話與化遠甚。

〔一〕「王定保」，手稿作「王保定」，據文意改。

## 憕字偶記

說文：「憕，平也，从心，登聲，持陵切。」韻會補又「直庚切」。集韻：「憕恡，失志貌。」又去聲「丈證切，懵憕，神不爽也」。南史有柳憕字文深、候接梁武帝，〔一〕燒逆旅舍以絕後追者，〔二〕爲蜀郡太守。王憕，見梁書韋叡傳。叡内兄王憕、姨弟杜惲，並有鄉里盛名。北周書有薛憕，字景猷，河東汾陰人，曾手鈔書二百卷，爲魏文帝作清徽殿、二歎器頌者。唐書有忠義李憕并州汶水人，東京留守，死於安祿山之難，懿而號「地癖」者。〔傅慶、王本〕

## 儵字*

說文：「鯈，直由切，魚名也。」左傳楚庸有鯈邑，晉、鄭之間有地名鯈，燕姞之祖伯鯈，皆音直由切。東漢有樊鯈、〔三〕劉鯈，又音條。劉鯈之鯈，又作儵。儵音本同條。

## 鏄字

鏄字，說文：「鏄，鱗也，鍾上横木上金華也。」廣韻：「鏄，鍾上横木也。又田器，『庤乃錢鏄』。」匹各切同。全不云爲鍾。國語鄭伯納室「鏄」注：「小鍾。」音始各切，不知成何音。「各」與說文、廣韻同，而「始」字去匹、補之聲全遠，不知是何字訛成「始」字。說文、廣韻皆有

---

〔一〕「候」，傅山全書初版本誤作「侯」，據南史中華書局本改。
〔二〕「追」，傅山全書初版本誤作「詛」，據南史中華書局本改。
〔三〕「樊」，傅山全書初版本誤作「楚」，據霜紅龕集丁本改。

「鎛」字，云：「大鍾也。」然則名爲鍾之鎛，又當從薄。〔霜紅龕墨薈〕

## 訾字

說文：「訾，不思稱意也。」管子。國語齊語：「訾相其質。」注：「訾，量也。」蓋寬饒傳「用不訾之軀」，貨殖傳「家亦不訾」，皆謂訾、量可比也。然今率用爲「訾毀」之「疵」。少儀：「不訾重器。」註：「思也。」卽解爲「疵毀」亦可。輕薄之人，凡見人家有所珍重之器，輒彈駁之，其常也。「毋訾衣服成器」亦然。故不許訾也。莊子：「外合而内不訾。」注不解。然與「合」字對，是「不合」之義矣，別無可引以爲解。戰國策：趙王封孟嘗君以武城。孟嘗君擇舍人以爲武城吏，〔二〕曰：訾然使王悟而知文。」注引「不思稱意」之語，是亦可用證「不訾」爲「不合」之義。王莽傳：「翼平連率田況奏郡國訾民不實。」師古曰：「舉百姓訾財，不以實數。」禮記檀弓九卷：「子遊答有子曰：子之所刺于禮者，亦非禮之訾也。」注：「訾，病害也。」〔傅青主法帖、霜本，谷錦秋重校。〕

## 扁字

扁字，說文：「扁，署也，从戶冊。戶冊者，署門戶之文也。」說文署字則曰：「部署有所网屬，从网，者聲。」徐曰：「置署，言羅絡之，若罘网也。」廣韻：「署，書也，又部署也。」景福

〔二〕「擇」，丁本誤作「報」，此據法帖。

殿賦：「爰有禁楄，勒分翼張，承以陽馬，接以圓方。班間賦白，疏密有章。」一連六句以來，似皆賦禁楄之言。李善注：「楄，陽馬之短桷也。」說文曰：「楄，署也。」扁从戶冊者，署門戶也。楄、署雖殊，文義則一也。扁與楄同。勒分翼張，言如獸勒之分、鳥翼之張。釋名：「勒與肋古字通。」陽馬，四阿之長桁也。禁扁列布，承以陽馬。衆才相接，或圓或方也。馬融梁將軍西第賦曰：「騰極受權，陽馬承（以下缺）〔省博手稿，王愛國重校。〕

## 舝字*

說文舛部有「舝」字，曰：「軸頭鍵。」中從𡿺，禼之省。禼部則曰：「聲同契，私列切。契從㓞，恪八切。㓞從丯，古拜切，讀若介。」「轄」字從丯，而𡿺則與丯遠矣。若取聲，則苦計切之「契」與私列切之「禼」亦遠。然今讀「稧契」之「契」，皆私列切，無讀苦計之音。舝音近㓞，而今俗謂凡物之鬆而加緊者，曰加一契屑子，不曰加一禼子也。禼，蟲屬，于舝無干。若「契約」之「契」，義則近矣。且「舝」一加鐵屑契耳，而「契約」之「契」則苦計切，如雷楔、栗楔，皆讀如屑，不曰契也。絜矩之絜，亦從㓞，而讀如挈，近轄矣。「契」亦有通「挈」之聲之義。

## ⿱荃黑字*

⿱荃黑字。說文黑部「⿱荃黑」字注曰：「黃白而黑也。」又曰：「短黑，讀若以。芥爲齏，曰：芥，荃也，初刮切。」「荃」字注曰：「芥脃也，此緣切。」「脃」字注曰：「小耎易斷也，此芮切。」荃與初刮切遠甚，不知當時的是何聲。

## 莧字

說文最不可解者，入聲之富部，單收一「莧」字，曰：「從富省，亡聲。」以文求之，無一筆從富者。而列之此部，如、如、如，略無關涉。

## 凡字*

說文最不可解者，「凡」字曰「从二」，不知所謂二者何在。

## 貾蚳

爾雅：「貝黃白餘貾。」一作「蚳」。愚每疑周禮醢人「饋豆之實，蜃、蚳醢」是貾，非蟻子之蚳也。及細繹「鼈人掌取互物，以時簎魚鼈、龜蜃、凡貍物，春獻鼈蜃，秋獻龜魚。祭祀共蠯蠃蚳，以授醢人，掌凡邦之簎事」。注：「鄭司農云：互物謂有甲𦭽胡龜鼈之屬。」若「蚳」是蟻子，則何互之有？且蠯蠃蚳三者相連以成文，則知蚳即貾，是蠯蠃之屬，皆有甲者，須簎之以得也。下文又曰：「掌凡邦之簎事。」蚳若蟻子，何須簎也？〔省博手稿，王愛國重校。〕

## 歲之雄雌

廣雅釋天注：「八月酉仲爲太初爲雄，九月戌仲爲太始爲雌。」又詩緯曰：「陽本爲雄，陰本

爲雌，物本爲魂。」〔霜紅龕墨薈〕

## 册字

「玉篇冂部有「冊」字，音琮，冊孔也。文與册字類。解「冊孔」，不知何物。南齊書有扁「䌺」字，可見「䌺」即「粽」字。若「冊」是册字，形雖相似，而中間一畫有横穿出、不穿出之分。若篆書册「𠕋」又如此，中間二畫皆不穿出。鐘鼎有「𠕋」文，亦音作册。不知的確是「𠕋」字未？俗寫册者，又有幷作二刖之形，亦與「𠕋」不同，是又因「冊」而分一「冂」爲二「刖」也，可見非从冂字矣。冂音坰。但不知南史之䌺，的確从冊耶？从音粽之冊耶？廣韻冬韻中不列冊。

## 暅字*

玉篇：「暅，音同亙。」梁書：「良吏伏暅。」又有祖暅者，見拘於元延明，爲延明作欹器，刻漏銘，而爲江革所罵者。晉書閻鼎傳有中書令李暅，音義況晚、古鄧二反。廣韻阮韻中，暅，況晚切，日氣也。又古鄧切。正韻作暅，从火、从亙，不从互。

## 緐字*

玉篇系部有緐字，音婆，出漢書。從紊而婆聲，不得其義。〔鄧藏手稿〕

## 弜字

弜，廣韻：「笑不坏顏。」音同矧。山海經中次十經：「丙山，其木多梓檀，多弜杻。」郭注：「義未詳。」詩：「北山有杻。」或謂之「檍」。陸疏云：「葉似杏而尖，色白，皮正赤，其理多曲少直，材可爲弓弩幹，共汲山下人或謂牛筋。」恐是「弞」之少訛，謂其可杻之，可以爲弓弩者，故從弓、矢耳。

說文「弞」字：「从矢，引省聲。从矢，取詞之所之如矢也。」今作「矧」。又禮記：「笑不至矧。」注：「齒本曰矧，大笑則見。」集韻或作欦、訠。〔省博手稿，王愛國重校。〕

## 霁字三聲

東韻同、蒙，又莫侯切。袁宏三國名臣贊孔明曰：「百六道喪，干戈迭用（用亦可平聲），苟非命世，孰掃雰霁？」作去聲讀也。天氣下降地不應曰霁，一作霿。〔省博手稿，王愛國重校。〕

## 懜字*

廣韻：「懜，不慧也。」又「懜懜辨快」，出音譜。三國志王平傳：「端坐竟日懜，無武將之體。」與此解不同。

## 艿字

艿音同仍，廣韻注：「新舊草相仍也。」新唐書裴延齡傳云：「得陂艿數百頃。」盧簡求傳：「治園治林艿。」艿字他不見用處，宋公用之熟然。「林艿」不過掉箇「林草」耳，無足奇者。〔傅慶本〕

## 苗字

廣韻屋韻有苗，文與此無别，音同畜，又他歷、徒歷二切，則音如笛矣。解：蓨也。下云：蓨音挑。集韻云：蓧也。是蓨、蓧同一字，讀如條也。則苗入。蓧非苗平。蓧。今作曲者多作苗平。條而不作苗入。條，是苗、苗字混之久矣。

## 絎字*

廣韻：「絎，胡孟切，刺縫也。」史記韓安國傳：「卽欲以侘鄗縣。」注：「徐廣曰：侘一作絎，音寒孟反。漢書作㛹，音火亞反。」侘習，侘傺失志之義，于此不合。如旁从虖、从雩，二字原易溷。火亞切，則當从虖，不當从雩。然二字說文皆無之。

## 𩞄字*

廣韻：「𩞄，丘亮切。陳桓子名若是。」左傳陳桓子則名無宇矣。篇海「𩞄」字下曰：「陳桓公子名。」史世家：「陳桓公鮑之太子名免。免之弟三：曰耀，曰林，曰杵臼。」無名「擾」者。

## 哉字

廣韻叙：「緘之金篋，珍之寶之而已哉！」亦與今人用「哉」字法少別。〔省博手稿，王愛國重校。〕

## 肉字

干祿字書入聲屋韻「宍、肉」云：「上俗下正。」按古肉作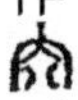，故楷作宍，非從宀從六也。「飛土逐宍」之歌，尚作此字。說文象形，楷當如何寫？右脚恐難屈向外也。

## 韻補之誤*

韻補之誤，非才老原書。五支「備」字下「貧悲切」，引成相篇：「妻以二女任以事。大人哉舜，南面而立，萬物備哉！」牋西切。本文前有「堯不德，舜不辭」兩句。不以「事」、「備」叶，而云「哉」。「牋西切」大誣，況「大人哉舜」是一句。本篇類以第四句，另作四字一句，爲攬上振下之文。若以「哉」字作句，而「舜」字連下讀，此與「堂堂乎，張京兆之誣」何異？若不用「辭」字作證，〔二〕但以「事」、「備」相叶，亦無庸取中間不成文之「哉」字也。

---

〔二〕「證」，丁本作「誣」，據王本改。

又陽韻「身」字下引荀卿成相篇，曰「天乙湯，論舉當身，讓下隨舉牟光道，〔一〕古聖賢基必張於身」作句，不通。凡成相篇，首二句皆三字一句。此「天乙湯」句，「論舉當」句，「身讓」連下至「光」字一句。若云「天乙湯論舉當身」，成何文理？九章惜誦：「恐情質之不信兮，〔二〕故重著以自明。矯茲媚以私處兮，願曾思而遠身。」〔三〕凡離騷「明」皆讀如「盲」，叶「身」是其一證。乃引成相破句，此定非才老原書矣。

艱暜，騷經：「長太息以掩涕兮，哀民生之多艱。余雖好修姱以鞿羈兮，謇朝誶而夕替。」才老韻補眞韻「暜」字列「潛」下，才淫切，引此四句。艱音勤。「暜」與「潛」傍之「朁」迴遠，而援與同切。吾不謂然，然又不能强讀。若「暜」字或傳寫之訛，下文「既暜余以蕙纕」，文義分明，絕非訛者。又月韻「暜」字引潘岳西征賦：「升曲沃而惆悵，惜兆亂而見暜。枝末大而本拔，都偶國而禍結。」暜，他結切。又質韻「暜」字下，他吉切，引張衡東京賦：「忿姦慝之干命，怨皇統之見暜。登聖皇於天階，章漢祚之有秩。」若九章懷沙「撫情效誌兮，俛屈以自抑。刓方以爲圓兮，常度未暜」，則「抑」讀作去聲，而「暜」乃其本音。若「抑」作本聲，則「暜」乃他吉切矣。

〔一〕「牟」，丁本作「平」，據王本改。
〔二〕「恐情質」，丁本作「怨情」，據王本改。
〔三〕「曾思」，丁本作「口惠」，據王本改。

## 韻補之謬*

韻會小補一書，豈不有些學問，其中大謬者，亦不可一二數。吾不欲以薄識評察之。至於「矢」下又韻苦結切，引集韻「左仄也」，甚背。「矢」、「夭」之左右側，自有正義，與「矢」字無纖毫瓜葛。卽以說文解字之「鏑括羽之形」粗論之，矢頭豈敢側左側右耶！

## 江字*

吳才老韻補一東韻：「江，沽紅切。」引晉謡：「五馬浮渡江，一馬化爲龍。」又曰：「阿童復阿童，銜刀浮渡江。」四「江」下曰：「古通陽，或轉入東。」按「雙」字从雔。玉篇雔，又除光切。則「雙」之聲全從此切生出。以切江字，則全是今讀矣。玉篇顧野王卻在唐前。〔二〕

## 乞字*

與人之「乞」，當作去聲。求人之「乞」，當入聲也。總用一氣，吹以與人，則去之；匄以爲己，則入之也。

〔二〕「唐前」，丁本作「前唐」，據劉、王本改。

## 彥字*

彥，男子之美稱，籠箭語也。但看其本文：從文，所以別鄙野也；從厂，所以別委靡也；從彡，所以別非婦人面孔也。

## 聖字

「聖」字，從耳，何也？難於聽也。從口，何也？難於言也。從壬，挺出地上，非常類也。耳難於聽，而目不難於明乎？耳根之圓通，非大聖不能，故尼師六十而始造耳順之地。言滿天下無口過，亦非大聖不能。非先王之法言不敢言，言而世爲天下法，豈易言哉！故俗儒之學，所謂口耳三寸之間也。聖人則口耳壬出地上，絕非猶夫人之口耳者。若耳有所聽，口有所不道，亦非常人。

〔傅眉抄本、霜本〕

## 肥字*

「肥」字可厭。東漢有「肥頭少卿」。元魏有閭大肥、長孫肥，不知何取。閭大肥本蠕蠕人，不足論，其義不過如驢大肥耳，看高閭本名高驢可見。

## 鳬字

鳬、鳧，上正下通。延登張氏謂从鳥、从人、从己。監本作鳬，誤。鳧字今不行。按說文尸部，

鳧从鳥，尼聲。尼讀若殊。無从人、从己之說，或誤以尼爲几，遂以几爲己耶？〔二〕尼有類乎乃，故楷書作乃。〔拾遺、霜本〕

## 聽字

「聽」字，古但作聑，後又益「悳」。「悳」即「惪」也。直心爲耳，則自𡈼然不受邪曲之音。合而言之，𡈼耳，耳德也。凡耳不能辨是非邪正，即當聑之。〔鄧藏手稿〕

## 黽勉

黽勉，習之爲勉義，而不知黽之義何取。或加亻作僶。詩音：莫尹反；說文：莫杏反，則音逕同猛矣。黽本鼃，鼃或取其能跳耶？〔三〕〔鄧藏手稿〕

## 春字*

「春」字元作「萅」，而加草，則人不識矣。其字最韻。而字从之者，無多義味。即有之，解詁亦不盡蘊。如「偆」字但曰富，「賰」曰多財，「瑃」曰玉名，「鬊」曰亂髮，「箺」曰竹名，「膥」曰肥，「媋」曰女字，「惷」曰心動，「蠢」曰愚，又不遜，「䮞」曰駿馬，「踳」曰舛，「⿰春攴」曰

---

〔二〕「遂以几」三字，丁本無。

〔三〕「鼃」，傅山全書初版本脱，據手稿補。

亂，「睶」曰大目，「鰆」曰魚名，「堾」同踳，「𠹀」曰吹。其中若䐇、𢾺、堾、䮞、賰，未免辱「春」字。而「䮞」又以「踳」轉注見義者。若「𢾺」之爲「亂」，尤無義矣。「鬊」字妙理微情，可用詠美髮如雲，而但云「髮亂」，大孤厥旨。此字別無所見，以見之喪禮，故難以用之於他耳。「惷」之心動，亦有女懷春，妙字，不必以淫心斥之。「蠢」者，春日之蟲，蠕蠕動也。「瑃」則玉光温潤，所謂「藍田日暖玉生煙」是也。〔二〕「睶」亦可用美人矑睩，而僅曰「大目」，即今多睜大眼人，有何春之足觀也？睍睆可解「睶」字。而恰有「鶞」爲春鳥，好音而舍利，則睶央當加之鶞鳥。「睶」、「鶞」兩字作睍睆黄鸝之詠，極稱吾意。必有酉旁春之「䣨」，而字書絕無。然有「䣑」字，是「䣑」即「䣨」也。書「杶幹」即「椿」，則「䣑」即「䣨」可旁通矣。而「䣑」但曰純，未免爲純義籠統蒙之。凡酒以春名者極多，而酒引人勝地，豁然禦溧，俗所謂「裹著綿」，解「䣑」之絕的。然則「䐇」即肫。肫之仁，亦就萬卉覓曲引申之生意而生之，宋儒「稔至」之訓殊未能致。若「䐇」可通「肫」，可曰肥，肥其仁耶？亦大難爲瘦漢，皆不良之人矣。〔傅眉抄本、霜本〕

## 砭字

砭字，悲念切，以石刺病也。五十歲後病，如重陽後雨，雨一陣，冷一陣；病一場，老一場。回春無計，惟有來春；反老無方，惟有再世。〔傅眉抄本、拾遺本〕

〔二〕「是」，傅山全書初版本脫，據霜紅龕集補。

## 杚字*

杚，隸釋音凡，木名，皮可爲索。若但皮可爲索，與遵禁之類無闗。廣韻去聲六十梵有𣏕字？杯也，與盌同。古文凡从皿者多从木，杚或即𣏕，如盤、槃之類。〔晉祠手稿〕

## 又字*

「又」字本象右手之形，而古今傳習皆作「更」、「再」之義。禮王制：「王三又然後制刑。」逕同宥矣。詩「天命不又」、「室人入又」、「矧敢多又」，其義皆似明白可見。但「入又」之「又」，作再解，似未盡其旨。吳越春秋：「又爲受教知可否。」則「又」爲弩邊之物，不知何指，而無注。〔省博手稿，王愛國重校。〕

## 咸字*

「咸」字爲「皆」字蔽。「感」而未嘗有「心」，咸之妙也。未有心而有口，何也？口在戍下，〔二〕口亦不用。故咸上騰口，不足以感人矣！〔省博手稿、霜本〕

〔二〕「戍」，傅山全書初版本誤作「戌」，據手稿改。

## 𩹷字

𩹷音佶，章魚，一名章舉，一名𩹷魚。蘇頌曰：章魚、石距二物，似烏賊而差大，更珍好，食品所重。𩹷，見識海志。〔省博手稿，王愛國重校。〕

## 𦼮字*

𦼮音罕，卽辣米菜也。洪舜俞老圃賦：「𦼮有拂士之風。」林洪山家清供云：「朱文公飲後輒以𦼮菜供蔬品。」

## 罵字*

「罵」有寫作「駡」，爲「馬」上兩「口」，義較从网者顯。篇海有馬旁一口，爲馹，亦音罵。

## 紇字*

魯臧武仲名紇，孔子之父郰人紇，皆音恨發反，而世人多呼爲核。唐小說：蕭穎士輕薄，有同人誤呼武仲名者，因曰：「汝紇字也不識。」或以爲「瞎字也不識」，誤矣。按說文「紇」字，「从糸，乞聲，下沒切」。廣韻在十一沒「麧」字下，亦下沒切，又胡結切。玉篇戶結、下沒二切。

## 魯字*

齊侯鎛、鍾銘：「其萬福純魯。」古魯、旅通。旅，衆也。或欲其福之厚多耶？即以「魯鈍」之義解之，魯鈍豈不是福？子虛賦「蓮藕觚盧」，張晏曰：「觚盧，扈魯也。」不解是何義。

## 廉恥*

廉恥：广下能兼，自然廉；恥則耳上生心耳。

## 禽字*

「禽」，下从禸，獸跡也。不知何時而遂爲飛禽所專。

## 錞于*

錞于，本樂器，如小鐘而有舌，所以和鼓。說文無「錞」字。去聲有「鐜」字，音如對，曰：「戈矛柄下銅鐏也。」平聲則「鐓」字，云：「下乖也。」鐜似鐓之省耳，而解卻異。廣韻眞韻「鐜」曰：「樂器，所以和鼓也。去聲。」又列「鐓」字曰：「矛下銅也。」而下復有「錞」，曰：「上同。」則金旁之「𦎫」之字混之久矣。正韻平聲。眞韻只作「錞」字，不曰「當从𦎫」也。山海經二卷：「騩山，是錞于西海。」三卷：「敦題之山，無草木，多金玉，是錞于北海。」四卷：「竹山，錞于江。」五卷：「嬰梁之山，上多蒼玉，錞于玄石。」注：「蒼玉，依黑石而生也。」或曰：錞于，樂器名，形似椎頭。」前敦題山下無注。若依後解，亦謂其山根依北海耳。此處說「錞于，樂器」，似無關者。看文義，皆當作「鐔」字之去聲，所謂「戈矛之鐏」之義爲正。前䰟山下，注云：「鐔，猶隄⿰王享也。章閏反。」而「⿰王享」字，則說文、玉篇、廣韻字書全不見，當是埻字。埻之久之，閏二切，猶堤也。埻又射的，見周禮。

## 鎡基*

鎡基，賈逵曰：「耨也。」呂氏春秋曰：「耨，六寸，所以間稼。」〔二〕說文耒部無「耨」字，〔三〕木部有「槈」。又作「鎒」，注：「媷器也。」廣韻「媷」，引說文，又引纂文曰：「耨如鏟，柄長三寸，刃廣二寸，以刺地除草。」左傳「冀缺耨」，注：「鋤也。」正義曰：「世本云：『垂作耨。』釋器云：『斪劚謂之定。』李巡曰：『鋤也。』廣雅云：『定謂之槈。』呂氏春秋云：『耨柄尺，此其度也。其耨六寸，所以間稼也。』高誘注曰：『耨，耘苗也。六寸所以入苗間也。』釋名云：『耨，鉏嫗槈禾也。』」「嫗媷」兩字亦雋。月令注：「何胤曰：鎡基，今卽鋤。」

## 德字*

「德」字，古文迂用。國策趙武靈胡服篇：「事成功立，然後德可見也。」此處用一「德」字，似迂，然不迂。漢古文苑蔡中郎協和婚賦：「惟休和之盛代，男女德乎年齒。」又迂得妙！

〔二〕「間」，丁本作「開」，據王本改。
〔三〕「耒」，丁本作「禾」，據他本改。

## 巳字*

巳，若已之反，爲巳。則修己之己，音正是此辰巳之巳。晉天文志：「熒惑逆行成鉤巳，鉤巳有芒角，如鋒刃。」巳無音，不知當何讀。

## 五字*

自一至三皆不交，至五則交。㐅卽上四畫，第一、第二不交，第三、第四交之。

## 六字*

六，地之數也。一是水。土下皆水。水是氣，所以能載十，故从十从一而爲土。土涇者，以一在下也。其聲叶五。十卽㐅之正寫者。若十下無一，則乾燥不生矣。生之从土，以此也。

## 蹡弛

「蹡弛」字再無所見，逕似茂陵創拈出，高視闊步，頹縱漫節之容如畫，且道字法之妙，奴貨何處□也！〔拾遺本〕

## 覘字*

覘，取私切，盜視也。俗常用其聲而不知其字。屌與之同，从尸，不知何取。〔鄧藏手稿〕

## 角字*

角之合口，讀則如局。今俗村人無讀作訖岳切者，皆銜玉切之局，不待讀如祿聲，而始可證盤中詩也，即「誰謂雀無角，何以穿我屋」是也。

## 圖箈*

圖、箈，莊家曉此字，而讀書者不識。〔鄧藏手稿〕

## 虜慮等字*〔一〕

「虜，毋、田、甶三字易混。虜，从虐从力，不从虍从男，生男爲虜之誤久矣。」安知非本从男，虍聲也。解字之不可盡執也如此。

「慮」字，説文「从虍从思，虍聲。」安知从虐从心，从虐得聲。虐从甶。甶，缶也。解云𦉥，𦉥亦錘，小口罌也，从虐，較从虍之聲更近也。

「韯費錦繢」。注：「韯費，錦文貌。」若本文無下「錦繢」字，則不云爾矣。

「湰，初瓦切，俗言常用之聲，如黏湰湰是也。」

「𡘨，其交切，从水从夅，即洚字矣。又从夂，夂當即歺。歺，五達切。此字形聲義皆不可知所從來。」

---

〔一〕此條據蘇州博物館藏手稿釋文。傅山全書初版本未收。

## 鄺字

「鄺」，石鼓文「廓」。〔晉祠手稿，增補。〕

## 蕎*〔二〕

爾雅：「蕎，邛鉅。」注：「卽大戟。」大戟逐水，蕎麥亦能逐水。聖惠方：「十種水腫喘，用生大戟和蕎麥麪作餅，炙熟爲末服。」麥以蕎名，此亦取邛鉅之義耶？邛鉅之義不解，吾因彊解之：邛，病也。鉅，能解也。俗言：蕎麥，一年沈積在腸胃者，食之亦消去，亦有鉅邛之義耶！

## 樏字*〔三〕

「禹曰」載：陸車，水舟，泥橇，山樏。「樏」，史記「橋」，漢書「梮」，吳越春秋又作「欙」。「橇」本音「毳遙切」。吳越注以「毳遙切」音「欙」，而音「橇」爲「羅」。「樏」音「雷」，與「橋」聲遠。或因「樏」又作「橋」，逕以其音釋文，更生「欙」之文，逕作「橋」音也。只此兩字，傳寫淆雜，不可得清爾爾。字書無「欙」字。「欙」卽「欙」字之訛，音同「梮」。夏紀曰：「山行乘欙」也。吳越注不知姓名，音釋大可笑也。

〔二〕此條錄自上海書法雜誌二〇〇七年第四期刊傅山傅眉書册，手稿藏上海朶雲軒，由葛敬生整理。傅山全書初版本未收。

〔三〕此條據張學良先生定遠齋藏册頁手稿釋文，由堀川英嗣整理。傅山全書初版本未收。

# 卷三十八　雜記（二）

## 經子之爭*

經子之爭亦末矣。只因儒者知六經之名，遂以爲子不如經之尊，習見之鄙可見。卽以字求之，經本「巠」字。「一」卽天，「巛」則川。說文：「巠，水脈也。」而加「工」焉，又分「二」爲天地，「丨」以貫之。「子」則「一」「了」而已。古「子」字作「𢀈」。巠、子皆从「巛」者，何也？巛卽川者，水也。巛則無不流行之理。訓詁者以「𢀈」上之「巛」爲髮形，亦淺矣。人，水也。子之从巛者，正謂得巛之一而爲人也，與巠之从巛者同文。卽不然，从孩稚之語，故喃喃。孔子、孟子不稱爲孔經、孟經，而必曰孔子、孟子者，可見有子而後有作經者也。豈不皆發一笑？

## 五經四書*〔一〕

今所行五經、四書，注一代之王制，非千古之道統也。注疏泛濫矣，其精處非後儒所及，不可不知。

〔一〕傅山全書初版本誤題爲「五經四書注」，據文意改。

## 經與解*〔一〕

經自經，解自解，解顧未必中經，亦時有妙論。離經解經，解之枝離，解、解，解，解經之歸。

## 易*

納音互體，易中何所不有？故曰：「夫易，廣矣，大矣。」〔王本〕

## 八卦*

一卦之中，凡具八卦，有正有伏，有互有參。〔拾遺、王本〕

## 易卦*

師以正衆，比以興王，二卦以武功創業，湯武之卦也。同人窮而在下，大有達而在上，二卦以文德嗣位，舜禹之卦也。履以陰德而蹈艱危，以致小畜之安富，人臣之事也。无妄以陽德而踐災眚，以致大畜之喜慶，人君之事也。臨以陽來，宜出而有爲；觀以陰生，宜入而無爲。謙則止，在象後而存義；豫則動，在象前而知機。中孚則始生，小過則夭折。頤則成人而養生，大過則壽終而喪死。漸以正而進，歸妹以悅而合。噬嗑以貪而致罪，賁以義而致飾。豐則得所歸而富盛，旅則失所

〔一〕此條據瀋陽故宫博物院藏手稿釋文，由竇元章整理。傅山全書初版本未收。

基而困窮。〔拾遺本〕

## 易不可注*

五經惟易不可注，讀者時之可也。儒家者不量其知識而欲解之，以爲翼經之功，動輒令人噴飯。輔嗣已不能免，況鏖糟圪喃頭也。老夫都怕看之。麻衣何人者？微乎其言，周孔孤行，易道復晦，對宋儒說說夢耳。大都「變易」兩言，遂來妄人信口猜度曰：「我亦變易之道。」〔王本〕

## 王弼注易*

王弼不知當時何以得談易之名。細觀今所行弼注，鄙處極多，如小畜上爻「既雨既處」一節，尤可笑。〔天一閣手稿，增補。〕

## 兩重而

陸德明易經音義于「需」字下曰：「兩重而者，非飲食之道也。」若大象「雲上于天」，則又當作需。分明畫出需字，下从而，不从𦓐也。需字又有一「⿱而而」字作兩重者。〔省博手稿〕

## 否卦二爻*〔一〕

偶與孫輩説易，吾問蓮蘇：「否四爻『大人否，亨』，〔二〕如何説？」蓮蘇曰：「直謂君子此時泰不得也。」吾賞其「泰不得」之語，殊具門風。

## 人事與卜筮*

吉凶悔吝生乎動者，於人事無限關係，打發在卜筮上去，有何緊要？

## 吉凶悔吝*

吉凶者失得之象，悔吝者憂虞之象，承繫辭「明吉凶」而言。變化者進退之象，剛柔者晝夜之象，承「剛柔生變化」而言。六爻之動、三極之道，是總括。文義最明白。

## 泰卦*

泰之六五：「帝乙歸妹，以祉，元吉。」王解就小象中「以行願也」，取「行願」兩字加于「以祉」之上，幾于不通。朱義但用「福祉」之義，「祉而得元吉也」，猶之乎囫圇語，亦無「以」

〔一〕此條録自山内観編傅山の書法，日本二玄社一九九八年版。由堀川英嗣釋文整理。傅山全書初版本未收。

〔二〕此句在否卦二爻，傅山筆誤。

字語情。愚意當「以祉」字尋到「帝乙歸妹」之中，庶幾尚有微義可文。不然，無味之甚。〔省博手稿、霜本，王愛國重校。〕

## 謙卦*

聞廣成子治屯蒙二卦之言後，但取經中最明顯不費探索者，獨得地山謙一卦而爲之。〔王本〕

## 裒字*

「裒」字從臼，臼音匊，兩手相向也；從衣，臼加衣，卽詩「薄言襭之」之義。蓋取人之多，益己之寡，卽好問、好察邇言，所以爲謙也。舊注與卦名何與？

## 蠱卦*

蠱上「不事王侯」，惟巢、許、卞、務，下而子陵、牛牢足以當之。王侯皆眞正崇高聖賢，不事乃爲高尚。其餘所謂王侯者，非王侯，而不事之，正平等耳，何高尚之有！苟圖衣食之人，看其所事者爲王侯，自命爲攀龍附鳳之人，故便以高尚無用之名遺人，其實以用世之才自命耳。嗚呼！此猶其自賢者一邊人，亦一狗喫屎香美，未嘗責異類者盡香美之而後已也。羣狗飯屎，一人睨之，羣狗怒曰：「爾啖，則我輩兄弟爾，日與爾飽。不則我輩啖爾。」且道此人從焉，否耶？或曰「否，否」，或曰「不可知」，或曰「何不可知，啖之免死可也」。一士曰：「都不知此。其人睨時，已有啖之意矣。卽初啖時，或有難味，勉一二日，必大美於狗。狗爲家常茶飯久矣。此人咀嚼，定

不滅江瑶柱，以爲得未曾有也。久之，且視狗爲父母，尊之親之，夢寐皆作孝順報矣。」〔二〕〔傅眉抄本、霜本〕

## 頤卦*

頤之剝曰：「舍爾靈龜，觀我朶頤。」不言吉凶，喝得人冷汗浹背。學人解得此爻，尚有非道之覬覦耶！「餓死事小，失節事大」，如此眞有餓不殺底一个養法！

此「朶」字全謂下卦爲震。震，動也。頤之「朶」者，正屬一爻。〔晉祠拓本、霜本〕

## 大壯*

大壯之夬曰：「喪羊於易。」夬之大壯曰：「莧陸夬夬。」莧，山羊也。大壯之夬，震變而兌，當云「喪羊」，就其變者言之；夬之大壯，兌變而震，當云「莧陸」，皆於兌爲羊取象。〔王本〕

## 箕子之明夷

孔穎達正義第四論：「驗爻辭，多是文王後事。升卦六四：『王用亨于岐山。』武王克殷之後，始追號文王爲王。若爻辭是文王所制，不應云『王用亨于岐山』。又明夷六五：『箕子之明夷。』武王觀兵之後，箕子始被囚奴，文王不宜豫言『箕子之明夷』。又既濟九五：『東鄰殺牛，不如西鄰

〔二〕自「嗚呼」至末，霜本無，據傅眉抄本補。

之禴祭。』說者皆云西謂文王，東鄰謂紂。文武之時，紂尚南面，豈容自言己德，受福勝殷？又欲抗君之國，遂言東西相鄰而已。」漢書律曆志：「文王十五而生武王，受命九年而崩，崩後四年而武王克殷。克殷之歲，武王八十六矣，後七歲而崩」云云。文王九十七歲。當囚羑里時，則八十餘耶，箕子爲父師，想來亦不是過小。當紂囚文王時，卽不曾佯狂爲奴，想來亦看見紂種種荒暴無道，其爲明夷之道，亦已久矣，不待囚奴之而始爲明夷也。亦說得去。〔省博手稿，王愛國重校。〕

## 家人*

「風自火出，家人。」注：「交相成熾，但言風火之義，於家人殊無關。」愚謂此卦，當以三四兩陰爻釋「利女貞」之義，而二又内卦之主爻，曰「中主饋」。蓋凡立家之道，先以舉火之道爲主，若能無非無儀，惟酒食是議，是舉火處得其女之貞矣。一家之風化自此起，「關雎荇菜」之義皆如此。大象之言「配離行配巽」，君子之以言行齊家，而使家人知言行莫不有物有恆，則牝鷄必無鳴晨之怪，而干預外政者也。

## 井卦*

井卦：「亦未繘井。」注：「綆也。」說文亦然。於「亦未而羸」之義未盡。說文「矞」字注曰：「以錐有所穿也。一曰滿有所出也。从糸、从矞。」須取「滿有所出」之義始得。不然，但曰汲水之索而已，於「汔至未出」之義何居？

## 艮卦*

艮爲霆，〔二〕見李資州易解。兌爲雨，見麻衣道人正易心法。蓋一陽動於內爲雷，發洩到外面便是霆；一陰盤旋於下爲風，薰蒸到上面便是雨。不然，聖人說八卦卻遺了一角，成甚道理！

## 節卦*

「澤上有水，節。」舊注：「其容有限。」一切器容皆有限，皆可以爲節乎？況澤上有水，非澤中有水也。

## 聚人以財*

「何以聚人？曰：財。」自然貧士難乎有羣矣。家國亦然。故諱言財者，自是一教化頭骨相耳。常貧賤驕語仁義之人大容易做也。〔鄧藏手稿〕

### 得二

韓康伯注繫辭：「在理則昧，造形則悟，顏子之分也。失之于幾，故有不善；得之于二，不遠

---

〔二〕「霆」，丁本作「震」，據他本改。

而復，故知之未嘗復行也。」「二」字對「幾」字，似謂理與形、隱顯之間耶。〔二〕任彥昇王文憲文集序「踐得二之機」，只掉顏氏庶幾耳。〔晉祠手稿、霜本〕

## 麻衣心法*

麻衣心法注：「謙則止，在象後而存義，豫則動，在象前而知機。」此希夷以其用易之法而明之，蓋其法先安上卦，後安下卦，與蓍法因重之法不同。若因重之法，則爻自下生，止卻在象前而動在象後，且其象字須兼六畫全有後，始可云一卦之象。若云象但一卦之中，止象山、動象震已耳，又何所據以爲前後也？愚又疑其「象」字爲「衆」字之譌，二卦皆謂坤爲衆也。又可別是一義理會，且「知幾」字，繫詞於「介石」言存義，帖謙無所見也。〔王本〕

## 周易之象取牛者

无妄六三：「或繫之牛。」䷘无妄之同人。
大畜六四：「童牛之牿。」䷙大畜之損。
離卦：「畜牝牛，吉。」
遯六二：「執之用黃牛之革。」䷠遯之姤。
睽六三：「見輿曳，其牛掣。」䷥睽之大有。

〔二〕「隱顯」，霜本作「影」，此據手稿。

革初九：「鞏用黄牛之革。」䷰革之咸。
旅上九：「喪牛於易。」䷷旅之小過。
既濟九五：「東鄰殺牛。」䷾既濟之明夷。〔省博手稿，王愛國重校。〕

## 詩三百*

詩三百，誦詩三百，皆舉全經言也。似乎春秋時學官所藏，已止有此數。而曰孔子删詩，其然乎？

## 詩疏鳥鼠同穴二山

爾雅之「鳥鼠同穴，其鳥爲鵌，其鼠爲鼵」，是鳥鼠共處一山以爲名。既有鳥鼠之山，又别具同穴之山。禹貢王肅注，云「鳥鼠、同穴，皆山名」是也。〔傅慶本〕

## 惠然肯來

邶終風詩：「終風且霾，惠然肯來。莫往莫來，悠悠我思。」如以序，是莊姜傷己怨州吁之言，言汝若有順心，則可來我前。語氣是不好底，又是母語子之言，而今人但掉書袋，要人，則皆曰惠然，亦可笑矣。然習之久，不覺其非。若不論其詩之所以然，而但從上文「終風」誦之，良無不可。〔省博手稿，王愛國重校。〕

## 凱風古人引用不避其母不安室之嫌

謝莊宋孝武宣貴妃誄曰：「仰昊天之莫報，怨凱風之徒攀。」

東漢書肅宗賜東平王書曰：「今送光烈皇后假紒、帛巾各一，及衣一篋，可時奉瞻，以慰凱風寒泉之思。」

清河孝王慶傳：和帝詔曰：「諸王幼稚，早離顧復，弱冠相育，常有蓼莪、凱風之哀。」

宋周密癸辛雜識新集一條，記其外大父文莊章公小詞云：「先妣能口誦數闋。」末云：「今舊集已不復存，而外家凋謝殆盡，暇日追憶書之，以寄余凱風寒泉之思云。」

靖節先生爲孟府君嘉傳云：「淵明先親，君之弟四女也。凱風寒泉之思，實鍾厥心。」〔省博手稿，王愛國重校。〕

## 鄭風*

「鄭風二十一篇，十五爲淫奔詩。」當緣「鄭聲淫」，一語之泥，不知詩初非聲也。若取六經中韻語譜入琵琶阮咸，而使梨園歌唱，將遂得爲雅樂乎？

## 太叔于田*

太叔于田注曰：「段以不義得衆，而民愛之，不親不暱。」左氏言之詳矣。所稱者，驅馳田獵而已。此與「副笄六珈」之稱宣姜者何異？爲刺不爲美，無疑也。

## 豔㓒字同

十月之交：「豔妻煽方處。」鄭以爲非褒姒，厲王后也。疏引申侯曰：「㓒者配姬以遠賢。」㓒對姬，是姓。豔、㓒，古今字耳。〔拾遺、霜本〕

## 小宛壹字*

小宛詩注：「壹，專壹也。」説文有壹部。而壺部中壺字，則曰从凶，不得泄，凶也。音同云。引易「天地壹壺」。壹壺卽氤氳矣。壹字亦當在壺部中，迺壹部單收懿字，又不及引易，何也？「終風且曀」，「曀曀其陰」，皆取陰蔽不晴明之義。「饐」之中溼，「噎」之飯窒，義皆因之。昏人終日中酒，猶俗云「連陰醉」也。説文从壺、从吉。古文如詛楚，則「㚃」不見从吉。上从大，亦取蓋覆義。吉从士从口，曰美善也。壺中美善中口，自然屬酒，亦可傅會爲訓者也。

## 邪幅

小雅采菽：「赤芾在股，邪幅在下。彼交匪紓，天子所予。」毛傳：「諸侯赤芾邪幅。幅，偪也，所以自偪束也。紓，緩也。」鄭箋云：「芾，太古蔽膝之象也。冕服謂之芾，其他服謂之韠。以韋爲之。其制上廣一尺，下廣二尺，長三尺，其頸五寸。肩革帶，博二寸。脛本曰股。邪幅如今行縢也，偪束其脛，自足至膝，故曰在下。彼與人交接，自偪束如此，則非有解怠紓緩之心，天子以是，故賜予之。」孔氏正義曰：「言古之諸侯，非直鸞旂有禮，又服赤芾在於股，又著邪幅在於股之下而當膝。彼古之諸侯，與人交接，股芾著幅，自偪束如此」云云。又疏傳義云：「桓二年左傳曰『帶、裳、幅、舄』，内則亦單云偪，則此服名偪而已。杜鄭皆云今之行縢，然則邪纏于足謂之邪幅，故傳辨之，云邪幅正是偪也。名曰偪者，所以自偪束也。又言脛本曰股者，明邪偪在下，在股之下。古今名異，欲以今曉人，故曰邪幅如今行縢。說文云：『縢，緘也。』名行縢者，言行而緘束之，故云偪其脛也。又解在下之義，故云自足至膝，故曰在下。因在下之文從下而上言之，〔二〕故云自足。足卽脚跗也。彼交匪舒，文在邪幅之下，明非紓之義出于邪幅之下，故云彼與人交接，自偪束如此」云云。

愚每疑邪幅爲行縢之說。形容本朝諸侯，而必說至行縢以表其偪束邪？行縢卽賤役誰不有之，何必諸侯也？且言諸侯衣服之制，見諸外者，儘有可說，而必于說到裹脚上，亦以褻矣。且欲因而生匪紓之義，尤可笑。此注疏之未必然者。

北征錄有「扭乾裹脚」之語。又見雜抄佚考一本中。〔省博手稿，王愛國重校。〕

## 禽息

韓詩外傳：「禽息，秦人。知百里奚之賢，薦之於穆公，以爲私而加刑焉。是加奚刑也。後知百里奚之賢，乃召禽息謝之。禽息對曰：『臣聞忠臣進賢不私顯，烈士憂國不喪志。奚陷刑，臣之罪也。』乃對使者，以首觸楹而死。以上卿之禮葬之。」論衡曰：「傳言禽息薦百里奚，繆公出，當門仆頭

〔二〕手稿脫「言之」二字，據中華書局十三經注疏本補。

碎首，以達其友。」應劭漢書注曰：「繆公出，當車以頭擊門。而列云觸車，〔二〕未詳其旨。」陸衡連珠：「柳莊黜殯，非貪瓜衍之賞；禽息碎首，豈要先茅之田？」注引韓詩外傳云云。注：「史魚黜殯，非是柳莊。豈書典散亡，而或陸氏謬也？」舊唐書孔璋救李邕書云：「晉用林父，豈念過乎？禽息殞身，豈愛死乎？向若林父誅，百里不用，是晉無赤狄之土，秦不幷西戎。」〔三〕〔晉祠手稿〕

## 餼字

彤弓疏：陸音義引說文，愾作餼，火既反，云怒戰也。今說文食部無「餼」字。金部有「鎎」字，「怒戰也」，引「敵王所鎎」，許既切。金、食字易混，覓善本考之。鎎，從金爲長。〔拾遺本〕

## 來始滑在治忽、采政忽。

古文尚書「予欲聞六律五聲八音在治忽」，今文作「采政忽」，史記作「來始滑」。索隱曰：「來、采字相近，滑、忽聲相亂，始又與治字相似，因從之。」〔傅㥯本〕

---

〔二〕「列」，初版傅山全書誤作「劉」，據手稿改。

〔三〕此段，初版傅山全書在「箪于」條後，誤，今移至此。

## 降字*

禹貢：「北過降水，至于大陸。」音釋：「降如字，鄭戶江反。」正義曰：「鄭以降讀下江反，聲轉爲共。河内共縣，淇水出焉，東至魏郡黎陽縣入河，近降水也。周時國于此地，惡言降，改謂之共。此鄭胸臆，不可從也。」按此鄭之「戶江反」，則「江」是用今之讀「江河」之江，則東漢時「江」不讀作「工」聲也。轉而爲「共」，卻非本聲。或謂唐以後始讀「江」如如今之「江」，前皆讀作「工」音，不知引及此。玉篇「降」字下胡江、胡公二切，則「江」在梁時亦不單作「工」音也。〔省博手稿，王愛國重校。〕

## 大司徒*

大司徒注：「善于父母爲孝，〔一〕善于兄弟爲友。」疏：「善父母爲孝，善兄弟爲友。祭義云：『孝者，先意承志，諭父母於道，國人稱之曰：「幸哉！有子若此。」如此美行，乃所爲父母兄弟所善。』」余嘗讀此，頗知時文攝魄之妙。〔二〕亡友范垂雲解之，但「乃所爲父母兄弟所善」句，尚拙拗未盡其情。似當作「乃所爲父母兄弟之善」，猶言父母之不背于道者，于此乎取之耳。

〔一〕「善」，霜紅龕集各本作「孝」，據中華書局十三經注疏本改。
〔二〕「魄」，丁本作「魂」，據劉、王本改。

## 熛字

周禮草人：「輕熛用犬。」音義：「熛，孚炤反。李婦堯反。」正義曰：「熛、脆聲相近。」如音義，則皆作票爂字矣。本文見作熛，與爂字大異。熛、脆相近，明非票字也。票、脆如何得近？廣雅：「僄，輕也。」从票从人，自是票聲又一字，非此「輕熛」之輕也。細想「熛」是「爨」字之省，「爨」與脆聲近矣。爨，說文：「齊謂之炊。爨，臼象持甑，冂爲竈口，廾推林內火。」徐曰：「取其近火謂之爨，取其氣上謂之炊。」然則爨亦可謂輕者。竈有火灰，皆輕揚不重也。方知塡此音時，全不曾辨本文票、熛之異，而冒冒焉以熛爲爂，何漏也！繹票脆相近之聲不可得，偶思「𦦫」上與「爨」同，下仍「火」字，則分明「爨」字省文耳。不敢曰是，或足正此音義之失，亦快事耶！「爨」又作「熶」，从最。最，祖外切。外，作今口清音，與脆正近。脆，粗外切，與祖外切毫釐之別。然膬即脆。膬有絕音，而脆無絕音。〔一〕綿蕞之蕞，一作綿蕝。則絕、最可通矣。故熛與脆相近，正此類也。〔傅眉抄本、霜本〕

## 韽字*

春官典同十二聲中，「微聲韽」注：「韽讀如飛鉆涅韽之韽。」「薄聲甄」注：「讀爲甄燿之甄。」疏云：「韽爲『飛鉆』云云者，謂鬼谷子有飛鉆、揣、摩之篇，皆言縱橫辨說之術。飛鉆者，

〔一〕此五字丁本無。

言察是非語，飛而鉗持之。揣、摩者，云揣人主之情而摩近之。云䈁聲小不成也者，飛鉗涅䈁，使之不語。此雖聲䈁，亦是聲小不成也。云甄讀從甄耀之甄者，從春秋緯甄耀度之篇名，云甄猶掉也。雖微薄則聲掉，由薄故也。」今行鬼谷子有飛鉆篇、揣、摩篇，了不見有「涅䈁」字。

## 庶氏*

「庶氏掌除毒蠱，以攻說禬之，嘉草攻之。」注：「毒蠱，毒物而病害人者。攻說，祈名，祈其神求告之也。」

「翦氏掌除蠹物，以攻禜攻之，以莽草熏之。」注：「蠹物，穿食人器物者。攻禜，祈名。」

庶氏，亦不注名官之義。兩注「攻說」、「攻禜」，皆指太祝，亦六祈之號：一曰類，二曰造，三曰禬，四曰禜、五曰攻，六曰祈，皆祭名也。〔傳慶本〕

## 壺涿氏

周禮秋官：「壺涿氏掌除水蟲。」注：「水蟲，狐域之屬。」亦不解命官爲壺涿之義。而後世遂謂人之胡塗者，本此壺涿蟲來。此蟲字是壺涿氏之所除者，且謂是其毒物害人者，故設此官以除之，與人瞶悶者何關？升菴好爲此等說，爲人之耳食自居博洽者，輒祖之，其實不通。

## 飯字

士喪禮：「設決麗于擘，自飯持之。」注：「飯，大擘指本也。」疏無所援徵。愚意古有此稱，而別無考據，奈何？不得已而硬釋之，則二指爲食指矣，此又作飯指，何別？从食从反，豈其謂□食指之旁，而从又，爲指之最有力者耶？

胎經有「飯風」。〔省博手稿，王愛國重校。〕

## 勿沒*

儀禮少牢「勿沒」注，「爲其分散也。」「特牲」注：「亦勿沒。」釋云：「謂四面皆向中央割之，不絕中央少許，謂之勿沒也。」又「特牲離肺」注：「亦不提心，謂之舉肺。」釋云：「謂『亦』，少儀云：牛羊之肺離而不提心。」鄭注云：「提猶絕也，不絕中央少許者是也。」然則「離」與「勿沒」是一義。

## 貔字*

曲禮：「前有摯獸，則載貔貅。」音義：「貔，婢支反。徐，扶夷反。」孔安國云：「貔，執夷反，虎屬。」爾疋：「貔，白狐。」郭注：「一名執夷。」陸詩疏同，非反切也。牧誓注：「貔，執夷。」亦無「反」字。

## 月令*

月令：「孟秋審斷決獄。」斷，丁亂反。蔡徒管反。正義序引爲義疏者，二戴、王、鄭外有十一家，無蔡姓者。月令篇名下：「蔡伯喈、王肅云周公所作。」蓋伯喈耶？

## 軒音憲　辟雞宛脾

内則：「牛脩、鹿脯、田豕脯、麕脯，麋、鹿、田豕、麕皆有軒，雉、兔皆有芼。」注：「脯皆析乾肉也。軒讀爲憲，憲謂藿葉切也。芼謂菜釀也。軒或爲胖。」疏曰：「麋、鹿、田豕、麕皆有軒者，言此等非但爲脯，又可腥食。腥食之時，皆以藿葉起之而不細切，故云皆有軒。不云牛者，牛唯可細切爲膾，不宜大切爲軒，故不言之。」

内則：「肉腥，細者爲膾，大者爲軒。或曰：麋鹿魚爲菹，麕爲辟雞，野豕爲軒，兔爲宛脾，〔二〕切葱若薤，實諸醯以柔之。〔三〕」注：「言大切、細切異名也。膾者必先軒之，所謂聶而切之。聶，之涉反。此軒、辟雞、宛脾，皆菹類也。釀菜而柔之以醯，殺腥肉及其氣，今益州有鹿䴥者，近由此爲之矣。菹軒，聶而不切；辟雞、宛脾，聶而切之。軒或爲胖，宛或作鬱。」疏：「正義曰：此一節明齏菹之異，用肉不同。言『或曰』者，作記之人爲記之時，無菹軒、辟雞、宛脾之制。作之未審，舊有此言，記者承而用之，故稱『或曰』。『麕鹿魚爲菹』者，凡大切若全物爲菹，細切者爲齏；其牲體大者菹之，牲體小者齏之。用此麋鹿魚爲菹，及『野豕爲軒』，是菹也。『麕爲辟雞，兔爲宛脾』者，是齏也。故鄭注醢人云：『細切爲齏，全物若牒爲菹。』少儀曰：『麋鹿爲菹，野豕爲軒，皆牒而不切；麕爲辟雞，兔爲宛脾，皆牒而切之。』是菹大而齏小也。案：少儀不云魚，此云魚者，記者異聞也。此魚與麋鹿相對，是魚之大者，故以爲菹。其辟雞、宛脾及軒之

〔二〕「爲」字，手稿無，據禮記補。
〔三〕「之」字，手稿無，據十三經注疏禮記補。

名，其義未聞。云『今益州有鹿矮者，近由此爲之矣』者，鄭以今益州人有將鹿肉畜之矮爛，謂之鹿矮附近，由此名。古之菹軒而爲此鹿矮也。云『菹、軒，聶而不切；辟雞、宛脾，聶而切之』，皆少儀文。〔二〕聶則牒也，聲相近耳。」

少儀：「牛與羊魚之腥，聶而切之爲膾。麋鹿爲菹，野豕爲軒，皆聶而不切。麕爲辟雞，兔爲宛脾，皆聶而切之。切葱若薤實之，醯以柔之。」注：「聶之言牒也，先藿葉切之，復報切之，則成膾。此軒、辟雞、宛脾，皆菹類也。其作之狀，以醯與葷菜淹之，殺肉及腥氣也。」〔省博手稿，王愛國重校。〕

## 顛實揚休*

「盛氣顛實揚休。」注：「顛讀爲闐。揚讀爲陽。盛，身中之氣，使之填滿其息，若陽氣之體物也。」正義曰：「顛，塞也。實，滿也。揚，陽也。休，養也。言軍士宜怒其氣，塞滿身中，使氣息出外，咆勃如盛陽之氣生養萬物也。」愚謂盛氣塞滿，則然矣。揚休，則外示從容暇整，不得露章遑劇迫之象。爾雅之「休」字三見。釋詁曰：「暀暀、皇皇、藐藐、穆穆、休嘉、珍禕、懿鑠，美也。」又曰：「棲遲、憩休、苦𣤯、齂呬，息也。」釋訓：「瞿瞿、休休，儉也。」注：「良士休休樂道之心，皆良士節儉也。」若會通之，皆可也。尚書「休休焉」，傳曰：「樂善也。」鄭注：「寬容貌。」何休注：「公羊云：美大之貌。」統而言之，內氣盛而外安舒，〔三〕不虛憍，不危劇，故下復

〔二〕「皆」字，手稿無。據十三經注疏禮記補。
〔三〕「氣盛」，丁本作「盛氣」，據王本改。

綴之以玉色，色不變也。不然，上已有色，容肅厲矣，而復玉之何也？玉色全承上文「揚休」來。整密不亂，是其休之證也。正義云「軍士」。愚謂不必說及士。此等氣色，全在主帥所爲長子者也，那得人人而以此責之。

## 偞字禮記精語。

玉藻：「唯水漿不祭，若祭爲已偞卑。」注：「水漿非盛饌也。已猶太也。祭之爲或有所畏迫，臣於君則祭之。偞音虛涉反，厭也。爲大厭降卑微也。」〔省博手稿，王愛國重校。〕

## 干祫

禮記大傳：「大夫士有大事，省于其君，干祫及其高祖。」注：「大事，寇戎之事也。省，善也。善于其君，謂免于大難也。干，猶空也。空祫，謂無廟祫祭之于壇墠。」正義曰：「大夫士知識劣于諸侯，故無始封之祖。（此等解經語眞呆，可笑。）若此大夫士有勳勞大事爲所善者，則此是識深，故君許其祫祭，至于高祖。但無始祖廟，雖得行祫，唯至于高祖並在于壇空而祫之，故云空祫及其高祖也。祭法云：大夫三廟二壇，顯考無廟，雖是無廟而有壇，爲祈禱而祭之。今唯云及高祖是祫，不及始祖，以卑故也。然此對諸侯爲言，言支庶爲大夫士者耳。若適爲大夫，亦有太祖，故王制云：大夫三廟，一昭一穆，與太祖之廟而三是也。師說云：大夫有始祖者，鬼其百世。若有善于君得祫，則亦祫于太祖廟中，偏祫太祖以下也。」注：「祭之于壇墠。」正義曰：「案祭法，大夫二壇，則大夫無墠，此言墠者，通言耳。或通云上士二廟一壇，下士一廟無壇。若有功，當爲

墠而祭之也。」〔省博手稿，王愛國重校。〕

## 耆欲

禮記孔子閒居：「清明在躬，氣志如神。耆欲將至，有開必先。」注「耆欲」，謂「王天下之期將至也」。正義「耆欲」謂「王位」，「王位，君子所貪」。儒生解經如此，可笑耶！

祭統孔悝鼎銘曰：「乃考文叔，興舊耆欲。作率慶士。」注：「言文叔能興行先祖之舊德，起而循其善事。」正義：「言父圉能興行先祖舊德，耆欲所爲。」

「耆欲所爲」猶可言，而「王位爲君子所貪」是何語？只因耆好有貪義，遂如此曲成其説，不顧義理之所在。則並「聖人之大寶曰位」亦連累□私意，而堯舜之禪，豈不大騃爲憨羡哉！〔省博手稿，王愛國重校。〕

## 夏小正*〔一〕

香菉卽今醫方之香薷也。「薷」字，字書不載。艸部有「萸」字，似卽「薷」字之别，猶「愞」、「懦」之類是也。而音不同，卻可轉之，以皆曰「母」下字也。

「八月：剝瓜，畜瓜之時也。玄校。玄也者，黑也；校也者，若綠色然，婦人未嫁者衣之。」「校」字用之于色，不解。

---

〔一〕　此條據蘇州博物館藏手稿釋文。傅山全書初版本未收。

九月：陟玄鳥蟄。陟，升也；玄鳥者，燕也。先言『陟』而後言『蟄』何也。陟而後蟄也。」若後世之文，必云「玄鳥陟蟄」矣。

「八月：鹿人從者，從，羣也。鹿之養也，離羣而善。而之離而生，非所知時也，故記『從』，不記『離』。君子之居幽也，不言。或曰：人人從也者，大者于外，小者于內，率之也。」

# 卷三十九　雜記（三）

## 古文周書*〔一〕

古文周書曰：「周穆王姜后晝寢而孕，越姬嬖，竊而育之，斃以玄鳥二七，塗以彘血，寘諸姜后，遽以告王。王恐，發書而占之，曰：『蜉蝣之羽，飛集于戶。鴻之戾止，弟弗克理。重靈降誅，尚復其所。』問左史氏。史豹曰：『蟲飛集戶，是曰失所。惟彼小人，弗克以育君子。』史良曰：『是謂闕親，將留其身。歸于母氏，而後獲寧。冊而藏之，厥休將振。』王與令尹冊而藏之于櫝。居三月，越姬死，七日而復，言其情，曰：『先君怒予甚，曰尔夷隸也，胡竊君之子，不歸母氏，將寘而大戮，及王子于治。』」

不知古文周書爲何書，事奇，修詞隱奥，可喜如此。有此舊紙一片，不忍徒污，敬抄此一段。文選思玄賦：「子有故于玄鳥兮，歸母氏而後寧。」注不知爲誰注者。後漢書注逕删此。「闕親」二字不解，亦可意繹之，猶「竊」也。

## 左傳文章*

文章讀左氏後，他書難入眼矣。然學士家終世批習，與不曾見者無異。才，古今高下縣，遂爾

〔一〕此條據上海圖書館藏手稿釋文。傅山全書初版本未收。

邪？〔省博手稿，王愛國重校。〕

## 左傳與禮*

雪林近讀左傳了，告余曰：「禮之一字，足蓋左傳一部。」貧道聞而驚服之。此子進矣！凡安人略見内典一二則，便放肆有高出三界意，又焉知先王之所謂禮者哉！禮之一字，可以爲城郭，可以爲甲胄，退守進戰，莫非此物。向日貧道有讀左傳偈子云：「死不在寇需事賊，趙鞅、陳逆皆吾師。」蓋斷章耳。甲辰七月雨中。〔二〕〔傅眉抄本、霜本〕

## 狃字*

左傳僖十五年韓之戰。晉惠公曰：「一夫不可狃，況國乎！」杜注：「狃，忕也。言辟秦則使忕來。」忕，時世反，廣韻習也。狃，又狎也。總之一義。不如説文狃曰「犬之驕也」最明。言我若避秦，使秦大心而來，如驕犬之噬人也。不可狃，猶今諺語所謂「不可慣了他」也。忕、慣、狎、習、狃，總是一義。

---

〔二〕　此句六字丁本無。

## 繾字*

左傳昭二十五年：〔二〕「繾綣從公，無通内外。」大雅：「無縱詭隨，以謹繾綣。」注謂：「小人之固結其君者也。」毛傳曰：「反覆也。」愚謂：去來也。繾從遣。說文曰：「𦥑，縱也。」遣又從𦥑。𦥑从臾，從𠂤，音如遣。而意則曰：「商小塊也。」不知「商」復何義。商從辛、，似有椎破意。

## 躗字

左傳：「齊萊章曰：是躗言也。」注「過言」，正義「過謬之言」，而不得其字之从衛从足之義。說文「躗」字列足部，但言「于歲切」，而不釋，亦不引左傳之文。今晉諺謂欲東說西、欲西說東之類，謂「他歪我」，音如歪，上聲語，其音義皆近躗。左傳音義「戶快切」。晉語又有作□者，亦同義，猶給也。「躗」字从衛、从足，是其□履之謹之義。而（下闕）〔傅慶本〕

## 楚亦有汾

襄公十八年，楚子庚帥師治兵于汾。注：「襄城縣東北有汾丘城。」〔晉祠手稿〕

---

〔二〕「二十五」，霜紅龕集各本作「三十五」，誤，據左傳改。

## 狼子野心*〔一〕

「狼子野心」，左傳再見：一則子文謂越椒，一則羊舌姑謂羊食我伯石也。皆云豺狼之聲。

## 殺游眅〔二〕

左氏傳襄廿二年十二月快事：鄭游眅將歸晉，未出竟，遭逆妻者，奪之，以館于邑。丁巳，其夫攻子明，殺之，以其妻行。子展廢良而立大叔，曰：「國卿，君之貳也，民之主也，不可以苟。請舍子明之類。」求亡妻者，使復其所。使游氏勿怨。曰：「無昭惡也。」如此無理之物，其夫能殺之，快！子展又不以國罰殺之，使復其所，亦無可柰何之一快也。若腐奴，又不知有多少講論，「該如何，該如何」矣。

## 華不注*

左傳「華不注山」，注云：「華不注，山名。」不字本無音。近人皆以「柎」音讀之，〔三〕云自「萼不韡韡」來。而「萼不」之「不」，毛傳不解，是舊亦無柎音，皆作發語詞也。自鄭箋曰「不，

〔一〕此條據蘇州博物館藏手稿釋文。傅山全書初版本未收。
〔二〕此條據上海圖書館藏手稿釋文。傅山全書初版本未收。
〔三〕「柎」，傅山全書初版本誤作「柎」，據法帖與霜本改。下同。

當作拊」，始有此音。卽墨又有不其山。不知「不其」之「不」亦當讀如拊邪？〔二〕只因一「華」字而改之，亦似有義。若「不」字原無補弗切之聲，不知漢人名如雋不疑、直不疑之流，亦當讀爲「拊疑」耶？卽棠棣一詩，下卽有「不如友生」之「不」，亦當讀爲「拊如友生」耶？國語：「三周華不注之山。」注：「華，齊地。不注，山名。」則「華」與「不」又不連讀，而帖「華」作「拊」讀，益見其無知也。〔傅青主法帖，霜本，谷錦秋重校。〕

## 膏粱

國語：「膏粱之性難正也。」晉悼公語。今世俱謂仕宦者家子弟曰膏粱，亦僭矣。唐儒林柳沖傳：「凡三世有三公者曰膏粱，有令僕者曰華腴。尚書領護而上爲甲姓九卿。若方伯者，爲乙姓散騎。當侍太中大夫者爲丙姓。吏部正員郎爲丁姓。」〔晉祠手稿〕

## 晉語*

晉語「范宣子與和大夫爭田」節：〔三〕「今既無事矣，而非龢，注：非，恨也。於是加寵，將何治爲？」注，晉加寵於子，將何所爲治？詳繹上文來，歷引隨武、范文，受隨、范，受郇、櫟，而至於今。「吾子嗣位，于朝無姦行，于國無邪民，無四方之患、外內之憂」云云，言今既無事可因而立功邀寵矣。若非爭和之事，于此時而得加寵焉，則再因何事而治，而爲功名以邀寵，如隨、范、郇、櫟

---

〔二〕「不亦」，丁本誤作「亦不」，據法帖改。
〔三〕「和」，丁本作「田」，據他本改。

之受也？「非稣」句，當連下讀至「加寵」始爲一句。如注解亦正，但以「非」字爲恨意而句之，未得也。

## 騷離*

楚語「靈王爲章華之臺」節：伍舉曰：「私欲弘侈，則德義鮮少；德義不行，則邇者騷離，而遠者距違。」注：「騷，愁也。離，畔也。」與「離騷」兩字顛倒用之，想當時楚國好用此語耶！

## 望諸

燕策：「蘇代爲燕説奉陽於趙。望諸相中山也，使趙，趙劫之，求地，望諸復關爲土。」注：「與樂毅同號。」

## 國策犀首有二

一則公孫衍。一則衛悼公時，「犀首伐黄，過衛，使人謂衛君」云云。注：「魏官也，非公孫衍。」吴師道正曰：「據左傳，南文子相衛悼公。悼公與智伯並時，則犀首非公孫衍矣。司馬彪謂犀首爲魏官。以此策考之，悼公元年，當貞定王元年，至威烈王二十三年，三晉始爲諸侯時六十餘年。是時已有犀首，非魏官矣。嘗意其爲姓名或號，説見秦策。然則此犀首者，亦三晉之臣歟？」秦策：「王用張儀言，取皮氏卒萬人，車百乘，以與魏犀首。」注：「公孫衍也，陰晉人。司馬彪曰：犀首，魏官，若今虎牙將軍。補曰：按年表，陰晉人犀首爲大良造，則非官名。而韓策，槱

留以犀首、張儀並言，何爲一人獨以官職稱乎？〔二〕恐犀首或姓名也。魏亦有犀武。〔省博手稿，王愛國重校。〕

## 以翠命名者戰國策有三人

周策：「杜赫欲重景翠于周。」史記韓世家：「楚圍雍氏。」注：「徐廣曰：秦本紀惠王後元十三年，周赧王三年，皆云楚圍雍氏。紀年于此亦說楚景翠圍雍氏。」韓策：「楚圍雍氏，韓求救于秦。韓王遣張翠，翠稱病，日行一縣。張翠至，甘茂曰：『韓急矣，先生病而來。』張翠曰：『韓未急也，且急矣。』甘茂曰：『秦重國知王也，韓之緩急莫不知。』張翠曰：『韓急則折而入于楚，臣安敢來？』」燕策：「陳翠合燕齊，將令燕王之弟爲質于齊。」事文皆類左師，而不如左師一則微妙。〔省博手稿，王愛國重校。〕

## 管事*

趙高曰：「管事二十餘年。」「管」字從來。笑今俗皆云「管事」者，不知爲史記之文。

## 漢異姓侯不得出國界

史記表：「甯侯魏選之孫魏指，「坐出國界，有罪，國除。」〔省博手稿，王愛國重校。〕

---

〔二〕「職」，傅山全書初版本脫，據手稿補。

## 褚先生補語*

史記褚先生補白字建元以來侯者年表：「富民侯田千秋家在長陵，以故高廟寢郎上書諫孝武曰：『子弄父兵，罪當笞。父子之怒，自古有之。蚩尤畔父，黄帝涉江。』上書至意，拜大鴻臚。」漢書田千秋傳無此語，表亦無之。蚩尤豈黄帝之子耶？

## 史記律書精語

「數始於一，終於十，成於三，氣始於冬至，周而復生。神生於無，形成於有，形然後數，形而成聲，故曰神使氣，氣就形。形理（此理字似指氣言）如類有可類，或未形而未類，或同形而同類，類而可班，類而可識。聖人知天地識之别，故從有以至未有，以得細若氣，微若聲。然聖人因神而存之，雖妙必效情，核其華道者明矣。非有聖心以乘聰明，孰能存天地之神而成形之情哉？神者，物受之而不能知及其去來，故聖人畏而欲存之。唯欲存之，神之（此之字義可省者）亦存。其欲存之者（此中省个存之之妙），故莫貴焉。」

楊升菴曰：「此節文奇理至，蓋古律書文也。」

内經：「火之精爲神。」山曰：有形後之神，有形先之神。〔省博手稿，王愛國重校。〕

## 澤摶密

史記天官書、漢天文志同有此句，曰：「諸此雲見，以五色合占，而澤摶密。」「澤摶密」三字

皆不解，搏字亦不音何聲。〔省博手稿，王愛國重校。〕

## 一黃金一斤句不知何說

平準書云：「於是爲秦錢難用，更令民鑄錢，一黃金一斤，約法省禁。」索隱曰：「顧氏按：古今注云，秦錢半兩，徑寸二分，重十二銖。」索隱曰：「如淳云『時以錢爲貨，黃金一斤直萬錢』，非也。又臣瓚云『秦以一鎰爲一金，漢以一斤爲一金』。」漢書食貨志云：「漢興，以爲秦錢重難用，更令民鑄莢錢。如淳曰：如榆莢也。黃金一斤。師古曰：復周之制，更以斤名金。」漢書去史記「一黃金」字，亦不解。兩文俱連上「更令民鑄錢」來，似從「錢重更鑄」上說到黃金上。如兩注，皆不言錢，而但言秦漢之制，金之分兩斤數上說，似鑄錢一事，黃金一斤又一事者。不知昔人讀史記者看此句是如何。我獨不能明白。奈何，奈何！初學記金部：「秦以一鎰爲一金，而重一斤，漢以一斤爲一金。」〔傅慶本〕

## 齊使說越王*

「齊威王使人說越王曰：『越不伐楚，大不王，小不霸。圖越之所爲不伐楚者，爲不得晉也。韓、魏固不攻楚。韓之攻楚，覆其軍，殺其將，則葉、陽翟危；魏亦覆其軍，殺其將，則陳、上蔡不安。故二晉之事越也，不至於覆軍殺將，汗馬之力不效。所重於得晉者何也？』越王曰：『所求於晉者，不至頓刃接兵，而況於攻城圍邑乎？願魏以聚大梁之下，願齊之試兵南陽莒地，以聚常、郯之境，則方城之外不南，淮、泗之間不東，商、於、析、酈、宗胡之地，夏路以左不足以備秦，江南、泗上不足以待越矣。則齊、秦、韓、魏得志於楚也。是二晉不戰而分地，不耕而獲之。不此之爲，而頓刃於河山之間以爲齊、秦用，所待者如此其失計，奈何其以此王也！』齊使者曰：『幸也，越之不亡也！吾不貴其用智之如目，見豪毛而不見其睫也。今王知晉之失計，而不自知越之過，是目論也。王所待于晉者，非其汗馬之力，又非可與合軍連和也，將待之以分楚衆也。今楚衆已分，何待於晉？』越王曰：『奈何？』曰：『楚三大夫張九軍，北圍曲沃、於中，以至無假之關者三千七百里，〔二〕景翠之軍北聚魯、齊、南陽，分有大此者乎？且王之所求者，鬭晉楚也；晉楚不鬭，越兵不起，是知二五而不知十也。此時不攻楚，吾以是知越大不王、小不霸。復讎、龐、長沙，楚之粟也；竟陵澤，楚之材也。越窺兵通無假之關，此四邑者，不上貢事於郢矣。臣聞之，圖王不王，其敝可以霸。然而不王者，王道失也。故願大王之轉楚也。』於是越遂釋齊而伐楚。〔三〕楚威王興兵而伐之，大敗越，殺王無疆。」楊用修曰：「齊使亦奇略。戰國策士一何多也！陳軫、蘇秦之外，猶有不知名而雄辯若此者。」此無他，意初不說所以然，只是以楚衆既分聳動越，而使之不再計而卽攻楚，如易易者，不謂越卽信之。中間「今王知晉之失計」一句，頗與越王之言義。〔鄧藏手稿〕

## 昌黎論范蠡*

昌黎論范蠡曰：「勾踐奮鳥棲之勢，申鼠竄之息，竟能焚姑蘇，虜夫差，方行淮泗之上，變東

〔二〕「七」字，原稿無，據史記卷四十一補。
〔三〕「遂釋」二字，原稿無，據史記卷四十一補。

諸侯之朝，范蠡、文種有其力也。既有其力，則宜閉雷霆，藏風雲，截斷三江，叱開四方，高提伯王之器，大弘夏禹之烈，使天下知越有人矣。奈何反未及國，背君而去？既行之於身，又移之於人。有匡君之智，而無事君之義，明矣。」傅子曰：說夢哉！蠡，不可之測之人也。〔二〕其所以爲越者，聊復一弄把戲耳，本非如人間功名之士也。屑屑焉以君臣之義論之，則亦道堯舜于戴晉人之前矣。留侯，蠡之流也，故亦不死纏于漢高篤耳矣。國爵不足羈縻之。儒家全不知此妙道，所以爲儒。儒不屑言道，道亦不顧儒之言。若謂儒家遇吳越之際，能焚姑蘇而虜夫差，老子摳與他一只眼！〔鄧藏手稿〕

## 張到

韓世家：「公孫昧謂公仲曰：楚威王攻梁也，張儀謂秦王曰：與楚攻魏，魏折而入于楚，韓固其與國也，是孤秦也，不如出兵以到之。」索隱曰：「到，欺也，猶俗云張到。」然戰國策則作勁，勁强也。〔晉祠手稿〕

## 閭左三解

史記陳涉世家：「二世元年七月，發閭左適戍漁陽九百人。」索隱曰：「閭左謂居閭里之左也。凡居，以富强爲右，貧弱爲左。秦役戍多，富者役盡，兼取貧弱者而發之也。適音直革反。」漢書鼂

〔二〕「不可之」，傅山全書初版本作「不可」，此據手稿。

錯傳：「後入閭，取其左。」孟康曰：「秦時復除者，居閭之左，後發役不供，復役之也。或云宜先發取其左也。」師古曰：「閭，里門也。居閭之左者，一切皆發之，非謂復除也。解在食貨志。」漢書食貨志：「發閭左之戍。」應劭曰：「秦時以適發之，名適戍。先發吏有過，及贅壻、賈人，後以嘗有市籍者發，又後以大父母、父母嘗有市籍者。戍者曹輩盡，復入閭，取其左，發之，未及取右而秦亡。」師古云：「此閭左之釋，應最得之。諸家之義，煩穢舛錯，故無所取也。」

高季迪捕雞者說用「閭左」誤。弇州集逕亦習之，但謂「其同里閭之輩」耳。〔省博手稿，王愛國重校。〕

## 史記語不解者〔二〕

平準書：「更令民鑄錢，一黃金一斤。」

天官書：「諸此雲見，以五色合占，而澤摶密。」

貨殖傳：「太陰在卯穰。」注曰：「歲後二辰爲太陰。」注所謂「歲後二辰」者，不知何謂。

平準書：「彭吳賈滅朝鮮，置滄海之郡。」朝鮮傳中，無彭吳事。平準書注云：「彭吳，人姓名。」

閩越王無諸及越東海王搖者，其先皆越王勾踐之後也，姓騶氏。秦已并天下，皆廢爲君長，以其地爲閩中郡。及諸侯畔秦，無諸、搖率越歸鄱陽令吳芮，所謂鄱君者也。從諸侯滅秦。當是之時，項籍主命，弗王，以故不附楚。漢擊項籍，無諸、搖率越人佐漢。漢五年，復立無諸爲閩越王，王

〔二〕此條據廣東省博物館藏手稿釋文。傅山全書初版本未收。

閩中故地，都東冶。孝惠三年，舉高帝時，越功，曰閩君搖功多，其民便附，乃立搖爲東海王，都東甌，世俗號爲東甌王。後數世，至孝景三年，吳王濞反，欲從閩越，閩越未肯行，獨東甌從吳。及吳破，東甌受漢購，殺吳王丹徒，以故皆得不誅，歸國。吳王子駒走閩越，怨東甌殺其父，常勸閩越擊東甌。至建元三年，閩越發兵圍東甌。東甌食盡，困，且降，乃使人告急天子。天子問太尉田蚡。蚡對曰：「越人相攻擊，固其常，又數反覆，不足以煩中國往救也。自秦時棄弗屬。」於是中大夫莊助詰蚡曰：「特患力弗能救，德弗能覆，誠能，何故棄之？且秦舉咸陽而棄之，何乃越也！今小國以窮困來告急天子，天子弗振，當安所告訴，又何以子萬國乎？」上曰：「太尉未足與計。吾初卽位，不欲出虎符發兵郡國。」乃遣莊助以節發兵會稽。會稽太守欲拒不爲發兵，助乃斬一司馬，諭意指，遂發兵浮海救東甌。閩越引兵而去。東甌請舉國徙中國，乃悉舉衆，來處江淮之間。至建元六年，閩越擊南越。南越守天子約，不敢擅發兵擊，而以聞。上遣大行王恢出豫章，大農韓安國出會稽，皆爲將軍。兵未踰嶺，閩越王郢發兵拒險。其弟餘善乃與相、宗族謀曰：「王以擅發兵擊南越，不請，故天子兵來誅。今漢兵衆彊，今卽幸勝之，後來益多，終滅國而止。今殺王以謝天子。天子聽，罷兵，固一國完；不聽，乃立戰；不勝，卽亡入海。」皆曰「善」。卽鏦殺王，使使奉其頭致大行。大行曰：「所爲來者誅王。今王頭至，謝罪，不戰而耘，利莫大焉。」乃以便宜案兵告大農軍，而使使奉王頭馳報天子。詔罷兩將兵，曰：「郢等首惡，獨無諸孫繇君丑不與謀焉。」乃使郎中將立丑爲越繇王，奉閩越先祭祀。餘善已殺郢，威行于國，國民多屬，竊自立爲王。繇王不能矯其衆持正。天子聞之。

史記功臣表：「術陽侯趙建德」下小字曰：「以南越王兄越高昌侯。」「越高昌」三字不解。下曰「元鼎四年爲侯」。建德元年、五年，侯建德有罪國除。南越王傳曰：立明王長男、越妻子術陽侯建德爲王。元鼎五年秋，路博德等討建德。至元鼎六年冬，建德亡入海。博德故較尉司馬蘇弘，得建德。以表論之。術陽是漢封邑也。不知幾時來又幾時去。表于五年書建德有罪國除。亦不知何罪，想是得罪還南越耶？再考之。

## 漢書學史記語

史記外戚世家序：「非德茂也，蓋亦有外戚之助焉。」漢書佞幸傳：「柔曼之傾意，非獨女德，蓋亦有男色焉。」是用其句法。史記佞倖傳：「非獨女以色媚，而士宦亦有之。」〔傅廋本〕

## 史記迂語

外戚世家序曰：「人能弘道，無如命何。」又曰：「孔子四十言命。」又曰：「非通幽明之變，惡能識乎性命哉！」至下迎立孝文帝始結其義曰：「非天命孰能當之！」「大無信也，不知命也」，注謂「父母之命」。佞倖傳贊曰：「甚哉，愛憎之時！彌子瑕之行，足以觀後人佞倖矣。雖百世可知也。」其語命含蓄，不可明言，大可矣。〔傅廋本〕

## 酇侯*

史表：「酇文終侯蕭何。」索隱曰：「音贊，縣名，屬沛。」漢表師古曰：「音贊。」按史世家注：「文穎：『音贊。』瓚曰：『今南陽酇縣也。孫檢曰：有二縣，音字多亂。屬沛郡者音嵯，屬南陽者音讚。茂陵書，蕭何國在南陽，宜呼讚。』」然則今人讀若嵯者，皆不細讀史之人也。索隱音是，郡非此。詳於漢書高帝紀十一年注，顏師古辨之甚詳。蓋因班固泗水亭碑何與酇叶故爾。今人亦不知本於泗水亭碑也。或謂因「凌煙閣上數酇侯」一語耳。泗水亭碑，見漢古文苑。

## 極言合道

史記曹參贊曰：「爲漢相國，清靜極言合道。」楊升菴曰：「極言合道，但倒一字，謂『言極合道』也。」愚謂極言，至言也。至言合道，如上所載「獄市者，所以幷容也」，乃與惠帝言陛下自聖武孰與高帝」云云，皆其合道之玄言也。升菴逕誤看。〔省博手稿，王愛國重校。〕

## 留侯難高祖八事

「昔者湯伐桀而封後于杞者，度能制桀之死命也。今陛下能制項籍之死命乎？」曰：「未能。」「其不可一也。武王伐紂，封其後于宋者，度能得紂之頭也。今陛下能得籍之頭乎？」曰：「未能。」「其不可二也。武王入殷，表商容之閭，釋箕子之拘，封比干之墓。今陛下能封聖人之墓，表賢者之閭，式智者之門乎？」曰：「未能。」「其不可三也。發鉅橋之粟，散鹿臺之錢以賜貧窮。今陛下能散府庫以賜貧窮乎？」曰：「未能。」「其不可四也。殷事已畢，偃革爲軒，倒置干戈，覆以虎皮，以示天下不復用兵。今陛下能偃武行文，不復用兵乎？」曰：「未能。」「其不可五矣。休馬華山之陽，示以無所爲。今陛下能休馬無所用乎？」曰：「未能。」「其不可六矣。放牛楓林之陰，以示不復輸積。今陛下能放牛不復輸積乎？」曰：「未能。」「其不可七矣。且天下游士離其親，弃墳墓，去故舊，從陛下游者，徒欲日夜望咫尺之地。今復立六國之後，天下游士各歸事其主，從其親戚，反其故舊墳墓，陛下與誰取天下乎？其不可八矣。」八事如伐桀、伐紂，同一機勢，但並言之，分而爲二，不可，何也？然猶于時事有關，可以悚聽。至於表閭封墓，有何不能？而難之。乃卽曰「未能」。吾蓋不解發粟散財，或窺見高祖有愛惜意而爲此說。以若之所然，亦非難能者。倒載干戈，放馬歸牛，自一事，而强分爲三，徒口舌耳，猶可笑。要緊關鍵，只在天下游士一段耳。不知何以有于婆嫣！愚計非當時子房語，太史公何不删去？〔省博手稿，王愛國重校。〕

## 霍人

史周勃世家：「以將軍從高帝擊反韓王信於代，降下霍人。」正義曰：「霍，晉地。按：『霍』當作『葰』。地理志：『霍人縣屬太原郡。』括地志云：『葰人故城，在代州繁畤縣，漢葰人縣也。』樊噲傳作『靃人』，其音亦同。」今行史記樊噲傳及漢書皆作「霍人」，不作「靃」也。説文：「沠，水出雁門葰人戍夫山，東北入海。从水，瓜聲，古胡切。」〔晉祠手稿〕

## 葰人縣史記作霍人

周勃世家：「以將軍從高帝擊反韓王信于代，降下霍人。」正義曰：「霍音瑣。按：霍字當作葰。地理志云：葰人屬太原郡。括地志云：葰人故城在代州繁峙縣界，漢葰人縣也。樊噲傳作靃人，其音亦同。」今行史記樊噲傳：「以將軍從高祖反韓王信於代。自霍人以往，至雲中，與絳侯等共定之。」亦只作霍，不作靃也。韻書引「在上黨」者，非。〔省博手稿，王愛國重校。〕

## 東緡有二音

絳侯世家：「攻爰戚、東緡，以往至栗，取之。」注：「索隱曰：地理志山陽有東緡縣。戶牖之東緡音昏。山陽者，音旻也。」〔省博手稿，王愛國重校。〕

## 内行章義之難*

史記甘茂傳：「范蜎對楚王曰：且前嘗周召滑于越，而内行章義之難，越國亂，故楚南塞厲門而郡江東。」注：「召滑内心猜詐，外則佯章思義，而卒包藏禍心，構難于楚。」此不知誰氏之解，斷非其義。且以一内字而添曰「内心猜詐，外佯章思義以構難于楚」，于文義既有欠有添，且于范蜎之意不合。楚王欲用甘茂于秦，蜎言茂賢者也，相秦則不利楚，是當用不肖者相秦以爲楚利，故引召滑之亂越，是滑非賢者也。所謂「内行章義之難」者，内是在越之内，「行章義」，或是地，或是人，或是舉事之名，總之非利越之事。是越之内難耳，非與楚構難也。故楚得而乘之。塞字當作去聲，猶言斥土遠至于厲門以爲塞也，非畏越而杜塞之也。再問精于史記者。〔省博手稿，王愛國重校。〕

## 鄙儒*

史記荀卿傳：「荀卿嫉濁世之政，亡國亂君相屬，不遂大道，而營於巫祝，信禨祥。鄙儒小拘，如莊周等又滑稽亂俗。」若「鄙儒」屬上文來，謂信禨祥者，多是鄙野之儒，狹小拘禁忌者。若連

下文，則又似鄙薄儒術之小而拘者，如莊周等。是謂莊周等鄙儒家者言也。〔二〕

## 史記長句

春申君傳語二十二字爲句：「而李園女弟初幸春申君有身而入之王所生子者遂立，是爲楚幽王。」〔省博手稿，王愛國重校。〕

## 史記文章結局映帶感歎之妙

春申君傳末曰：「是歲也，秦始皇立九年矣。嫪毐亦爲亂於秦，覺，夷其三族，而呂不韋廢。」此非有意牽援，適有此事相似，不覺寫入篇末。凡人國家善惡事蹟，入文人手中，任其播弄如此，是其一端。〔省博手稿，王愛國重校。〕

## 隨俗雅化著美女上迂而無當

李斯逐客書曰：「隨俗雅化，佳冶窈窕，趙女不立于前也。」注：「徐廣曰：隨俗，一作脩使。」索隱曰：「謂閑雅變化而能隨俗也。」〔省博手稿，王愛國重校。〕

---

〔二〕　此下，傅山全書初版本有魯仲連傳書後一條，今移至本書卷二十一書後中。

## 宰予之死*

李斯告二世曰：「田常殺宰予於庭，弑簡公於朝。」宰予之死，明是不附陳常者。〔王本〕

## 秦穆本繆

史記蒙毅曰：「昔者秦穆公殺三良而死，罪百里奚而非其罪也，故號曰繆。」〔省博手稿，王愛國重校。〕

## 亡命之解不一而皆通

張耳傳：「嘗亡命游外黄。」晉灼、師古皆云：「謂脱其名籍而逃亡。」崔浩曰：「亡，無也。命，名也。」亦同義。大概謂其成丁之名編於計者，遺脱之，而别之他所。韻會小補「命」下曰：「庚韻。殺人亡命，亡匿姓名也。」皆以「命」爲「名」。史記淮南厲王傳「爲亡命弃市罪詐捕命者以除罪」，漢書作「爲亡命弃市詐捕命者以除罪」。晉灼曰：「亡命者當弃市，而王藏之，詐捕不命者而言命，以脱命者之罪。」又似謂王命當弃市之罪人，則「亡命」似逃王命者然。然皆通。自吾觀之，皆不必爾麻煩，只是「逃死」兩字耳。〔傅虞、王本〕

## 貫高客

史記張耳陳餘傳：「貫高怨家知其謀，上變告之。於是上皆并逮捕趙王、貫高等。十餘人皆爭自剄，貫高怒罵曰：『誰令公爲之？今王實無謀，而幷捕王；公等皆死，誰白王不反者！』乃轞車膠致，與王詣長安。治張敖之罪。上乃詔趙羣臣賓客有敢從王皆族。貫高與客孟舒等十餘人，皆自髡鉗，爲王家奴，從來。」前既言「轞車膠致，與王詣長安」矣，下又言「與客孟舒等」云云者，蓋詔禁羣臣賓客，不曾及王家奴，此專申明避賓客之迹，而爲奴一事。故又云「與客」云云。〔省博手稿，王愛國重校。〕

## 舍人

史記褚先生補任安傳：「安爲三老舉爲親民，出爲三百石長，治民。坐上行出游共帳不辦，斥免。乃爲衛將軍舍人，與田仁會，俱爲舍人，居門下，同心相愛。此二人家貧，無錢用以事將軍家監，家監使養惡齧馬」云。此似如今投勢家當管幹者。安既爲三百石治民之官矣，何至復爲將軍舍人？不知當時舍人是何等類？

倉公傳：「齊丞相舍人奴從朝入宮」云云，「相召舍人而謂之曰：『公奴有病否？』舍人曰：『奴無病。』」此舍人，相乃稱公。

功臣表：陽陵景侯傅寬，「以舍人從起横陽」。寬傳曰：「以魏五大夫騎將從，爲舍人」。廣平敬侯薛歐，「以舍人從起豐」。博陽嚴侯陳濞，「以舍人從碭。」舞陽侯樊噲，「以舍人起沛，從至霸上」。成敬侯董渫，「初起，以舍人從擊秦」。費侯陳賀，「以舍人前元年從起碭」。都昌嚴侯朱軫，「以舍人前元年從起沛」。魏其嚴侯周止，「以舍人從起沛」。平悼侯工師喜，「初以舍人從擊破秦」。魯侯奚涓，「以舍人從起沛」。昌武靖信侯單究，「初以舍人從」。東茅敬侯劉到，「以舍人從起碭」。斥丘懿侯唐厲，「以舍人初從起豐」。臺定侯戴野，「以舍人從起碭」。辟陽侯審食其，「以舍人初起，侍呂后」。蒯成制侯周緤，「以舍人從起沛」。朝陽齊侯華寄，「以舍人從起薛」。猗氏敬侯陳速，〔一〕「以舍人從起豐」。甯嚴侯魏遬，「以舍人從起碭」。甯陵夷侯呂臣（呂后時），「以舍人從起留」。祝茲夷侯徐厲，「以舍人從起沛」。成陰夷侯周信，「以卒從起單父，爲呂后舍人，度呂后」。凡二十一人。舍人似是今之内丁貼身服事者。如樊噲、呂臣在中，則是親戚亦在其間，不全如使令之輩也。

百官表太子太傅、少傅官屬有舍人，注不言員數。

呂不韋傳：「私求大陰人嫪毐以爲舍人。」

李斯爲呂不韋舍人。

史記：「藺相如爲宦者繆賢令舍人。」

戰國策有舍人。外黃令舍人兒。〔省博手稿，王愛國重校。〕

## 陰支蘭

倉公傳：「夫以陽入陰支蘭藏者生，以陰入陽支蘭藏者死。」正義云：「素問曰：支者，順節。蘭者，横節。陰支蘭，膽藏也。」〔晉祠手稿〕

## 大董

倉公傳：「年六十已上，氣當大董。」徐廣曰：「董謂深藏。藏，一作董。〔晉祠手稿〕

〔一〕「氏」，手稿誤作「士」，據漢書中華書局標點本改。

## 目下

史記吳王濞傳：「膠西王遂發使約齊、菑川、膠東、濟南、濟北，皆許諾，而曰城陽目下有義，〔二〕攻諸呂，勿與，事定分之耳。」此是膠西從了吳濞，轉使約諸侯也。「目下」謂不遠前日也。蜀志楊洪傳：「丞相亮北住漢中，欲用張裔爲留府長史，問洪。曰：不如留向朗。朗情僞差少，裔隨從目下，效其器能，於事兩善。」此「目下」謂在諸葛公眼底也。〔傅夒、王本〕

## 武州塞

韓安國傳：「匈奴將千餘萬騎入武州塞。」注：「徐廣曰：在鴈門。」索隱曰：「崔浩曰：今平城直西百里，有武州城是也。」

「安國爲人，多大略，智足以當世取舍而出于忠厚。」索隱曰：「出者，去也，言安國爲人無忠厚之行。」吾謂不然。明言其智足以當世取舍，而非險詐刻薄之人，是智略一出于忠厚也。觀待田甲細故及諫梁孝王出公孫詭、羊勝以回太后、景帝之親歡可見。〔晉祠手稿〕

## 公孫昆邪知愛李廣

李廣爲上谷太守，匈奴日以合戰。典屬國公孫昆邪爲上泣曰：「李廣才氣，天下無雙，自負其

〔二〕「目下」，史記中華書局標點本作「景王」。

能，數與虜敵戰，恐亡之。」〔晉祠手稿〕

## 䴉旋

上林賦「鵁鶄䴉目」，漢書作「旋目」。師古曰：「荆郢間有水鳥，〔一〕大如鷺而短尾，色紅白，深目，目旁毛皆長而旋，此其是乎？」〔省博手稿，王愛國重校。〕

## 鰅鰫鰬鮀

上林賦「禺禺鱋魶」，漢書作「魼鰨」。史記注：「徐廣曰：禺禺，魚牛也。」漢書注：「郭璞曰：禺禺，魚皮有毛，黄地黑文。魼，比目魚也，狀似牛脾，細鱗紫色，兩相合乃得行。鰨，鯢魚也，似鮎，有四足，聲如嬰兒。」〔省博手稿，王愛國重校。〕

## 淮南王安傳

史記：「淮南王安，爲人好讀書、鼓琴，不喜弋獵狗馬馳騁，亦欲以行陰德，拊循百姓，流譽天下。時時怨望。厲王死時，欲畔逆，未有因也。及建元二年，淮南王入朝，素善武安侯，武安侯時爲太尉，乃逆王霸上，與王語」云云。

漢書：「淮南王安，爲人好書、鼓琴，不喜弋獵狗馬馳騁，亦欲以行陰德，拊循百姓，流名譽。

---

〔一〕「郢」，手稿作「潁」，據漢書中華書局標點本改。

招致賓客方術之士數千人，作爲内書二十一篇，外書甚衆，又有中篇八卷，言神仙黄白之術，亦二十餘萬言。時武帝方好藝文，以安屬爲諸父，辯博，善爲文辭，甚尊重之。每爲報書，及賜，常召司馬相如等視草乃遣。初，安入朝，獻所作内篇，新出，上愛祕之。使爲離騷傳，旦受詔，日食時上。又獻頌德及長安都國頌。每宴見，談説得失及方技賦頌，昏暮然後罷。安初入朝，雅善太尉武安侯，武安侯迎之灞上，與語曰：『方今上無太子，王親高皇帝孫，行仁義，莫不聞。宫車一日宴駕，非王尚誰立者！』淮南王大喜，厚遺武安侯寶賂。其羣臣賓客，江淮間多輕薄，以厲王遷死感激安。」

楊升庵曰：「史記二十七字備其大者，漢書雖列其才能風流，然入怨望，猝不能得是也。」余看漢書，先曰招致□□□□□□〔二〕云「羣臣賓客，江淮間多輕薄」云云，亦細密有情。但少卻「時時怨望」意一句，似王本無其意，而賓客輩提引之。然史記卻又少此一節。大概文章就其筆力之所及者，各成其章如此。「其羣臣賓客，江淮間多輕薄」，若後人文章，便當曰「其羣臣賓客，多江淮間輕薄人」矣。〔省博手稿，王愛國重校。〕

## 詩經

史儒林傳：「申公獨以詩經爲訓以教。」楊慎曰：「六藝以經稱，始於禮記經解，再見於此。」管子有「澤其四經」。〔省博手稿，王愛國重校。〕

---

〔二〕　此處手稿殘，缺數字。

## 格卽落字

史酷吏王温舒傳：「購告言奸，置伯格長。」徐廣曰：「一作落，古村落字亦作格。街陌屯落皆設督長也。」今篆文落尚有[illegible]字，但多下邑耳。〔省博手稿，王愛國重校。〕

## 張湯以知陰陽

史記酷吏傳贊：「張湯以知陰陽，人主與俱上下。」如此作句，謂湯以知陰陽向背之術，而人主不覺在其術中，與之俱上下也，亦可。凌以棟評林注，謂「與人主俱上下也，倒用便奇」，亦可。愚又謂「以知陰陽人主」句，「與俱上下」句，謂以其知術陰陽人主之意，與俱上下，亦可。陰猶暗，陽猶明，謂其揣摩而逢迎之也。〔省博手稿，王愛國重校。〕

## 乎字

褚先生滑稽傳：「東郭先生，衣敝，履不完。行雪中，履有上無下，足盡踐地。道中人笑之，東郭先生應之曰：『誰能履行雪中，令人視之，其上履也，其履下處乃似人足者乎！』」自「誰能」以下二十四字始爲句。拙樸笨滯，而卻有微韻。〔省博手稿，王愛國重校。〕

## 史記貨殖傳中不然之語

「由此觀之，賢人深謀於廊廟，議論朝廷，守信死節、隱居巖穴之士設爲名高者安歸乎？歸於富厚也。」吾不解此語。看得隱居之人恁地不堪。從來高士傳皆貧士，而謂「歸于富厚」何也？想自有一種富厚隱士耶？「設爲名高」四字尤不解。〔省博手稿，王愛國重校。〕

## 䱒鰨 䱒鰨字亦好。

史記貨殖傳：「鮿千石，鮑千鈞。」注：「徐云：鮿，䱒魚也。謂破其戶頭尾不相離爲鮑，謂之䱒鰨者也。」如此解，則鮿、鮑是一，謂以䱒爲鮑者也。而本文則鮿、鮑有千石、千鈞之異。石，一百二十斤；鈞，三十斤。千石則十二萬斤，千鈞則三萬斤。鮑不貴於鮿也。〔省博手稿，王愛國重校。〕

## 史記注

大史自序傳曰：「在趙者，以傳劍論顯，蒯聵其後也。」注：「晉灼曰：史記吳起贊曰：非信仁廉勇，不能傳劍論兵書也。」起贊實無此語。語在敍傳：「非信廉仁勇，不能傳兵論劍，與道同符，內可以治身，外可以應變，君子比德焉。作孫子吳起列傳第五」云。

「蒯聵其後」注：「正義曰：如淳云：刺客傳之蒯聵也。」今史記刺客傳無蒯聵之名。荆卿傳：「過榆次與蓋聶論劍，蓋聶怒而目之。」〔省博手稿，王愛國重校。〕

## 畽字*

史記自敍：「漢平中國，而他能集楊越以保南藩，納畽職。作南越列傳第五十三。」畽字從田，有理。

## 史記刺客列傳歧義*〔一〕

史記：曹沫曰：「今魯城壞，卽壓齊境，君其圖之。」語本公羊：「城破壓境，君不圖與？」公羊注言：「比年侵魯，破魯城邑，遂欲壓魯境以爲己物也。」而史記曰「卽壓齊境」，其義似謂侵魯不已，我魯都城欲壞而見壓于齊境矣。語義本同，注不會通，尋常語亦大難解，古文詞往往然。「城」字本指齊所侵軼邑城，不謂魯國也。

大家古文詞字句間，或多或少，總不似後代纖細手筆明白謹轂，不勝引論。昔嘗取史、漢文字可以省而不省，可以添而不添者爲一抄，今遺失矣。尚有數條，在雜抄中，令兒輩看之。

〔一〕 此條據寧波天一閣博物館藏手稿釋文。由張文穎整理。傅山全書初版本未收。

# 卷四十　雜記（四）

## 貰酒*

高帝紀：「常從王媼、武負貰酒。」師古曰：「貰，賒也。」李登、呂忱並式制反。而今之說者謂與射同，乃引地名「射陽」其字作「貰」以爲證驗。此說非也。假令地名爲射，自是假借，亦猶鮦陽音紂，蓮勺音酌。當時所呼，別有意義，豈得即定其字以爲正音乎！爾雅「鱧」注：「鮦也，與鯅同。又鰹，大者鮦，小者鯇，皆謂鮦也。音同。」西漢地理志汝南郡有鮦陽。應劭曰：「在鮦水之陽也。」孟康曰：「鮦，音紂紅反。」東漢郡國志汝南有鮦陽侯國。注：「皇覽曰：縣有葛陂城。」〔一〕鮦有紂音，說文直隴切。

## 顧成廟

漢文紀：「四年，作顧成廟。」服虔曰：「廟在長安城南，文帝作。還顧見城，故名之。」應劭曰：「文帝自爲廟，制度卑狹，若顧望而成，猶文王靈臺不日成之，故曰顧成。賈誼曰：『因顧成之廟，爲天下太宗，與漢無極。』」如淳曰：「身存而爲廟，若尚書之顧命也。景帝廟號德陽，武帝廟號龍淵，昭帝廟號徘徊，宣帝廟號樂游，元帝廟號長壽，成帝廟號陽池。」師古曰：「以還顧城，

〔一〕「葛」，丁本作「萬」，據他本改。

於義無取。又書本不作城廓字，應説近之。」〔省博手稿，王愛國重校。〕

河決

漢武帝紀，元光三年春，「河水徙，從頓丘東南流入渤海」。史記，元光「河決瓠子」，而不言遷也。紀元封二年，「至瓠子，臨決河」。自決至遷之時，凡二十三、四年也。〔省博手稿，王愛國重校。〕

漢書引古詩

武帝紀，元朔元年詔，引詩云：「九變復貫，知言之選。」注不言何詩也。〔省博手稿，王愛國重校。〕

撟虔

元狩六年詔：「將百姓所安殊路，而撟虔吏因乘勢以侵蒸庶邪？」注：「韋昭曰：凡稱詐爲撟，强取爲虔。」〔省博手稿，王愛國重校。〕

啓母石

元封元年詔：「見夏后啓母石。」注：師古引淮南子：「禹治鴻水，通轘轅山，化爲熊，謂塗山氏曰：『欲餉，聞鼓聲乃來。』禹跳石，誤中鼓。塗山氏往，見禹方作熊，慙而去，至嵩高山下，化爲石，方生啓。禹曰：『歸我子。』石破北方而啓生也。」〔省博手稿，王愛國重校。〕

## 度曲

元帝贊：「自度曲，被歌聲。」應劭曰：「自隱度作新曲，因持新曲以爲歌詩聲也。」荀悦曰：「被聲，能播樂也。」師古曰：「度音大各反。」今人用「度曲」字，皆讀如法度之度，其意則如過度之度，與原義左。〔省博手稿，王愛國重校。〕

## 韋圍同

成紀：「建始元年十二月，大風拔甘泉畤中大木十韋以上。」師古曰：「韋與圍同。」〔省博手稿，王愛國重校。〕

## 翰

諸侯王表引詩「大宗惟翰」。師古曰：「翰，幹也。大宗以爲楨幹，謂王之同姓也。」〔省博手稿，王愛國重校。〕

## 陒陿

「陒陿河洛之間。」應劭曰：「陒，狹也。陿，踦躯也。」師古曰：「陒，於懈反。陿音區。」〔省博手稿，王愛國重校。〕

狙同上。

「騁狙詐之兵。」應劭曰：「狙音若蛆反。」師古曰：「音千絮反。」〔省博手稿，王愛國重校。〕

姗表同上。

「姗笑三代。」師古曰：「姗，古訕字，所諫反，又音删。」〔省博手稿，王愛國重校。〕

瀕

師古曰：「音頻，又音賓。」見表，同上。〔省博手稿，王愛國重校。〕

諧

師古曰：「口禮反。」〔省博手稿，王愛國重校。〕

閼

「音一曷反。」〔省博手稿，王愛國重校。〕

## 畺替*

「畺，古壃字。替，古僣字。」見王子侯表序。〔省博手稿，王愛國重校。〕

## 圉字

功臣表有「圉」字者，曲成圉侯蟲達、彊圉侯留肹、昌圉侯旅卿、高陵圉侯王虞人、戚圉侯季必。「圉」字有似謚法者，謚法威、德、剛、武曰圉。注：禦禍亂。有「制」字者，蒯成制侯周緤、高宛制侯丙猜，「制」字亦似謚，謚法中無「制」字。〔省博手稿，王愛國重校。〕

## 軍匠封侯有謚

漢功臣表：梧齊侯陽城延「以軍匠從起郟，入漢，後爲少府，作長樂、未央宮，築長安城，先就，侯五百戶」。史記索隱曰：「梧，縣，屬彭城。」謚法：「執心克莊曰齊。」注：「自嚴又資輔就共曰齊。」注：「資佐而共成。」以二義考之，于侯皆不甚確。不知取何齊也。〔省博手稿，王愛國重校。〕

## 襜褕不知的爲何等衣

西漢恩澤表：武安侯田恬，「坐衣襜褕入宮，不敬，免」。師古曰：「衣爲著之也。襜褕，直裾褌衣也。襜，音昌占反。褕，音踰。」東漢光武紀：更始諸將，「服婦人衣，諸于繡掘」。注：「前漢書音義曰：『諸于，大掖衣也，如婦人之袿衣。』字書無掘字，續漢書作裾，〔一〕並音其物反。楊雄方言曰：『襜褕，其短者，自關西謂之裗裾。』郭璞注曰：『俗名裾掖。』據此，即是諸于上加繡裾，如今之半臂也。」廣雅：「襜褣袛裯，襜褕也。」又曰：「大巾褘衲，襜袚蔽膝也。」韻會小補「襜」字下曰：「蚩占切。」說文：「襜，衣蔽前。从衣，詹聲。」〔二〕又「襜褕，謂帷襜以蔽前後」。一曰「襌襦謂之襜」。郭璞曰：「今之蔽膝也。」集韻或作韂，亦作袡。方言：「蔽膝，齊魯之郊謂之袡。襦亦作襝。」然今行廣雅「襌襦謂之襜裿，作襦，謂之褌襦」，「襜」下尚有一「裿」字，不但云襜也。小補注無裿字，偶失之耶？若裿字連襦字讀耶？「褕」字下一曰「直裾謂之襜褕」。〔省博手稿，王愛國重校。〕

## 辜絜*

漢律曆志：「姑洗，辜絜之也。」注：「孟康曰：辜，必也。言必絜之也。」辜除罪義外，別無他用。十一月爲辜，不知其義。說文女字部「婞」注：「保任也。」從木之「棒」，山榆也。周禮秋官：「壺涿氏掌除水蟲。」「若欲殺其神，則以牡棒午貫象齒而沈之，則其神爲陵。」注：「故書棒爲梓。杜子春云：梓當爲棒。棒當爲枯。〔三〕枯，榆木名。書或爲樗。」音義：「枯，劉音沽，杜

〔一〕「續」字，手稿脫，據後漢書中華書局標點本補。
〔二〕「詹」，手稿誤作「襜」，據說文改。
〔三〕「當」，丁本作「爲」，據王本改。

讀爲枯，劉亦音枯。案：如杜義，則音姑，山榆也。」說文無「槔」字，有「枯」字。注：「槀也。夏書曰：唯菌輅枯。木名也。」今書經作楛，音戶。從金則僕枯之矢。廣韻有「鍏」字。注：「被也。」不知孟氏「必」義何本。周禮大宗伯：「以疈辜祭四方百物。」秋官犬人：「凡幾珥沈辜，用駹可也。」

## 連*

漢食貨志：〔二〕「金銀銅連錫。」李奇曰：「連，錫別名也。」師古曰：「下句有錫矣，此連卽說文鏈字，銅屬也。」吾謂連音近鉛，恐黑錫之名耳。

## 自爰其處

漢食貨志：「上田夫百畮，中田夫二百畮，下田夫三百畮。歲耕種者爲不易上田；休一歲者爲一易中田；休二歲者，爲再易下田，三歲更耕之，自爰其處。」孟康曰：「爰，于也。」師古曰：「更，互也。」〔省博手稿〕

---

〔二〕「食貨」，霜紅龕集各本作「貨殖」，誤。

## 九府圜法*〔一〕

漢書食貨志：「太公爲周立九府圜法。」〔二〕李奇曰：「圜即錢也。圓一寸，而重九兩。」師古曰：「此説非也。周官大府、玉府、内府、外府、泉府、天府、職内、職金、職幣，皆掌財幣之官，故云九府。圜謂均而通也。〔三〕」傅山曰：「李説顧無當，顏説但説其用而非鑄泉之法。蓋九府掌財幣之出入耳。」

## 顧手牢

漢書食貨志：「因官器作鬻鹽，官與牢盆。」注：「蘇林曰：『牢，價直也。今世人言顧手牢。』如淳曰：『牢，廩食也。古者名廩曰牢。盆，鬻鹽盆也。』師古曰：『牢，蘇説是也。』」漢書注：更法，富者顧貧者，人出月二千，曰踐更。〔省博手稿，王愛國重校。〕

## 五都

王莽于五都立均官，更名洛陽、邯鄲、臨淄、宛、成都市長皆爲五均司市。鮑照詩曰：「五都

---

〔一〕此條據上海博物館藏手稿釋文。傅山全書初版本未收。標題爲編者所加。

〔二〕「圜」，手稿作「圓」，據漢書中華書局本改。

〔三〕「圜」，手稿作「圓」，據漢書中華書局本改。

矜財雄，三川養聲利。」三川，河、洛、伊也。〔省博手稿，王愛國重校。〕

## 乃眷西顧此維予宅

漢郊祀志匡衡、張譚引此詩二句，曰：言天以文王之都爲居也。〔省博手稿、王愛國重校。〕

## 長子

漢地理：「上黨郡長子，周史辛甲所封。」師古曰：「長讀如長短之長，今俗爲長幼之長，非也。」〔省博手稿，王愛國重校。〕

## 遼字

西漢地理志：遼西郡、注：秦置，有小水四十八，并川三千四十六里。〔一〕遼東郡。注，秦置。東漢郡國志：遼西郡、注，秦置。遼東郡。注：秦置。西漢志玄菟郡高句驪，注：「遼山，遼水所出，西南至遼隊入大遼水。」東漢志玄菟郡高句驪，遼山，遼水出。注：「山海經遼水出白平東。郭璞曰：出塞外御白平山。遼山，小遼水所出。」又有遼東屬國昌遼，故天遼，屬遼西。賓徒、徒河，皆故屬遼西。漢匈奴傳：「拜范明友爲度遼將軍，將二萬騎出遼東，擊匈奴。」東漢百官志：「明帝初置度遼將軍，以衛南單于衆新降有二心者，後數有不安，遂爲常守。」注：「應劭漢官儀曰：度遼將軍，孝武皇

〔一〕「并」，漢書地理志作「并行」。

帝初用范明友。明帝十八年行度遼將軍事，安帝元初元年置眞，銀印青綬，秩二千石。長史、司馬六百石。東觀書云司馬二人。」西漢書昭帝元鳳三年「以范明友爲度遼將軍」，匈奴本始二年「度遼將軍范明友三萬餘騎出張掖」云云。晉書地理志：遼西屬幽州遼東國。注：「漢光武以遼東等屬青州，後還幽州。」〔傅慶本〕

## 山海十三篇

藝文志山海十三篇，在形法家，最有義。惜乎！其書之錯亂。〔傅慶本〕

## 縱字

漢書蕭何傳：「發縱指示獸處。」顏師古注云：「發縱，謂解紲而放之也。指示者，以手指示之，今俗言放狗。縱，音子用反，而讀者乃爲蹤跡之蹤，非也。書本皆不爲蹤字。自有追蹤之狗，不待人發也。」今行史記徑作「發蹤」矣。洪氏隸釋論夏承碑中縱字借爲蹤字，卽謂師古注非，是此洪氏拘處。發縱卽慫恿之使前也，嗾獒之類也。〔傅慶、王本〕

## 賣友

漢書：「天下稱酈商賣友。」其不足意在「天下」兩字，謂天下不知大義者云爾。看贊語自明。贊曰：「當孝文時，天下以酈商爲賣友。夫賣友者，謂見利而忘義也。若商父爲功臣而又執劫，雖摧呂祿，以安社稷，誼存君親，可也。」是以賣爲賢也。〔傅慶、王本〕

## 偏諸*

賈誼傳：「今民賣僮者，爲之繡衣絲履偏諸緣，内之閑中。」服虔曰：「加牙條以作履緣。」師古曰：「偏諸，若今之織成以爲要襻及褾領者。古謂之車馬裙，其上爲乘車及騎馬之象也。」〔一〕又曰：「白縠之表，薄紈之裏，緁以偏諸。」晉灼曰：「以偏諸緁著衣也。」師古曰：「緁音妾，謂以偏緶著之也。〔二〕緶音步千反。」〔三〕前「偏諸」在「絲履」下，似以偏諸緣絲履也，故服虔曰「加牙條以作履緣」。後之「緁以偏諸」，似緁之於白縠之衣者。說文：「緶，縫也。」

## 三表五餌

賈誼書曰：〔四〕「愛人之狀，好人之技，仁道也；信爲大操，常義也；愛好有實，已諾可期，十死一生，彼將必至：此三表也。賜之盛服車乘以壞其目；賜之盛食珍味以壞其口；賜之音樂婦人以壞其耳；賜之高堂邃宇倉庫奴婢以壞其腹；于來降者，上以召幸之，相娛樂，親酌而手食之，以壞其心：此五餌也。」五餌大可笑。班贊曰：「其術固已疏矣。」然然。然謂漢爲土德，不當與表餌同義之。〔省博手稿，王愛國重校。〕

〔一〕「其上」，各本作「其象」，據漢書改。
〔二〕「緶」，丁本作「鞭」，據他本與漢書改。
〔三〕「緶」，丁本作「緁」，據他本與漢書改。
〔四〕「賈誼書」，傅山全書初版本誤作「賈誼傳」，據手稿改。

## 鼎字*

賈捐之傳：楊興曰：「顯鼎貴。」注：「如淳曰：鼎音釘，言方且欲貴矣。」師古曰：「方且，是也。」又賈誼傳「天子春秋鼎盛」，匡衡傳「匡鼎來」，皆同義。但「釘」字亦有平、去二聲，不知當讀作何聲。卽以「新」字解「鼎」字，於「鼎貴」、「鼎盛」通，於「鼎來」則不通矣。匡衡傳：「無說詩，匡鼎來。」服虔曰：「鼎猶言當也。若言匡且來也。」應劭曰：「鼎，方也。」張晏曰：「衡少時字鼎，長乃易字稚圭。世所傳衡與貢禹書，上言『衡敬報』，下言『匡鼎白』，知是字也。西京雜記亦云鼎是衡字。」〔二〕師古曰：「服、應二説是也。」匡衡傳注，又無如淳「釘」音。

## 道地

張湯傳：「李文與湯有隙，爲御史中丞，薦數從中文事有可以傷湯者，不能爲地。」蘇林曰：「薦，仍也。」師古曰：「薦、數義同。數數在中，其有文書事可用傷湯者，不爲作道地也。」酷吏田延年傳：「霍將軍召問延年欲爲道地。」師古曰：「爲之開通道路，使有安全之地也。」前「能」字須作「肯」字乃得。〔拾遺、丁本〕

〔二〕「西京」句，各本在「長」字與「乃易字稚圭」之間，據漢書改。

## 遞鍾

王褒聖主得賢臣頌：「雖伯牙操遞鍾。」注：「晉灼曰：『遞音遞送之遞。二十四鍾各有節奏，擊之不常，故曰遞。』臣瓚曰：『楚辭云：「奏伯牙之號鍾。」號鍾，琴名也。馬融笛賦曰：「號鍾高調。」伯牙以善鼓琴，不聞能擊鍾也。』師古曰：『琴名是也，字既作遞，則與楚辭不同，不得卽讀爲號，當依晉音耳。』」然號旁從虎，與遞字亦易混。〔省博手稿，王愛國重校。〕

## 無何*〔二〕

袁絲傳：「種謂絲曰：君能日飲，無何，時諫王勿反而已。」顏注：「言別無餘事也。」非其語氣。此謂但日飲，可不時諫王勿反。漢書去「時」字，但有「無何」兩字，語氣與史記同，大概謂不論幾時如此也。「無何時」，卻非如他處所謂「不多時」之義。卽「無何」，如今亦常用之，但如爲「無幾何」之義，亦非此處語氣。此皆古人行文中妙語。

## 袁盎　温嶠*〔三〕

袁盎之姪種教盎衆辱趙談，以杜中傷。温太眞用其言於錢鳳而賣王敦。

〔二〕此條據山西博物院藏手稿釋文。傅山全書初版本未收。

〔三〕此條錄自嶺南美術出版社傅山書翰精選一九九五年版，由竇元章整理。

## 棱字

李廣傳：「詔曰：威棱憺于鄰國。」注：「李奇曰：神靈之威曰棱，亦作稜。」然从木者是。今習爲「稜」矣。〔天一閣手稿，增補。〕

## 西漢三陳咸皆沛郡人

陳萬年之子咸，沛郡相人。莽講學大夫陳咸，亦沛郡人。東漢陳寵傳，祖咸，莽時召爲掌寇大夫不應者，〔二〕亦沛郡洨人。〔省博手稿，王愛國重校。〕

## 大禘則終王

韋玄成傳，劉歆曰：「大禘則終王。」注張晏、師古兩解，俱不明白。〔省博手稿，王愛國重校。〕

## 上黨鮑氏

上黨之有鮑氏也，實始于西漢子都。子都得罪徙上黨，以爲其地宜田牧，又少豪俊，易長雄，遂家于長子。王莽陰有篡心，忌漢忠直臣不附己者，宣遂死，子爲永。事後母孝，其妻嘗叱狗于母前，而永卽去之。莽以宣不附己，欲滅其子孫，賴太守苟諫召以爲吏，擁護之。永數爲諫陳興復漢

〔二〕「掌」，手稿作「長」，據漢書中華書局標點本改。

室、翦滅篡逆之策，更始徵爲尚書僕射，封中陽侯。赤眉害更始，三輔道絕。光武卽位，遣諫議大夫儲大伯徵永，永疑之，收繫大伯。既知更始死，乃發喪，出大伯，封上將軍列侯印綬幅巾，與諸將詣河內。帝問：「卿衆何在？」對曰：「臣事更始，不能令全，誠慚以其衆幸富貴，故悉罷之。」後復爲司隸校尉，行縣到霸陵，路經更始墓，引車入陌。從事諫止之，曰：「北面事人，寧有過墓不拜？雖獲罪，司隸不避也。」永子昱，中元時又爲司隸校尉。昱子德有「神父」名于南陽守時。德子昂，有孝義，德病數年，昂俯伏左右，衣不緩帶。及處喪，毀瘠，抱負乃行。〔晉祠手稿〕

## 梅福*

梅福居家，常以讀書養性爲事。至元始中，王莽顓政，福一朝棄妻子，去九江，至今傳以爲仙。其後有人見福於會稽，變名姓爲「吳市門」卒云。〔二〕如此奇特丈夫，何必輒飛天上？始仙之，卽此辟莽忠潔而去。〔三〕卽「吳市門」，實十洲三島矣。楊子雲與梅先生同時，豈不略聞見其風耶？因念人之高卑脩穢，相去之遼若此。〔拾遺、劉、丁、王本〕

## 二陰*

漢書：「翼奉上封事：北方之情，好也；好行貪狼，申子主之。東方之情，怒也；怒行陰

---

〔二〕以上據拾遺本，他本作「梅子眞避王莽而去」。

〔三〕「卽此」一句，據拾遺本，他本無。

賊，〔二〕亥卯主之。貪狼必待陰賊而後動，陰賊必待貪狼而後用。二陰並行，是以王者忌子卯也。禮經避之，春秋諱焉。」李奇曰：「北方陰也，卯又陰賊，故爲二陰，王者忌之，不舉樂。春秋、禮記說皆同。」張晏曰：「子刑卯，卯刑子，相刑之日，故以爲忌。而曰夏以乙卯亡，殷以甲子亡，不推湯武之興，此說非也。」師古曰：「儒者以爲夏、殷亡日，大失之矣。」

## 宿留皆去聲。

漢書李尋傳，「唯棄須臾之間，宿留瞀言。」三國吳志陸遜傳與全琮書曰：「卿不師日磾而宿留阿寄。」無注，不知當何聲讀。其義似謂全琮聽其子寄與魯王霸交通，如今謂信慣他也。史記封禪書「宿留海上」，宿讀若星宿之宿，去聲。〔傅㢘、王本〕

## 性曆情律

翼奉傳：「詩之爲學，情性而已。五性不相害，六情更興廢。觀性以曆，觀情以律。」注：張晏曰：「性，五行也；曆，謂日也。」晉灼曰：「翼氏五性：肝性靜，靜行仁，甲己主之；心性躁，躁行禮，丙辛主之；脾性力，力行信，戊癸主之；肺性堅，堅行義，乙庚主之；腎性智，智行敬，丁壬主之。情謂六情，廉貞、寬大、公正、姦邪、陰賊、貪狼也。」律，十二律也。〔省博手稿，王愛國重校。〕

---

〔二〕「行」，丁本作「主」，據劉、王本改。

## 師丹禮議宛然可聽

「定陶共皇太后、共皇后以定陶共爲號者，母從子、妻從夫之義也。欲立官置吏，車服與太皇太后並，非所以明尊卑、亡二上之義也。定陶共皇號謚已前定，義不得復改。禮：『父爲士，子爲天子，祭以天子，其尸服以士服。』子亡爵父之義，尊父母也。爲人後者爲之子，故爲所後服斬衰三年，而降其父母期，明尊本祖而重正統也。孝成皇帝聖恩深遠故爲共王立後，奉承祭祀，今共皇長爲一國太祖，萬世不毀，恩義已備。陛下既繼體先帝，持重大宗，承宗廟天地社稷之祀，義不得復奉定陶共皇祭入其廟。今欲立廟于京師，而使臣下祭之，是無主也。又親盡當毀，空去一國太祖不墮之祀，而就無主當毀不正之禮，非所以尊厚共皇也。」

當時爲共皇立廟京師之議，似可于高廟昭穆之列，或別立一廟耳。如丹議「又親盡當毀」之言，是又逕列之于高祖以來耶！〔省博手稿，王愛國重校。〕

## 通往就獄*

田延年傳：「霍光曰：謝大夫曉大司農，通往就獄，得公議之。」師古曰：「曉者，告白義指也。通者，從公家通理也。光忿其拒諱，故不佑之。」愚謂「通」字在「往就獄」上，而解作「從公家通理」，文隔難通也。上下擬議之，似「且往就獄，而我一人不能專主此事，當得從公議之」。語氣不了絕，而忿恨必殺之意顯然。「通」字又可解作通融之通，猶言權且入獄。若云往就獄，得通公議之，則注便是矣。又似凡在事者，一概通往就獄。

## 善富字好

漢書貨殖傳宣曲任氏傳：「富人奢侈，而任氏折節爲力田畜。人爭取賤賈，任氏獨取貴善富者數世。」注：「師古曰：折節力田，務於本業；先公後私，率道閭里，故云善富。」愚謂善於居富也。又似他人富，皆以惡，而此獨以善。又似「獨取貴善」句。注：「師古曰：言其買之物，不計貴賤，唯在良美也。」則「貴善」是用貴價而取美善之物。下云「富者數世」，亦通。〔拾遺、丁本〕

## 劇孟*

「劇孟者，洛陽人也。周人以商賈爲資，劇孟以俠顯。吳楚反時，條侯爲太尉，乘傳東，將至河南，得劇孟，喜曰：『吳楚舉大事而不求劇孟，吾知其無能爲已。』天下騷動，大將軍得之若一敵國云。劇孟行大類朱家，而好博，多年少之戲。然孟母死，自遠方送喪蓋千乘。及孟死，家無十金之財。而符離王孟，亦以俠稱江淮之間。」可笑近人動以劇孟稱人，而當之者亦爲之鼻孔炸矣。秋霽偶書。〔省博手稿，王愛國重校。〕

## 烏秅

漢書西域傳烏秅國。注：鄭氏曰：「烏秅音鷃拏。」師古曰：「烏音一加反。秅音直加反。急言之聲如鷃拏耳，非正音也。」〔省博手稿，王愛國重校。〕

## 祓禊

外戚衛后傳：「帝祓灞上。」孟康曰：「祓，除也。今三月上巳祓禊也。」師古曰：「祓音廢，禊音系。」〔省博手稿，王愛國重校。〕

## 對食

外戚傳：「道房與曹宮對食。」注：「應劭曰：宮人自相與爲夫婦名對食，甚相妬忌也。」〔省博手稿，王愛國重校。〕

## 對食*

韻會小補：「漢外戚傳：甚相忌妒曰對食，有相噬之意。」漢書注：「應劭曰：宮人自相與爲夫婦曰對食，甚相忌妒也。」甚明白，非以其相忌妒謂之對食也。又添有相吞噬之義，何居？

## 經學有祖師之稱

漢書外戚傳：「定陶丁姬，易祖師丁將軍之玄孫。」師古曰：「祖，始也。」儒林傳：丁寬，易之始師。」〔省博手稿，王愛國重校。〕

## 原涉*〔一〕

荀說曰：「游俠，德之賊。」他且不必覶美，即原涉之令谷口也，聞其名不言而治，俠之名足重哉！諸以武犯禁者，非其倫也。即禁亦須論其時，堯舜之禁，犯之則倍。苟非聖人而竊天位，唯恐其無犯之者，其禁非天禁，而犯之則爲天之義。俠矣，天豈不樂哉！

## 王莽秉政*

王莽秉政，「陰有簒國之心」一句六字，極俗弱可笑，不似孟堅語氣。吾因疑漢書，恐不是當時原本矣。于定國傳「加審慎之心」五字，亦俗弱。〔省博手稿，王愛國重校。〕

## 馮異*〔二〕

延岑據藍田，王歆據下邽，芳丹據新豐，蔣震據霸陵，張邯據長安，公孫守據長陵，楊周據谷口，吕鮪據陳倉，角閎據汧，駱蓋延據盩厔，任良據鄠，汝章據槐里，各稱將軍，擁兵多者萬餘，少者數千人，轉相攻擊。異且戰且行，屯軍上林苑中。延岑既破赤眉，自稱武安王，拜置牧守，欲據關中，引張邯、任良共攻異。異擊破之，斬首千餘級，諸營保守附岑者皆來降歸異。岑走攻析，

〔一〕此條録自嶺南美術出版社傅山書翰精選一九九五年版，由竇元章釋文整理。傅山全書初版本未收。

〔二〕此條據上海圖書館藏手稿釋文。傅山全書初版本未收。

異遣復漢將軍鄧曄、輔漢將軍于匡要擊岑，大破之，降其將蘇臣等八千餘人。岑遂自武關走南陽。時百姓饑餓，人相食，黃金一斤易豆五升，道路隔斷，委輸不至，軍士悉以果實爲糧。召拜南陽趙匡爲右扶風，將兵助異，并送縑縠，軍中皆稱萬歲。異兵食漸盛，乃稍誅擊豪傑不從令者，褒賞降附有功勞者，悉遣其渠帥詣京師，散其衆歸本業，威行關中。唯呂鮪、張邯、蔣震遣使降蜀，其餘悉平。明年，公孫述遣將程焉，將數萬人就呂鮪出屯陳倉。異與趙匡迎擊，大破之，焉退走漢川。異追戰於箕谷，復破之，還擊破呂鮪，營保降者甚衆。其後蜀復數遣將閒出，異輒摧挫之。懷來百姓，申理枉結，出入三歲，上林成都。

當時長安左近數百里中，屯據十二家，老馮乃能鎮靖上林苑，三軍無他敗衂，可謂能矣。而卽有專制關中之言，難乎哉！難乎哉！

## 昭昭

東漢書田邑答馮衍書曰：「新帝司徒已定三輔，隴西、北地從風響應。其事昭昭，日月經天，河海緯地，不足以比。」〔省博手稿，王愛國重校。〕

## 雇山

桓譚傳：「其相傷者，加常二等，不得雇山贖罪。如此，則仇怨自解，盜賊息矣。」

前孝平元始元年，〔一〕「天下女徒已論，歸家，顧山錢月三百。」如淳曰：「已論者，罪已定也。令甲，女子犯罪，作如徒六月，顧山遣歸。說以爲當于山伐木，聽使入錢顧工直，故謂之顧山。」師古曰：「如說近之。謂女徒論罪已定，並放歸家，不親役之，但令一月出錢三百，以顧人也。爲此恩，所以行太皇太后之德，施惠政于婦人。」如前紀，顧山單謂婦人之論罪者。若桓譚語，則贖出身皆得謂之顧山，又屬男子矣。〔省博手稿，王愛國重校。〕

## 媆字

馮衍顯志賦：「媆子反于彭城。」注曰：「呂忱音仕眷反，勉也。東觀記作譔字。」此處用勉意遠，當是譔意耳。〔省博手稿，王愛國重校。〕

## 郅字

郅惲傳注：「潛夫論曰：『周先姑氏封于燕，〔二〕河東有郅都，汝南有郅君章。』音與古姑同，〔三〕而其字異。然前書音義但曰之日反。」〔省博手稿，王愛國重校。〕

---

〔一〕「元年」，手稿作「二年」，據漢書中華書局本改。
〔二〕「姞」，手稿作「姑」，據後漢書中華書局標點本改。
〔三〕「姞」，手稿作「姑」，據後漢書中華書局標點本改。

六日七分

郎顗傳：「顗父宗，善風角、星筭、六日七分。」注：「易稽覽圖曰：『甲子卦氣起中孚，六日八十分日之七。』」鄭玄注曰：「六以候也。八十分爲一日之七者，一卦六日七分也。」〔省博手稿，王愛國重校。〕

祇大也

郎顗傳引易「無祇悔」章懷注曰：「祇，大也。」〔省博手稿，王愛國重校。〕

太皓天也

郎顗傳：「太皓悅和，雷聲乃發。」注：「太皓，天也。」〔省博手稿，王愛國重校。〕

重華留之

郎顗傳注：「天官書曰『歲星一曰攝提，一曰重華』也。」〔省博手稿，王愛國重校。〕

祇裯

羊續傳注引說文曰：「短衣也。」祇，丁奚反。裯，丁勞反。廣雅：「卽襜褕也。」〔省博手稿，王

愛國重校。〕

## 郭伋

伋，哀平時爲漁陽都尉。王莽時爲上谷大尹，遷幷州牧。更始時爲左馮翊。世祖初爲雍州牧，後又爲幷州刺史日，老幼相携逢迎，而細侯之面亦可謂厚矣。以其行事考之，似所謂良吏者。良吏顧不拘何時皆可良耶？卓茂則不然矣。〔省博手稿，王愛國重校。〕

## 醫士長

范曄書：「第五倫舉孝廉，補淮陽醫士長。後從王朝京師。」不知當時醫士長何官，實實以知醫者爲之乎？則第五公舉孝廉者，或亦知醫耶？若不必知醫，而但爲醫士之長以管轄之耶？如今之五官皆有良醫，〔一〕所以知醫者充之。卽不必高醫，亦胡亂抄習方書者。〔晉祠手稿、霜本〕

## 晏晏

第五倫傳，疏曰：「體晏晏之姿。」注：「尚書考靈曜曰：堯文塞晏晏。爾雅曰：晏晏，温和也。」何敞奏記宗由曰：「公履晏晏之純德。」又上疏曰：「陛下履晏晏之姿。」陳寵疏曰：「數詔羣僚，弘崇晏晏。」〔省博手稿，王愛國重校。〕

〔一〕「五官」，傅山全書初版本誤作「王官」，據手稿與霜本改。

## 宋均

宋均性寬，不喜文法。嘗言：「吏能弘厚，雖貪污放縱，猶無所傷。至於苛察之人，雖或廉清，而巧黠刻削，毒加百姓。」此亦就當時矯激已甚而發，然實有至理。貪污之人，豈全無所傷，但當論其性之厚薄耳。〔一〕

## 五曹

應劭傳注：「成帝初置尚書員五人，漢舊儀有常侍曹、二千石曹、戶曹、主客曹、三公曹也。」〔省博手稿，王愛國重校。〕

## 擬人不倫之語

繆襲謂仲長統公理「才章足繼西京董、賈、劉、楊」可也，若謝夷吾薦王仲任充「雖孟軻、荀卿、揚雄、劉向、司馬遷不能過」，是何言？〔省博手稿，王愛國重校。〕

## 靳字*

東漢書崔烈傳注：「靳，固惜之也。或作鄿。」引說文。說文無之。今之說文非古者多矣。說

〔一〕「耳」字，丁本無，據他本補。

文「僞」字解如此，當注謁也。〔鄧藏手稿〕

## 蓋元固*

東漢蓋元固，燉煌君子，吾意中每不能忘，如同時好友。梁鵠爲涼州刺史時，〔一〕欲殺從事蘇正和，訪之於蓋。蓋素與正和有隙，或勸可乘此以報。蓋曰：「乘人之危，不仁。」乃諫鵠而止。正和造謝，蓋不見，曰：「吾爲梁使君謀耳，非爲蘇郎也。」卽此一事，君子可不稔記之，以明遇此例之義者？而抗揖董卓，人猶難之。〔二〕不知能爲待蘇之事，必能抗董。非彼難而此易，亦非彼易而此難。〔晉祠手稿、霜本〕

## 名字用藥名者

東漢周龘字巨勝。晉涼州張天錫小名獨活。元魏房法壽小名烏頭。唐高固小名黃芩。〔省博手稿，王愛國重校。〕

## 牧豕嘉事

東漢書杜喬傳中，楊匡爲蘄長，遷平原令。會國相徐曾，中常侍璜之兄也，〔三〕匡恥與接事去，

〔一〕「涼州」，霜紅龕集各本誤作「沙州」。
〔二〕手稿於「猶」字旁有一「尤」字。
〔三〕「兄」，原本作「弟」，據後漢書改。

遂託疾牧豕云。東漢孫期亦牧豕。〔拾遺本〕

## 賈彪不納岑晊

曰：「公孝以要君致釁，自遺其咎。吾以不能奮戈相待，反可容隱之乎？」於是咸服其裁正。然亦以黨錮卒於家。〔省博手稿，王愛國重校。〕

## 何顒*

「何顒字伯求，南陽襄鄉人也。少遊學洛陽。顒雖後進，郭林宗、賈彪與之相好，顯名太學。友人虞偉高有父讎未報，而篤病將終，顒候之，偉高泣且訴。顒感其義，爲復仇，以頭醊墓。及陳蕃、李膺之敗，顒以與陳、李善，遂爲宦官陷，乃變姓名亡匿汝南間。所至皆親其豪傑，有聲荆豫之域。袁紹慕之，私與往來，結爲奔走之友。是時黨事起，天下多離其難。顒私入洛陽，從紹計議。其窮困閉厄者，爲求援救，以濟其患。有掩捕者，多設權計，使得逃隱，全免甚衆。及黨錮解，辟司空府。每三府會議，莫不推顒之長。及董卓秉政，逼顒爲長史，託疾不就，乃與荀爽、王允等共謀卓。會爽薨，顒以他事爲卓所擊，憂憤卒。顒初見曹公，歎曰：『漢室將亂，安天下者必此人。』曹公以是嘉之。嘗稱『荀彧爲王佐器』。及彧爲尚書令，遣人迎叔父爽，並致顒喪，而葬之爽塚之傍。」偶看杜詩，有「何顒好不忘」句，注謂其錯用周顒事，因簡何公傳讀之，遂復迻之。此未必杜公之錯，當是後人流寫之譌。余意「周顒」不如作「何顒」也。〔一〕亦未必杜公不錯，傳寫亦不錯，解者因其遊招提之詩，死拘定當用周顒不茹葷事，而遂疑杜公之錯也。傅山。〔省博手稿，王愛國重校。〕

仲家

袁術「以符命自稱仲家」。注：「仲，或作沖。」〔省博手稿，王愛國重校。〕

蔡倫*

蔡倫爲紙，而廣雅劍名有蔡倫。〔省博手稿，王愛國重校。〕

和字*

後漢書徐登傳：「趙炳嘗臨水求渡船，人不和之，〔二〕炳乃張蓋坐其中，長嘯呼風，亂流而濟。」注：「和猶許也。俗本作知者誤也。」和，有應意、禮意，猶今人言不答禮也，不應和也。

軒渠

後漢書薊子訓傳「軒渠笑悦」，無注。文義似謂其子之見父母，欣喜依就之義。或又曰教嬰兒

〔一〕「周」，傅山全書初版本脱，據手稿補。
〔二〕「和」，丁本作「知」，據他本改。

學語聲。今人類作一笑字用，殊失檢點也。薊子訓傳：「以術戲墮其隣之子而死，既埋之矣，隔歲，薊復以其子還其父母。父母以爲死兒，方難之，而其子軒渠笑悅。」卽如此出處，亦非中常用作書袋者。〔省博手稿，王愛國重校。〕

## 謝承後漢書*

謝承後漢書，余家有之，永樂間揚州刻本。初郃陽曹全碑出，曾以謝書考證，多所裨，大勝范書，以寇亂亡失矣。〔王本〕

## 孫堅勸張温斬董卓*

孫文臺勸張温陳兵斬董卓，極快事。而温糗貨，卒死于卓，自殺才耳。〔天一閣手稿，增補。〕

## 陳壽評荀彧*

陳壽評文若，曰「清秀通雅」，四字可笑。〔天一閣手稿，增補。〕

## 吾與汝弗如也

三國志夏侯淵傳：「淵平涼州宋建，曹操下令曰：宋建亂逆三十餘年，淵一舉滅之，虎步關右，所向無前。仲尼有言：吾與汝弗如也。」此句不知何用。〔省博手稿，王愛國重校。〕

## 不適敵國

臧洪答陳琳書：「君子之違，不適敵國。」用左傳「不適讎國」之語，而易「讎」字爲「敵」字，義亦別。〔省博手稿，王愛國重校。〕

## 荀家兩惲

文若之子惲。文若之第四兄荀諶，諶之子荀閎，閎有從孫曰荀惲。豈當時不知而犯之耶？抑記載有訛也？惲與賈充共定音律者，又作易集解。見三國志荀彧傳注。〔省博手稿，王愛國重校。〕

## 炅字*

三國志：「韓國魁頭露紒，如炅兵。」無注，不知「炅兵」之義。「炅」字，漢有城陽太守炅橫死，四子避難，一姓炅，一姓桂，一姓昋，一姓炔，皆音如桂。不知此「炅」復何如。「昋」，升菴外集讀如天。晉人有昋景屋，王鳳洲讀如桂，依漢人之避難者。然昋、桂聲大遠，實是兩族，〔二〕昋自昋，昋自昋也。

〔二〕「兩族」二字，丁本無，據他本補。

## 乾沒*

三國傳嘏傳：「寄命洪流，以徼乾沒。」注引漢書張湯傳：「湯始爲小吏，乾沒。」服虔曰：「乾沒，射成敗也。」如淳曰：「得利爲乾，失利爲沒。」臣松之以虔直以乾沒爲射成敗，而不說乾沒之義，於理猶爲未暢。淳以得利爲乾，又不可了。愚謂乾宜讀爲乾燥之乾，蓋謂有所徼射，〔二〕不計乾燥之與沈沒而爲之。今漢書注：「如淳曰：豫居物以待之，得利爲乾，射利爲沒。」蓋因有與長安富賈、田甲、漁翁之屬交私之語，淳遂改爲徵貴徵賤。若范蠡之積居與時逐，子貢之發貯鬻財曹、魯之閒也。師古亦不解其義，但云「乾音干」耳，或亦從松之義耶？愚謂裴義亦所未盡。意謂湯爲小吏，〔三〕知官府輕重民閒事，可爲道地田漁之屬，爲之關白而徼幸乾沒其賄賂也。乾，燥也。沒，沈也。言於乾燥之地沈沒取物也，猶言陸沈云耳，亦通。今諺謂不應得而得者爲乾，入水取物爲沒，猶言白取也。湯爲小吏，從中射其成敗，成則乾得，敗則沒失。得屬諸湯，敗屬之人。湯立於乾燥沒事之地，而不管人之沈沒也。亦可以上下文繹之，乾沒猶徼幸也。亦可或謂沒猶昧也，不問成敗，惟在必得而乾昧沒之也。亦可當時自有此語，觀傳所引語氣可知，況傳言湯舞智、御人、爲小吏，則乾沒。及列九卿，則收接天下名士大夫，乾沒亦其揣摩舞智之一節。總之，謂乾淨沒入於我也。

〔二〕「謂」，各本作「偶」，據漢書改。
〔三〕「意」，丁本作「音」，據劉、王本改。

## 歙字不甚佳

士燮之子名歙。燮爲交阯太守，孫權加燮爲將軍，燮遣子歙入質。〔晉祠手稿〕

## 管公明先生

「容貌粗醜，無威儀而嗜酒，飲食言戲，不責非類。」其别傳曰：「體性寬大，多所含受；憎己不仇，愛己不褒，每欲以德報怨。常謂：『忠孝信義，人之根本，不可不厚；廉介細直，士之浮飾，不足爲務也。』自言：『知我者希，則我貴矣，安能斷江、漢之流，爲激石之清？樂與季主論道，不欲與漁父同舟，此吾志也。』其事父母孝，篤兄弟，順愛士友，皆仁和發中，終無所闕。臧否之士，晚亦服焉。」〔省博手稿，王愛國重校。〕

## 草莽臣

孫綝既廢亮立休，上疏稱「草莽臣」。〔省博手稿，王愛國重校。〕

## 懊儂

晉書卷二十三。音義：「上烏浩反，下奴告反。」〔省博手稿，王愛國重校。〕

## 袴褶

桓宣武與殷劉談，不如甚。喚左右取黃皮袴褶，上馬舞稍數迴，或向劉，或擬殷，意氣始得雄。

晉輿服志：「袴褶之制，未詳所起，近世凡車駕親戎、中外戒嚴服之。服無定色。」

唐書車服志：「袴褶之制，五品以上，細綾及羅爲之。」

袴褶，騎服也。不知的是如何制。

今監版晉書二十五卷輿服志「袶」字如此寫，及音義仍作「袴」字。字書褶字皆似入切，又徒協切。晉書音義則神入切。「神」字或是「祥」字之訛耶？〔省博手稿，王愛國重校。〕

## 周馥*

周祖宣馥獻策遷都，乖忤於東海；華彥夏軼係心宸極，獲罪於瑯琊。皆史策中扢捩人事。〔晉祠手稿〕

## 謝安〔二〕

苻堅次淮肥，衆號百萬。安爲征討大都督。玄入問計，安夷然無懼色，答曰：「已別有旨。」既而寂然。玄不敢復言，乃令張玄重請。安遂命駕出山墅，親朋畢集，方與玄圍棊賭別墅。安常棊

〔二〕此篇錄自嶺南美術出版社傅山書翰精選一九九五年版，由竇元章釋文整理。傅山全書初版本未收。

劣於玄，是日玄懼，便爲敵手而又不勝。安顧謂其甥羊曇曰：「以墅乞汝。」安遂遊涉，至夜迺還，指授將帥，各當其任。玄等既破堅，有驛書至，安方對客圍棊，看書既竟，便攝放牀上，了無喜色，棊如故。客問之，徐答云：「小兒輩遂已破賊。」既罷，内還，過戶限，心喜甚，不覺屐齒之折。昔人謂之「矯情鎮物」，自是俗呰耳。貧道每讀其傳，悠然爲會，如親沐玄穆古今絕風流人。看公未出時，與逸少、許詢、支開士游養恬素也。又四十外始登朝，漸趨老境，妙用造深。

## 桓伊〔一〕

桓伊爲孝武彈箏，歌怨詩，爲安石諷諫，逕是迦葉作一雅優孟，妙隱微情，貴誕風習，未迷厥眞。

## 戴逸疏語

勸立學校疏曰：「雙劍之節崇而飛白之俗成，挾琴之容飾而赴曲之和作。」「雙劍」二語，不知何引。〔傅㞼本〕

## 父子之異

父作逆而子忠義，晉沈充助王敦，子勁死慕容之難。〔晉祠手稿〕

〔一〕　此篇錄自嶺南美術出版社傅山書翰精選一九九五年版，由竇元章釋文整理。傅山全書初版本未收。

## 櫼字*

南齊東昏侯佞幸有徐道櫼。魏書高允傳崔浩令史有閔湛、郄櫼，性巧佞，爲浩信待。李訢傳有范櫼，皆小人。魏書又有魏靈櫼。

## 范雲*

排難解紛，濟人利物，是大丈夫本分事。凡創業之人，須有范雲本領。〔二〕

## 扶桑國喪親*

扶桑國喪親，七日不食；祖父母，五日不食；兄弟伯叔姑姊妹，三日不食。孰謂夷狄無禮法哉！此俗與周孔之教何異？

## 溻字

南宋孔覬傳：〔三〕「聲云東討，實趨石溻。」玉篇、廣韻俱無此字。〔省博手稿，王愛國重校。〕

〔二〕「范」，丁本作「樊」，據王本改。

〔三〕「覬」，手稿作「顗」，據南史中華書局標點本改。

## 庾詵

「詵乘舟從沮中山舍還，載米一百五十石。有人寄載三十石，至宅，寄載者曰：『君三十石，我百五十石。』詵默然不應，恣其取足。」〔省博手稿，王愛國重校。〕

## 劉繪*

劉士章機悟多能，張融、周顒並有言工，張音旨緩韻，顒辭致綺捷，劉之言吐又頓挫有風氣。時人爲之語曰：「劉繪睱侍婢。」〔二〕大可笑。豈非爲侄女作妒？〔天一閣手稿，增補。〕

## 戴逵*

廣弘明集有戴逵貽仙城慧命禪師書及命酬戴先生書，題目下列晉戴逵。道宣跋云：「時或以逵即晉譙國戴逵。今考之，非也。」晉書云：「太元十二年，徵隱士戴逵。不久，尋卒。」至梁大通三年，一百四十三載，命公方生，計不相見，又非齊，明矣。「闕里儒童，闡禮經于洙濟；苦縣迦葉，遷妙道于流沙。」只此二句，便非安道口吻。〔天一閣手稿，增補。〕

〔二〕此句「劉繪」下疑有脫文。

## 啖青*

啖青廢衞平，推苻登爲帥。當會饗，拔劍數語，亦何壯也！可謂豪氏矣。〔傅眉抄本、拾遺、王本〕

## 河上造橋

元魏于栗磾傳：「太宗南幸盟津，謂栗磾曰：『河可橋乎？』栗磾曰：『杜預造橋可想。』乃編次大船，構橋于治坂。」〔省博手稿〕

## 劫賊解恩義事有絶相似者

元魏房景遠，凶歲食餓者於通衢，存濟甚衆。平原劉郁行經齊兗之竟，遇劫賊，已殺十餘人。次至郁。郁呼曰：「與君鄉近，何忍見殺！」賊曰：「若言同里，親親是誰？」郁曰：「齊州主簿房陽是我姨兄。」陽是景遠小字也。賊曰：「我食其粥得活，何得殺其親！」遂還衣服，蒙活者二十餘人。

東坡志林：「幸思順，金陵老儒也。皇祐中，沽酒江州，人無賢愚，皆喜之。時劫江賊方熾，有一官人艤舟酒壚下，偶與思順往來相善，思順以酒十壺餉之。已而被劫於蘄、黄間，羣盗飲此酒，驚曰：『此酒，幸秀才酒邪？』官人識其言，卽紿曰：『僕與幸秀才親舊。』羣賊相顧，歎曰：『吾儕何爲劫幸老所親！』斂所劫還之，且戒曰：『見幸愼勿言。』思順年七十一，日行二百里，盛夏曝日中不渴，蓋嘗啖物而不飲水云。」〔省博手稿，王愛國重校。〕

## 字弄

北史：「權武字武弄。」「弄」字作字用，亦怪。

## 張斌*

七月初九日，夜大風，偶得睡夢。老古來，甚稱張斌。吾笑應之曰：「王景略已自不足道，何復斌之可喜！」古亦點頭。因爲極論載記本之崔鴻十六國春秋，其事顧不足盡信，即其文筆，亦一糟套可厭也。古默然。〔太原段帖、霜本〕

## 以妙字爲名*

以「妙」字爲名者，西涼有奮節將軍康妙。

# 卷四十一　雜記（五）

## 呂太一

唐書呂太一有三：代宗紀「廣德元年，廣州市舶使呂太一反」，卽杜詩所謂「自平宮中呂太一」也。張嘉貞傳有「薦中書舍人呂太一」。魏知古傳有「薦洹水令呂太一」。張、魏傳中之呂太一恐是一人，以其考之不遠也。〔傅慶本〕

## 鞊韘七事

唐書車服志：「武官五品以上佩鞊韘七事，佩刀、刀子、礪石、契苾眞、噦厥、針筒、火石是也。」其「契苾眞、噦厥」五字不知是何等物？監版唐書前列有董衝新唐書音義序一篇，而書末不載其書，可恨！如「鞊」字，字書不見。然古韋、革字多通用。廣韻以來，「鞊韘」皆云鞍具。但佩在身上者，非鞍具可知。而「韘」字，則射決也，加一「鞊」字，不解是何物。以意考之，亦非所謂射決之類。七事皆綴在「鞊韘」之下，「鞊韘」又似韋帶類，而七事皆在鞊韘上係綴之者。再問再考。〔省博手稿，王愛國重校。〕

## 漢宣帝唐太宗*〔一〕

漢宣帝欲立后，〔二〕詔求微時故劍。

唐太宗嘗不冠見大臣，魏徵入，避入帳，可其奏。然猶有「殺此田舍翁」之語。

## 韓休*

韓康伯休賣藥不二價，其中斷無盈嬴，即買三百、賣亦三百之道。只是不能擇人而賣。若遇俗惡買之，豈不辱吾藥物？所以處亂世，無事可做，只一事可做：喫了獨參湯，燒沈香，讀古書。如此餓死，殊不怨尤也。

## 借吉而婚

唐書蔣乂傳：張孝忠子茂宗尚義章公主，母亡，遺言丐成禮。帝念孝忠功，即日召爲左衛將軍，許主下降。乂上諫以爲墨縗禮本緣金革，未有奪喪尚主者。帝令中使諭茂宗，云母之請。乂意殊堅，帝曰：「卿所言，古禮也。今俗借吉而婚不爲少。」對曰：「俚室窮人子，旁無至親，乃有借吉以嫁，不聞男冒凶而娶。」〔省博手稿，王愛國重校。〕

---

〔一〕此條録自山内観編傅山の書法，日本二玄社一九九八年版。由堀川英嗣釋文整理。傅山全書初版本未收。

〔二〕「漢宣帝」，手稿作「漢文帝」，據漢書外戚傳改。

## 奴襪帶刀

唐書封常清傳：「夫蒙靈詧迎勞，高仙芝已去奴襪帶刀，而判官劉朓、獨孤峻爭問：『向捷布誰作者？〔一〕鄭幕下安得此人？』對曰：『吾傔封常清也。』」〔省博手稿，王愛國重校。〕

## 唐有兩李光進

李光弼之弟李光進，營州柳城人。父楷落，本契丹酋長也。光進字太應，初爲房琯裨將，將北軍戰陳濤斜，兵敗，奔行在，肅宗宥之。代宗即位，拜檢校太子太保，封涼國公。吐蕃入寇，至便橋，郭子儀爲副元帥，光進及郭英乂佐之。自至德後與李輔國並掌禁兵，委以心膂。光弼被譖，出爲渭北、邠寧節度使。永泰初，封武威郡王。累遷太子太保，卒。母李，有須數十，長五寸許，封韓國太夫人。又李光進、光顏者，其先河曲諸部，姓阿跌氏。貞觀中内屬，以其地爲雞田州，世襲刺史。從河東辛雲京，家太原。從馬燧救臨洺，戰洹水有功，歷前後軍牙門將、兼御史大夫、代州刺史。後檢校工部尚書，爲振武節度使，賜姓以光寵之。〔省博手稿，王愛國重校。〕

## 郭子儀*

闞壯繆、郭汾陽是聖人種子，只是沒學問。張留侯、諸葛武侯是聖人苗子，只是不曾搜根見底。

---

〔一〕「向」，手稿作「爭」，據新唐書中華書局標點本改。

## 李季芳*

道州處士李季芳。元次山請於朝曰：「季芳介直自全，退守廉遜，杜門著述，不求人知。乞令州縣造舍給田，免其戶役，以風高尚。」從之。傅子曰：此自刺史嘉政，朝廷重道。處士之心，怕多一番麻煩，不自在耳。〔拾遺本〕

## 李絳傳

讀李絳傳，當唐憲宗時，直言無避，可謂賢相。一率募兵赴蜀，不防宦者楊叔元之泄憤起釁，倉卒遇害。方知當局之人，寧可不必必，不可必不必。不經一事，不長一智。募兵安可不先爲之地哉？卽萬斷叔元，何補！張鎰之不計李楚琳，同此疏略。劉鄩何足言，然而一步一計，不可不用其密。宋張惟孝材幹實不可測，〔一〕當其時不肯遂致其身者，非過也。

## 有唐三俊人

### 李　㟍

㟍爲清河守，乞師顏平原，曰：「聞公首奮裾倡大順，河朔恃公爲金城。清河，西鄰也，有江

〔一〕「宋」，丁本作「策」，據他本改。

淮租布備北軍，號天下北庫，計其積，足以三平原之有，卒可以二平原之衆。公因而撫有，以爲腹心，它城運之如臂之指耳。」眞卿爲出兵六千，謂曰：「吾兵已出，子將何以教我？」㝢曰：「朝家使程千里統衆十萬，自太行而東，將出嶭口，限賊不得前。公若先伐魏郡，斬賊守袁知泰，以勁兵披嶭口，出官師使討鄴、幽陵，平原、清河合十萬衆狥洛陽，分犀銳制其衝。公堅壁勿與戰，不數十日，賊必潰，相圖死。」眞卿然之，迺檄清河等郡，遣大將李擇交、副將范冬馥、和琳、徐浩與清河、博平士五千屯棠邑。知泰以兵二萬拒戰，賊敗，斬首萬級，泰走汲郡。㝢卽清河人。

## 賈林

林詐降王武俊，既見，曰：「吾來傳詔，非降也。」武俊色動，林曰：「天子知大夫登壇建國，撫膺顧左右曰：『我本忠義，天子不省，故至是。』今諸軍數表大夫至誠，上見表，動色曰：『朕前誤無及矣。朋友失意，尚可謝，朕四海主，毫芒過失，反不得自新邪？』今大夫親斷逆首，而宰相暗於事宜，國家與大夫烏有細故哉？朱滔以利相動，公何取焉？誠能與昭義同心，曠然改圖，上不失君臣之義，下以爲子孫計。」武俊曰：「僕，虜人也，尚知撫百姓，天子固不務殺人以安天下。今山東連兵比戰，骨盡暴野，雖勝尚誰與居？今不憚歸國，業與諸軍盟。虜性樸彊，不欲曲在我，天子若能以恩蕩刷之，我首倡歸命，有不從者，奉辭伐之，河北不五十日可定。」會帝出奉天，抱眞將還澤潞，田悅說武俊、滔踵襲之。林曰：「夫退軍，前輜重，後銳師，人心固壹，不可圖也。使戰勝得地，利歸於魏，不幸喪師，趙受其災。今滄、趙乃故地，胡不取之？」武俊遂引而北。林復激之曰：「公，異邦英豪，不應謀中夏，燕、魏幽險，彼王室强則須公之援，削則己欲幷吞，且河北惟有趙、魏、燕耳，滔乃稱冀，心圖公冀州矣。使滔能制山東，大夫當臣事之，否則見攻。能臣滔乎？」武俊投袂曰：「二百年天子猶不能事，安能事豎子邪！」乃定計通好抱眞，而約馬燧。

興元元年赦天下，武俊大集其軍，黜僞號。詔國子祭酒董晉與中人宣尉，拜檢較工部尚書、恆冀深趙節度使，又加檢較司空、同中書門下平章事，兼幽州盧龍節度使、琅邪郡王。

是時，滔悉幽、薊兵與回紇圍貝州，將絕白馬津，南趍洛，李懷光據河中，李希烈陷汴，南略江淮，李納方叛，唯李晟軍渭上。羽書調發天下十之三，人心惴恐。及田緒殺悅，林復說武俊曰：「滔素欲得魏博，會悅死，魏人氣熾，公不救，魏且下。滔益甲數萬，張孝忠將北面事滔，三道連衡，濟以回紇，長驅而南，昭義軍必保山西，則河朔舉入滔矣。今魏尚完，孝忠未附，公及昭義合兵破之，聲震關中，京邑可坐復，天子反正，不朽之業，誰與公參！」武俊大喜，與抱眞相聞，自將屯南宮，抱眞屯經城，兩軍相距十里而舍。武俊潛會抱眞於軍，陳說慷慨，抱眞亦傾意結納，約爲兄弟。遂俱東，壁貝州，距城三十里止。滔欲迎戰，武俊戒士飽食，曰：「軍未合，勿妄動。」遣趙琳、趙萬敵兵五百蔽林以待。滔使票將馬寔、盧南史陣而西，李少成引回紇兵翼之。日中兵接，武俊與子士清引精騎望少成軍，抱眞次之。滔馳騎二百出武俊東南，乘高鼓譟。武俊使步兵決戰，而自以騎當回紇，勒兵避其鋭。回紇馬突而過，未及返，武俊急擊之，琳等兵亦出，回紇驚，中斷，遂先奔。初，滔兵蹙武俊軍，不能傷。回紇既卻，即欲引還，因蹈不能止，軍大奔，滔走還壁。武俊中流矢，謂抱眞曰：「士少衰，盍以騎濟師，巢穴可覆也。」抱眞使來希皓率勁騎薄滔營，盧元眞乘其後，滔懼，引衆去，希皓迫之，武俊邀於隘，滔大敗，免者八千人。會夜，各按屯。武俊營滔東北，抱眞營西北。滔知不支，夜半焚車糧，遁歸幽州，火如晝，師大譟，聲殷地。抱眞以山東蝗，食少，歸潞，武俊亦還。

林不知何所人，而爲李抱眞客。嗚呼，唯抱眞能有此客。

王武俊之孫承宗叛，劉濟合諸將曰：「天子知我怨趙，必命我伐之，趙且大備我，奈何？」裨將譚忠欲激濟伐承宗，疾言曰：「天子不使我伐趙，趙亦不備燕。」濟怒，係之。使視趙，不設備。數日，詔書許濟無出師。濟釋忠，謝而問之，忠曰：「昭義盧從史外親燕，内實忌之；外絶趙，内實與之。此爲趙畫，曰：『燕倚趙自固，雖甚怨，必不殘趙，故不足虞也。』趙既不備燕，從史則告天子曰：『燕、趙，宿怨也。今趙見伐而不備燕，是燕反與趙。』此所以知天子不使君伐趙，趙亦不備燕。」濟曰：「計安出？」忠曰：「今天子誅承宗，而燕無一卒濟易水者，正使潞人賣恩於趙，敗忠於上，是君貯忠誼心，而染私趙之名，卒不見德於趙，惡聲徒嘈嘈於天下。」濟然之，以兵七萬先諸軍，斬首數千級，又拔饒陽，屯瀛州，進攻安平。而濟有子總之變。後承宗再拒命，總遣兵取武彊，按軍兩端，以私饋賚。憲宗知之，外示崇寵。及吳元濟、李師道平，承宗憂死，田宏正入鎮州。總失支助，大恐，謀自安。忠復説總曰：「天地之數，合必離，離必合。河北與天下離六十年，數窮必合。往朱泚、希烈自立，趙、冀、齊、魏稱王，郡國弄兵，抵目相視，可謂危矣，然卒於無事。元和以來，劉闢、李錡、田季安、盧從史、齊、蔡之强，或首竿都市，或身爲逐客，皆君目見。今兵駸駸北來，趙人已獻德、棣十二城，助魏破齊，唯燕無一日勞，後世得無事乎？爲君憂之。」總泣謝，因上疏願奉朝請，欲割所治爲三，請治之，籍宿將薦諸朝。後忠與總來歸。總死定州，忠護其喪至，亦卒。

忠，絳人。奇哉！絳乃有此人。激濟數語，何必減仲連？貧道愛讀斯文，如戰國策。總，弑父賊，忠終與之何？

傅道士曰：史册中如三人者能有幾？甹之難，直閒關兵間耳，然所説者平原，何至單複？林之於武俊，游刃虎狼之穴，從横如意，於甹勢逕庭矣。最難最難忠，緩頰本鎮，妙不可言。〔拾遺本〕

## 用字*

新唐書張薦傳：「薦孫讀，字聖用。」此「用」作「明」〔省博手稿，王愛國重校。〕

## 廞字有塞義

新唐書于頔傳：「湖陂久廞。」又：「滄州無棣渠久廞塞，薛大鼎浚之。」蓋本考工記「善防者水淫之」，鄭司農云：「淫讀爲廞，謂水淤泥土，留着助之爲厚也。」史傳前此不見用「廞」字爲淤塞義者，宋祁以經注而捏用之耳。薛大鼎見循吏傳。〔傅㩳、王本〕

## 孫儒之言*

「丈夫不能苦戰百里，賞罰由己，奈何居人下！」此唐末亂人孫儒之言。似有志氣，實無本領。不知其主意欲何爲，故終以亂死。凡有此志者，須先自審本領。

## 陸先生

初不知所生，或言有僧得諸水濱，畜之。長自易筮得蹇之漸：「鴻漸于陸，其羽可用爲儀。」乃以陸氏而名字之。

幼時，師教以旁行書，答曰：「終鮮兄弟，而絕後嗣，孝乎？」師怒，使執糞除圬塓以苦之，又使牧牛，羽潛以竹畫牛背爲字。得張衡南都賦，不能讀，危坐效羣兒囁嚅若成誦狀。師拘之，令薙草。當其記文字時，懵懵若有遺，過日不作。主者鞭苦，因歎曰：「歲月往矣，奈何不知書！」嗚咽不自勝，因亡去，匿爲優人，作詼諧數千言。

天寶中，州人酺，吏署羽伶師，太守李齊物見，異之，授以書，遂廬火門山。貌陋，口吃而辯。聞人善，若在己。見有過者，規切至忤人。共朋友燕處，意有所行，輒去，人疑其多嗔。與人期，雨雪虎狼不避。上元初，更隱苕溪，自稱桑苧翁，闔門著書。或獨行野中，擊木誦詩。裴徊不得意，或痛哭而歸，故時謂今接輿也。久之，詔拜羽太子文學，徙太常寺太祝，不就職。貞元末，卒。

羽嗜茶，著茶經三篇。鬻茶者陶羽形置煬突間，祀之爲茶神矣。伯熊有常伯熊者，復廣陸羽之論。御史大夫李季卿宣慰江南，次臨淮，知伯熊善煮茶，召之。伯熊執器前，季卿爲再舉杯。至江南，有薦羽，又召之。羽野服挈具而入，季卿不爲禮，羽媿之，更作毀茶論。

羽一名疾，字季疵，爲復州竟陵人。先生來歷最奇。不得讀書，而匿爲優人，奇。不得意痛哭，正其來歷，事臨沒定，大奇人，無傳者耳。但「終鮮兄弟」之語，卻似醇儒家者言。桑苧，何勞爾？

羽非汲汲仕進人，以不知書爲憂，是何意？寫令仁參看。〔二〕（拾遺本）

〔二〕霜集劉、丁、王本只有「先生來歷最奇」至末二段，末句爲「寫其傳令仁參看」。

## 百歲人

唐文苑傳：「曹憲尤邃小學，煬帝令與諸儒譔桂苑珠叢，規正文字。又注廣雅。卒，年百餘歲。憲始以文選授諸生，而同郡魏模、公孫羅，江夏李善相繼傳授，于是其學大興。」魏釋老志：「沙門曇證，年且百歲，加以『老壽將軍』之號。」「潁陽絳略、聞喜吳劭，道引養氣，積年百餘歲，神氣不衰。」〔省博手稿，王愛國重校。〕

## 爲人子者不可不知醫

唐王勃之言也。勃受秘術于曹元，盡得其要。〔晉祠手稿〕

## 白敏中*

白敏中，居易從弟也。王起典文衡時，欲舉敏中第一。嫌其與賀拔志爲友，密令所知喻意，令絕之。既而賀造門，左右紿以他往。敏中躍出，見賀曰：「吾可以一第負素交耶？我不得首舉。」此事自黠者視之，自嗤其癡。作人不可不知。推此等心，自然能爲高允不負翟黑子之事矣。

## 張睢陽*

嘗讀張睢陽傳，云：「身長七尺，鬚眉若神。見于嵩讀漢書，曰：『何爲久讀此？』曰：『未熟。』張公曰：『吾於書讀不過三遍，終身不忘也。』因誦嵩所讀書，盡卷不錯一字。作文操筆立就，未嘗起草。守睢陽時，士卒及州人父老三萬人，一見問其姓名，後無不識者。」凡天生英傑，精神骨力必大異人，往往然。〔拾遺本〕

## 李白*

李太白對皇帝只如對常人，作官只如作秀才，纔成得狂者。

## 馬如鴨

唐書藩鎮劉從諫傳：「初，大將李萬江者，本退渾部。李抱玉送回紇，道太原，舉帳從至潞州，牧津梁寺，地美水草，馬如鴨而健，世所謂津梁種者，歲入馬價數百萬。」〔省博手稿，王愛國重校。〕

## 疊羅支至性

唐書突厥傳：「頡利子疊羅支有至性，既舍京師，諸婦得品供，羅支預焉；其母最後至，不得給，羅支不敢嘗品肉。帝聞，歎曰：『天禀仁孝，詎限華夷！』厚賜之，遂給母肉。」〔省博手稿，王愛國重校。〕

## 松石

唐書拔野古國有川曰康干河，斷松投之，三年輒化爲石，色蒼緻。然節理猶在，世謂康干石。〔省博手稿，王愛國重校。〕

## 高松射不及顛

唐書黠戛斯國有高松，仰射不能及顛。〔省博手稿，王愛國重校。〕

## 新羅人善棋

唐書：「新羅國人善棋，詔率府兵曹參軍楊季鷹爲副使，國高弈皆出其下。」〔省博手稿，王愛國重校。〕

## 蛇鼠互相捕

唐書罽賓國：「貞觀十六年，獻褥特鼠，喙尖尾赤，能食蛇。」波斯國：「貞觀十二年，獻活褥蛇，狀類鼠，色正青，長九寸，能捕穴鼠。」〔省博手稿，王愛國重校。〕

## 金桃

唐書康者國：「獻金桃、銀桃，詔植苑中。」「貞觀五年，康者國致金桃、銀桃，詔令植苑中。」〔省博手稿，王愛國重校。〕

## 土羊

唐書拂菻：「北邑有羊，生土中，臍屬地，割必死。俗介馬而走，擊鼓以驚之，羔臍絶，即逐

水草，不能羣。」〔省博手稿，王愛國重校。〕

## 鶻莽

唐書拂菻國：「西南度磧二千里，有國曰磨鄰，曰老勃薩。無草木五穀，飼馬以槁魚，人食鶻莽。鶻莽，波斯棗也。」〔省博手稿，王愛國重校。〕

## 葡萄

唐書大食國：「葡萄大如鷄卵。」〔省博手稿，王愛國重校。〕

## 僕固懷恩　李懷光*〔二〕

僕固懷恩、李懷光戰功皆赫烈，可惜直以不略知道義，遂罔前功。幕中儒生辯口誦說，今古安可少也。

## 李抱眞*〔三〕

義陽王李抱眞識幹英毅，唐名將中可意人。功成慕道，餌丹冀仙。夢駕鶴，寤而刻寓鶴衣羽服，

〔二〕此條錄自嶺南美術出版社傅山書翰精選一九九五年版，由竇元章整理。傅山全書初版本未收。
〔三〕此條錄自嶺南美術出版社傅山書翰精選一九九五年版，由竇元章整理。傅山全書初版本未收。

習乘之，迂癡可笑，然非世俗之好，亦自可喜，不必論其智之明昧也；即作戲，胡不可，那必眞上天。

高駢亦刻寓鵠羽衣，擬乘之飛去，便與大玄情致天壤。

## 吴兢　韋述　蔣乂〔二〕

唐吴兢與劉子玄撰武后實錄，叙張昌宗誘張説誣魏元忠事，頗言「説已然可，賴宋璟等激苦切，故轉禍爲忠，不然，皇嗣且殆」。後説爲相，讀之，心不善。知兢爲所，即從容謬謂曰：「劉生書魏齊公事，不少假借，奈何？」兢曰：「子玄已亡，不可受誣地下。兢實書之，其草故在。」其義不媿高允。韋述亦稱「濟榮利」，而不能不屈於祿山。職史官廿年，豈專衡人不已衡耶！若尔，則死崔杼之難，二史亦何不自愛也！蔣乂陷於賊，陽狂以免，終賢於述。持李錡一房屬籍之削，持大功以其祖神通之功，期以其父若幽死社稷，皆不坐，獨罪錡及息。皆不失善善長而惡惡短之義，良足法矣。

述甥蕭理述能全史，不罪僞授，終有偭耳。

## 柳玭家訓＊〔三〕

唐柳玭家訓云：「人當以德行文學爲根枝，正直剛毅爲柯葉。有根無葉，或可俟時，有葉無根，

〔二〕此條錄自嶺南美術出版社傅山書翰精選一九九五年版，由竇元章整理。傅山全書初版本未收。

〔三〕此條錄自上海書法雜誌二〇〇七年第四期刊傅山傅眉書册，手稿藏上海朶雲軒，由葛敬生整理。傅山全書初版本未收。

雖膏雨不潤也。」此言可謂至乎？亦尚有滲漏也耶？幼學悉心批導。是曰是，非曰非，成章以對。

## 王摩詰與魏居士書*〔一〕

「（前略）異見起而正性隱，色事礙而慧用微，豈等同空虛、無所不遍、光明遍怡、知見獨存之旨乎？近有陶潛，不肯把版屈腰見督郵，解印綬棄官去，後貧，乞食詩云『叩門拙言詞』，是屢乞而多慚也。嘗一見督郵，安食公田數頃。一慚之不忍，而終身慚乎？（後略）」王摩詰與魏居士書，當時不知是如何情事，獨謂靖節先生數語，何其猥也。此老得佛學最深，故有此書。然陶先生寧乞食不肯屈見督郵，此亦佛性最真處，何不達此？「異見起而正性隱」二句，且道摩詰礙碧也，既是異，不是異，若但云「等同虛空，智見獨存」，安慮有甚不可從也？

## 五代史

五代史，歐公極其筆力鋪敍之，波瀾瀠迴處亦可觀。然有習套，不自知湔滌。數章之中，往往相似，即令人易窺盡底蘊。此亦氣運主之。吾擬薄删削冗靡，而於稱謂不當者，〔二〕盡深塗易之，以正名。歐公數數言五代亂極矣，而刑亂用重典之義未盡。其人其事，本不足係正史，彼時又無真正天子可以因而予奪者，執筆之士，幾乎帝矣。帝則奉天討伐，撥亂反正。歐公正未充類至義之盡也。

〔一〕此條據寧波天一閣博物館藏手稿釋文。由張文穎整理。傅山全書初版本未收。
〔二〕「而」，丁本作「面」，據他本改。

諸所云某太祖、某帝、某宗，盡宜削去，而先立一例，著明後皆書名，理也。五十三載之中，凡在史册中有廉恥者不多見，有則當大立傳贊。如一行傳，取義極不可少。惜乎！人皆平平，無甚奇節高行，足發一時憤懣者。王彦章粗莽俗漢，亦僅死事耳。特立「死節」之目，全未推敲於所事、所死者爲誰也。五代梁爲唐賊，其人之所欲誅夷者，當不難見，而歐公以「節」予之，不知何以異於死事諸人也。裴約、劉仁瞻，其立心知義卻有足取於鐵鎗者，然出處皆不足論。昔人所謂臣亦擇君，原不僅區區禍福之計。名可言，言可行，永終無弊。歸妹之象，仕進之箴也。

## 一行傳

五代一行傳：鄭遨與李振善，振爲唐賊明著，而遨不論潔身何居，豈但一不仕而即可與潔耶？遨雖不受振援，振竄而遨復視之，何親於賊爾爾？即初未敗露，或有一節足欺，〔二〕因與之厚，而既較然賊矣，尚齪齪脩舊誼，何其不知大義也！若遨果知義，唐昭宗弑後，有力當因其厚而來也。一杯酒間亦可數其罪而殺之，不難也。無已，則絕之可也。當時人見千里往視，益高其行，皆聾瞽人耳。〔三〕歐公此處亦恕過，未深覈也。李振可惜爲抱眞孫，尤當爲抱眞殺之者。然遨非殺人才，絕之，則無可議矣。此事在郭先生瑀做，一合也。

〔二〕「欺」，丁本作「期」，據他本改。
〔三〕「皆」，丁本作「者」，據他本改。

## 王子明*

吾極不喜王子明大處遷就也。遷就便不是率性之道。

## 書宋史内

一切文武，病只在多言。言者名根，本無實濟，而大言取名，儘卻自己一個不值錢底物件買弄倣斫猶可言，又不知人有實濟，亂言之以沮其用，奴才往往然。而奴才者多，又更相推激以爭勝負，天下事難言矣。偶讀宋史，暗痛當時之不可爲，而一二有廉恥之士又未必中用。奈何哉！奈何哉！天不生聖人矣，落得奴才混帳。所謂奴才者，小人之黨也。不幸而君子有一種奴君子，教人指摘不得。

## 寇準*

萊公既逐死，家無遺文。嘉祐中始得奏章一紙，曰「臣奉聖旨譬畫河北事」云云。〔一〕萊公此疏，無復一毫文飾。才士本領，定不葛藤。使別人爲之，不知如何安排也。

---

〔一〕「奉」，丁本作「奏」，據拾遺、王本改。

## 梁灝本傳

太宗雍熙二年，復舉進士，賜甲科，至眞宗景德元年知開封，卒年九十二，是得甲科時年七十二三，非八十二也。傳云：「王禹偁始與鄉貢，灝依以爲學。」不知鄉貢在何年，而王傳曰：「太平興國八年成進士。」鄉貢在進士之前，不知凡幾年。王卒于咸平四年，年四十有八。灝又後三年，當景德元年乃卒，年九十二，是灝長于王四十二歲。若王二十餘爲鄉貢，則灝已六十餘矣。「質疑義于王，王不答。灝始發憤讀書。」眞老而不偷者。灝鄆州須城人，禹偁濟州鉅野人，故爲鄉貢同年也。

宋永亨搜采異聞録載一則：「陳正敏遯齋閒覽云：『灝八十二歲，雍熙二年狀元及第。其謝啓云：「白首窮經，少伏生之八歲；青雲得路，多太公之二年。」後終秘書監，卒年九十餘。』此語旣著，士大夫亦以爲口實。予以國史考之，梁公字太素，雍熙二年，廷試甲科，景德元年，以翰林學士知開封府，暴疾卒，年四十二。子固亦進士甲科，至直史館，卒年三十二。史臣謂：『梁方當委遇，中塗夭謝。』又云：『梁之秀，中道而摧。』明白如此，遯齋之妄，不待攻也。」〔省博手稿，王愛國重校。〕

## 韓琦*

韓魏公說到小人忘恩處，如道尋常語。此等襟度，正非勉强而能，但是君子，自然爾也。

## 范純仁*

范堯夫爲蔡確新州之貶，上疏宣仁后曰：「蓋如父母之有逆子，雖天地鬼神不能容貸。父子至親，主於恕而已。」言出於仁人君子之口，動人天性者類如此。〔鄧藏手稿〕

## 歐陽修*

歐陽文忠公宰相世系表、兵志極好，乃只稱其五代史，何也？

## 松亭事凡再見

宋史劉敞傳：「奉使契丹，素習知山川道徑，契丹導之行，自古北口至柳河，回屈殆千里，欲誇示險遠。敞質譯人曰：『自松亭趨柳河，甚徑且易，不數日可抵中京，何爲故道此？』譯相顧駭媿曰：『實然。但通好以來，置驛如是，不敢變也。』」松亭又見閻詢傳。〔省博手稿，王愛國重校。〕

## 大河浮橋

宋史二百三十三卷閻詢傳：「詢知河中府，大河漲，壞浮橋，詢易爲長橋。」河中再不得有別河，大河上亦得作長橋耶？元魏于栗磾有造橋事。〔省博手稿，王愛國重校。〕

## 司馬光*

司馬温公出不張蓋。伊川曰：「市人不識，有未便者。」公曰：「某惟求人不識耳。」此言眞有意味。眞人品，眞受用，不可與務外之人道也。有人稱吾鄉一先生曰：「天下何人不識君！」先生應聲曰：「若天下人盡識，再成得人否？」余時在側，心竊喜之，歷年嘗舉以示人。不意今日復得此語，故書之，以見千載高明所見略同。伊川此語，想當早年，不然，何見之不廣也？

## 馬涓*

「宋馬涓以進士舉，首入呂大忠秦州莫府，自稱狀元，眞可笑也。大忠謂曰：『狀元云者，及第未除官之稱，既爲判官，則不可。今科舉之習既無用，修身爲己之學不可不勉。』又教以臨政治民之要。涓自以爲得師焉。」傅道人曰：馬磣。〔鄧藏手稿〕

## 李綱*

讀宋南渡後諸史傳，眞所謂箭頭不快，努折箭簳。細繹李伯紀，何其不似南人用心也？鞠躬盡瘁，武侯後僅見。山。己酉寒日偶書。〔省博手稿，王愛國重校。〕

## 侯叔獻*

侯叔獻還李誠莊之田於誠孫，又推捕盜之功於巡簡，又不見推官判官以求薦，皆豪傑事也。〔王本〕

## 韓世忠*

韓蘄王罷政家居，每跨驢攜酒湖山間，澹然自適，誠佳事。〔晉祠手稿、拾遺本〕

## 种放*

种放之母責放勿聚徒講學，何其高玄！〔二〕〔晉祠手稿、拾遺本〕

## 隱逸傳*

隱逸傳，只是蘇雲卿一人當得，即希遺先生，是仙人，卻又非隱逸可以籠罩得底。其餘多羅□事，並長卿漫世，亦不與之。〔省博手稿，王愛國重校。〕

## 安世通道人安先生

宋隱逸傳：「青城山道人安世通，本西人，隱居青城山中。吳曦反，乃獻書于成都帥楊輔曰：『世通在山中，忽聞外之變，不覺大慟。世通雖方外人，而大人先生亦嘗發以入道之門。竊以爲公初得曦檄，即當還書，誦其家世，激以忠義，聚官屬軍民，素服號慟，因而散金發粟，鼓集忠義，閉劍門，檄夔、梓，興仗義之師，以順討逆，誰不願從？而士大夫皆酒缸飯囊，不明大義，尚云少屈

---

〔二〕「玄」字，傅山全書初版本據拾遺本脫，據手稿補。

以保生靈，何其不知輕重如此！夫君，父也，民，子也。豈有棄父而捄子之理？非曦一人之叛，乃舉蜀士大夫之叛也。聞古有叛民無叛官，今曦叛而士大夫皆縮手以聽命，是驅民而爲叛也。且曦雖叛逆，猶有所忌，未敢建正朔、殺士大夫，尚以虛文見招，亦以公之與否卜民之從違也。今悠悠不決，徒爲婦人女子之悲，所謂停囚長智，吾恐朝廷之失望也。凡舉大事者，成敗死生皆當付之度外。區區行年五十二矣，古人言：「可以生而生，福也；可以死而死，亦福也。」決不忍汗面戴天，同爲叛民也。』輔不能決，世通遂東如江陵，請吳獵舉兵討曦。未幾，曦敗，獵使蜀，薦士首世通云。」〔省博手稿，王愛國重校。〕

## 章惇*

凡記事，須畫一圖，細細分析。如「章子厚爲學士，公服靸鞋」，不知「靸鞋」是何等鞋。後云「鞹足秉筋」，不知「鞹足」是何等樣。〔王本〕

## 方克勤*

方愚庵先生克勤，役僧徒以修孔廟，腐貨定謂奇快，不知此似孩子舉動耳。〔拾遺、王本〕

## 胡塗貨

蘇伯衡撰元□州路同知□州事孔暘墓志曰：〔二〕「州人以版圖上干職方，公與陳子上者，慨然有浮海之志。顧父判府公在堂，子上入閩，公羈孤無儔，卻掃一室，名曰『絜庵』，情有所觸，俛仰書空而已」云云。「至洪武壬戌，年七十九，臨終謂諸子曰：吾今而後，有以下見曾大父於地下矣。蓋公之曾大父曰景行，宋太學内舍生，度宗太學循故事官先聖子孫，賜同進士出身，授慶元府學教授，陞從政郎。宋亡，不復仕，是以云。」吾覽之一笑。夫景行以宋臣宋亡不仕元，而暘既以聖裔臣故元，故元亡而不肯仕明，以爲可以見其先景行，何其㲉至於此！伯衡又大㲉，申之於志以爲賢。其銘又曰：「世運俄否，歸伏海濱。」又曰：「所執者節，匪絜其身，優游令終，允矣全臣。」是以元之末爲世運之否耶？然則元興爲世運之泰耶？批其頰可也。伯衡最多胡塗之説。其贊成良畫像曰：「其跋涉道塗也，類子房之報韓；其徬徨山澤也，猶正則之自□。於乎三百年下，猶可以想見其人。」何語之不倫亦至於此！當時文士，類無特見，率如此，不但一蘇伯衡也。〔傅慶、王本〕

## 傅友德子孫*〔三〕

宿州梁生有潁國公文集，有序言：潁公得罪後，流其子孫，一支於廣，一支於閩，在晉者是其

〔二〕原書此句第一個空白處當爲「温」字，第二個空白處當爲「平陽」二字。

〔三〕此條錄自山内観編傅山の書法，日本二玄社一九九八年版。由堀川英嗣釋文整理。傅山全書初版本未收。

正支。今行國史竟不及此。豈國初畏法耳耶？由此言，史不足信者正多矣。

## 史册中同名者*

### 兩阿戎

安豐以名上加阿齊。王思遠小名阿戎，兄王晏呼之。

### 兩扈輒

趙將扈輒，秦殺之。張耳時又有扈輒也。

### 兩徐邈

徐邈，王彌部將，三國志。晉書儒林傳有徐邈。

### 張玄

張玄爲隗囂説客，後爲武威太守梁統刺殺。見竇融傳。

### 竇憲

竇憲，隋竇榮定之子亦名，封安康郡公。

## 陳登

陳登，唐有善術者陳登，夜遇李吉甫，竇羣卽捕登考掠，上言吉甫陰事。

## 一家兩趙括

史記：屠岸賈殺趙朔、趙同、趙括、趙嬰齊。趙孝成王七年，趙括代廉頗將伐秦。自前括歷文子武子景叔、叔子簡子鞅、襄子毋卹、毋卹兄伯魯之子代成君周、周子獻侯浣、浣子烈侯籍、籍子敬侯章、章子成侯種、種子肅侯語、語子武靈王雍、雍子惠文王何、何子孝成王丹，七年時卽又有趙括爲將。

## 兩趙章

卽前敬侯章，與武靈王前太子章同也。

## 兩裴衍

晉楷從弟，北史。

## 兩李延壽

唐人作南北史者最著。西漢有御史大夫李延壽，馮奉世傳。李延壽又姓繁，見谷永傳注，師古云之。

**蘇章**

前漢鮑宣傳，後有名。

**邴吉**

邴吉，東漢成歷傳有尉監邴吉。

**兩劉縯**

伯升。西漢時先有淮陽憲王孫縯，云至王莽時絶也。伯升之縯從糸。

**西漢兩王商**

一元帝外屬，封樂昌侯者。一成帝舅，封成都侯者。

**同時兩劉歆**

王莽傳有祁烈伯劉歆，奉顓頊後。

**南齊兩周蟠龍**

一北蘭陵人，即與虜戰於甬城者。一則建康州民周蟠龍，與蓮花寺道人釋法智爲亂，爲王玄邈所殺，見玄邈傳。

謝安

東漢滕撫傳有下邳人謝安，擊徐䂢鳳者。

兩蓋延

兩張敞

前漢京兆。東漢南陽太守王暢功曹張敞奏記諫暢者。

兩朱暉

魏書宗室十九中卷元順傳有朱暉，高陽王雍欲用爲廷評而順不聽，曰朱暉小人。

王雅

晉、周。

裴寬

周、唐。

**荀彘**

漢書朝鮮傳有荀彘，縛楊僕者。

**王生**

左傳哀五年：王生舉其仇張柳朔爲栢人宰。蓋次公傳又有太子庶子三王生。

**王莽**

燕王旦傳：「獨患大將軍與右將軍王莽。」注：「張晏曰：天水人也，字雅叔。」

**傅栗卿**

東漢來歙傳：擊破襄武賊傅栗卿等。

**王褒**

漢書五行志：成帝綏和二年八月，鄭通里男子王褒，衣絳衣小冠，帶劍入北司馬門殿門東。（以上晉祠手稿）

孔安國有二

漢儒林今行書傳者著矣，而晉有孔愉之子安國，字安國，會稽人，再爲會稽内史。（傅㥞本）

張昭張承有二

吳張昭字子布，彭城人。魏張範之弟亦名昭。張範之弟承，張子布之子亦名承。皆見三國志。〔省博手稿，王愛國重校。〕

王澄晉有二人

平子。又王遜之子亦名澄。〔傅慶本〕

晉張華有二

一茂先，一見載記慕容氏。〔省博手稿，王愛國重校。〕

晉書成公綏有二

一見文苑傳，作天地賦、嘯賦。一則爲慕容超之太史令。〔省博手稿，王愛國重校。〕

唐書李日越有二

一李臨淮，以雍希灝釣來者；一則契丹傳。〔省博手稿，王愛國重校。〕

## 黃帝七輔*

黃帝七輔：「風后受金法，天老受天籙，五聖受道級，知命受糾俗，窺紀受變復，地典受州絡，力墨受準斥。」宋約曰：「金法，言能決理定是非也。籙，天教命也。〔一〕級，次序也。糾，正也。有禍變能補，復也。絡，維絡也。準斥，凡事也。力墨或作力牧。」傅山曰：四時皆有風，而秋風司落，故曰法邪？級，後世曰階。道考造簡，〔二〕天爵也。今世民間多有五聖廟，莫知所神，當即此黃輔。宜黃老者，流馨之，嚴瞻内課矣。天籙無章，理鏤于心。迄今昭昭，〔三〕五德攸秉。唯知帝命，爲任繩衆。日月星紀，爲垂目治。窺而敬之，逆順惟德。州絡，猶後職方也。山海經九丘以水絡之。準者，平也。从水、从隼。隼擊無失，〔四〕而水恆平。〔五〕斥从斤，加「丶」是有墨道焉。〔六〕墨不可素，〔七〕然道廉矣。〔八〕〔省博手稿、霜本，王愛國重校。〕

〔一〕「也」字，霜本無。
〔二〕「道」字下，傅山全書初版本衍一「階」字，據手稿與霜本删。
〔三〕「昭昭」，霜本作「昭之」。
〔四〕「擊」字下，傅山全書初版本衍一「發」字，據手稿與霜本删。
〔五〕「恆」，霜本作「垣」。
〔六〕「丶」，霜本作「之」。
〔七〕「可」字下，傅山全書初版本衍一「更」字，據手稿與霜本删。
〔八〕「廉」，霜本作「濂」。

## 伏羲作卦*

古史考曰：「伏羲作卦，始有筮。其後殷巫咸善占筮。」則筮自伏羲始矣。聖人之智，非不足以立事也，而人之於事，不容無心。以故是非吉凶，有時而謬，爰取信於熱心之物爾。〔太原段帖、霜本〕

## 箄于

博物志：「北方五狄：一曰匈奴，二曰穢貊，三曰密吉，四曰箄于，五曰白屋。」文選魏九錫文注引之，曰：「然白屋，今之猍羯恐「靺鞨」之訛。〔一〕也。箄于，今之契丹也。本並以箄于爲單于，疑字誤也。箄，音必計切。」

舊唐書孔璋救李邕書云：「晉用林父，豈念過乎？禽息殞身，豈愛死乎？向若林父誅，百里不用，是晉無赤狄之土，秦不并西戎。」〔晉祠手稿〕

## 漢册祕辛*

漢册祕辛一篇，極瀆，極豔，極瑣，極峻，莊士可以不見，然博古者必不可廢。飛燕外傳與此，皆漢人麗詞，後代豔藻徒佻耳，萬不能及。〔拾遺本〕

---

〔一〕「靺鞨」，傅山全書初版本誤作「鞨靺」，據手稿改。

## 逸士傳*

皇甫謐逸士傳：「袁紹與弟術，喪母，歸葬汝陽。儁與操會之，會者三萬人。公於外密語儁曰：天下將亂，爲亂魁者，必此二人也。欲濟天下，爲百姓請命，不先誅此二子，亂今作矣。」如此心眼，二袁俱在夢中耳。豪傑士要看此條。〔拾遺、王本〕

## 左丘明*

劉向別錄云：「左丘明授曾申，申授吴起，起授其子期，期授楚人鐸椒，椒作抄撮八卷授虞卿，卿作抄撮九卷授荀卿，荀卿授張蒼、賈逵。」太史公十二諸侯年表序云：「魯君子左丘明作傳。」凌迪知氏族博考云：「按所著春秋傳，即倚相之後，世爲楚左史官，非左丘明。明居左丘，爲左丘氏。非左氏也。從來傳左氏學者，不言此。啖助但以老彭之例，猜非丘明，亦不曾云爲左丘。春秋，魯史記，那得楚左史爲傳？無知淺士，據此爲秘學可笑。」原本曾云，下「爲」字係旁注。「氏也」下，「從來」上，頗隔一字許空。「春秋，魯史記」上，與「左丘」，亦隔少許空。〔省博手稿，王愛國重校。〕

## 孟嘗君*

「孟嘗君寄客於齊王，三年而不見用，故客反謂孟嘗君曰：『君之寄臣也，三年而不見用，不知臣之罪也，君之過也。』孟嘗君曰：『寡人聞之，縷因鍼而入，不因綫而急，嫁女因媒而成，不因媒而親。夫子之材不薄矣，尚何怨乎寡人哉！』客曰：『不然，客聞周氏之嚳，韓氏之盧，天下疾狗也，見菟而指屬，則無失菟矣；望見而放狗也，則累世不能得菟矣。狗非不能也，屬之者罪也。』」此說苑善説篇也。新序又作「宋玉因其友以見于楚襄王」云云。二書皆劉子政脩，而二人不同，又兩存之，何也？〔百泉帖〕

## 貂勃*

「貂勃謂田單曰：若乃得去不肖而爲賢者，狗豈特攫其腓而噬之耳哉？」急于自薦者，動輒以狗自喻，何卑微爾爾？梧宮之對作「刁勃」，〔二〕當卽此人。〔百泉帖〕

## 宮它*

「宮它亡西周之東周，盡輸西周之情於東周，東周大喜，西周大怒。馮雎曰：『臣能殺之。』君予金三十斤。馮雎使人操金與書間遺宮它，曰：『告宮它，事可成，勉成之；不可成，亟亡來。事久且泄，自令身死。』因使人告東周之侯曰：『今夕有姦人常入者矣。』侯得而獻東周，東周立殺宮它。」此事斷不能欺智者。韓魏公奁之又復中。〔百泉帖〕

---

〔二〕「刁勃」，劉向說苑中華書局標點本作「刀勃」。

## 俟汾

鮮卑呼藥爲「俟汾」。路史炎帝紀。〔晉祠手稿〕

## 王藍田*

「謝奕極言罵王藍田，〔二〕藍田面壁。移時謝去，王乃復坐。」此當在雅量中，而不收。〔省博手稿，王愛國重校。〕

## 世說*

世說，纖書耳，然一言半句，足見生平，且可考一時風尚。吾儕九子讀此，詳熟注中名姓氏族，莫不上口，故其言簡風高，逕欲晉人也。〔拾遺本〕

## 一日萬里

酉陽貝編：「僧萬回，年二十餘，貌癡不語。其兄戍遼陽，久絕音問，或傳其死，其家爲作齋。萬回卷餅茹，大言曰：『兄在，我將饋之。』出門如飛，馬馳不及。及暮而還，得其兄書，緘紙猶溼。計往返，一日萬里，因號焉。」〔傅慶本〕

〔二〕「謝奕」，世說新語王先謙校訂本、余嘉錫箋疏忿狷第三十一均作「謝無奕」。

## 馬留

酉陽境異篇：「馬伏波有餘兵十家不反，居壽洽縣，〔一〕自爲婚姻，有二百戶。以其流寓，號馬留流。〔二〕衣食與華同。山川移易，銅柱入海，以此民爲識耳，亦曰馬留。」李昌齡樂善錄：「王景亮與浮薄子結爲一社，純事嘲笑。呂惠卿察訪東京，呂天姿清瘦，每話輒以雙手指畫，社人目爲說法馬留。」〔傅慶本〕

## 張七政善治折傷

酉陽怪術篇：王潛在荆州。百姓張七政善治折傷。有軍人損脛，求張治之，張飲以藥酒，破肉去碎骨一片，大如兩指，塗膏封之，數日如舊。經二年餘，脛忽痛，復問張，〔三〕張言前爲君所出骨，寒則痛，可遽覓也，果獲于牀下。令以湯洗，貯如絮中，其痛卽愈。傅山書。〔霜紅龕墨薈、天津藝術博物館藏手稿〕

## 二眥

酉陽怪術部有眥老能剮毒蛇，夢部有蜀醫眥殷言藏氣陰多則夢，陽壯則少夢，亦不復記。〔霜紅

---

〔一〕「壽」字，原文闕，據酉陽雜俎補。

〔二〕「留」字，原文作「苗」，據上下文與酉陽雜俎改。

〔三〕「復」字，傅山全書初版本無，據天津藝術博物館藏手稿補。

〔龕墨薈〕

## 伯夷*

「伯夷不降其志。」此語甚好。

## 上官道人*

老學庵筆記：「青城山上官道人，巢居，食松麨，年九十矣。人有謁之者，但一笑。有所問，則託病瘖，一語不肯答。予嘗見於丈人觀道院。忽自語養生曰：『爲國家致太平，與長生不死，皆非常人所能。然且當守國使不亂，以待奇才之出；衞生使不夭，以須異人之至。不亂不夭，不待異術，惟謹而已。』予大喜，從而叩之，則已復瘖矣。」此段大可讀，志之。〔嗇廬帖、拾遺、王本〕

## 范無隱*

西蜀范無隱云：「未成心則眞性渾融，太虛同量，成心則已離乎性，有善有惡矣。人處世間，應酬之際，有不免乎成心，卽當歸而求之於未成之先，則善惡不萌，是非無朕，何所不齊哉！」〔王本〕

## 秋胡

西京雜記：「漢人有秋胡，翟公欲妻之以女。人謂其先娶婦，失禮而死，遂罷。」此非魯之秋胡也。

## 楞嚴之義

志林：「耳如芭蕉，心如蓮花，百節疏通，萬竅玲瓏。來時一，去時八萬四千。此義出楞嚴，世未有知之者也。」〔省博手稿，王愛國重校。〕

## 邵必*

江鄰幾雜志：宋子京判國子監，進禮記石經本，幷請邵必不疑同上殿以備顧問。無何，上問古文如何。必對曰：「古文大篆，於六禮義訓不通。今人淺學，逐一字之中，偏傍上下，雜用古文，遂致乖亂。」又問林氏小說，必云：「亦有長義，亦有好怪處。」上一一問之，對曰：「許愼說文歸字，從𠂤、從止、從帚。從𠂤爲聲。林氏云：從追、於聲爲近。此長於許矣。哭字從吅、從獄省文，林乃曰象犬嗥者，怪也。」傅眉曰：今說文歸字在止部，女嫁也，從止、從婦省，𠂤聲，舉尾切，不言從帚也。哭字如所說。

## 裴晉公*

「裴晉公嘗謂其子曰：『凡吾輩，但可令文種無絕，然其間有成功能致身萬乘之相，則天也。』山谷云：『四民皆坐世業，士大夫子弟能知忠孝信友，斯可矣，然不可令讀書種子斷絕，有才氣者出，便當名世矣。』〔二〕似祖裴語，特易文種爲書種矣。練兼善嘗曰：『吾老矣，非取聞，姑下後世種子耳。』余家有書種堂，蓋取二公之説云。」宋周密癸辛雜志彰集一則，令子弟知之，念茲在茲。〔三〕〔嗇廬帖、霜集〕

## 羽陽瓦

澠水燕談：「秦武公作羽陽宮，有羽陽瓦，篆四字，曰『羽陽千歲』。史記秦紀武公立二十年，不言羽陽宮事。「武公元年，伐彭戲氏，至於華山下，居平陽封宮。」正義曰：「宮在岐州平陽城内。」

## 蔥領

沅川記曰：「沅川有孤山，嵓石崔嵬，上有蔥，如人所種。人時往取，援輒斷絶。請神而求，不挽自出。武陵記謂之「蔥領」。孫愐唐韻云：「張騫使西域，始得大蒜種歸。」〔省博手稿，王愛國重校。〕

---

〔二〕霜集文只有以上數句，且「山谷」語在前，「裴晉公」語在後。裴晉公「嘗謂其子」，霜本作「訓子」，「山谷云」作「山谷曰」。

〔三〕青主上引文字，當在周密齊東野語中。

## 東甌王敬鬼*

東甌王敬鬼，壽百六十歲。雖越人邪說，然亦有之。敬鬼者，類不敢縱恣嗜欲，儼有所臨，必竟暴亂慘毒之事少矣，故能延生。近見老友文玄錫極其敬鬼，今八十五年矣，强健尚不可量。〔省博手稿，王愛國重校。〕

## 講學*

「生不謝寶慶楊，死不怨泰州張。」〔二〕兩言天理昭著，勝多少圪喃講學也。當時東南人士，方倡明節義，以宋儒之明白衣鉢，爲元糊塗用之，可憐至今尚姹其爲某先生之裔，眞令人齒冷。凡講學，皆剩義。天挺英傑，不待呫畢爲學，不必闡究爲講，明白俊偉，自然出人頭地。最易見者而難之，又要去尋之，若爾尋去，亦未必便尋得著。吾嘗謂「講」之一字，正堪向鏖糟奴貨用之。止因先聖「學之不講」一句，遂開此一門，以講爲學。不知此句實具奥義，謂徒學而不知講者，如仲由之於孔悝，徒知食食死事之學，而不講食誰之食、死誰之事也。推此一節，即知學徑有誤人時，出於人之庸昧，所以要下一講字。說文解「冓」字鄙陋特甚。吾爲釋之，大有快處。泥許說者，又且以我爲背許不經，而我能自信，時與子孫論之。但用我義。

〔二〕「泰州」，各本作「秦州」，據文義改。

## 孔奮*

孔君魚長姑臧，雅持清節。或笑曰：「身處脂膏，不能自潤，徒苦辛耳。」此語何似黠者。（晉祠手稿、拾遺、王本）

## 傅昭*〔一〕

「經其戶，寂若無人；〔二〕披其帷，其人斯在。豈得非名賢？」傅昭，字茂遠，咸七世孫。袁奉倩稱其尒尒，當不爽也。搩，扶也。〔三〕（晉祠手稿、拾遺、王本）

## 山海經山水複名

空桑之山。北次三經、東次二經之首。

豐山。中次十一經，有九鍾，知霜鳴。又衡山東四十里豐山。

翼望之山。西次三經、中次十一經。

騩山。西山首經：「騩山錞于西海。」中次三經：「騩山有美棗。」中次九經「騩山」。中次七經、十一經皆有「大騩之山」。又西次三經：「騩山，神耆童居之。」

---

〔一〕「昭」，傅山全書初版本據拾遺本和王本作「照」，文中亦如此，據手稿改。

〔二〕「寂」，傅山全書初版本據拾遺本和王本作「家」，據手稿改。

〔三〕末三字，傅山全書初版本據拾遺本和王本脫，據手稿補。

衡山。中次八經、中次十一經。

英水。南山首經：「青丘之山，英水出焉，南注卽翼之澤。」南次二經：「柜山，英水出焉，西南注于赤水。」西次三經：「天山，英水出焉，西南注湯谷。」

肥水。北次三經：「彭毗之山，肥水出焉，南注牀水。」「維龍之山，肥水出焉，東注皋澤。」

共水。中山一經：「甘棗之山，共水出焉，西流注于河。」北次三經：「泰頭之山，共水出焉，南注于虖池。」中次六經：「長石之山，其西有谷，曰共谷，共水出焉，西南注洛。」

滽滽之水。中次三經：「宜蘇之山，滽滽之水出焉，北流注河。」中次四經：「釐山，滽滽之水出焉，南流注伊。」

朝歌之山。中次五經、中次十一經。

陰山。西次三經、西次四經、中山首經。

岐山。中次八經、中次九經、東次三經。

伊水。北山首：「虢山，伊水出焉，西流注河。」中次二經：「蔓渠之山，〔二〕伊水出焉，而東流注于洛。」注：「今伊水出上洛盧氏縣熊耳山東北，至河南洛陽縣入洛。」

景山。北次三經、中次八經之首。

玉山。中次八經、中次九經。

丙山。中次十經、中次十二經。

丹水。南次三經：「丹穴之山，丹水出焉，南流注于渤海。」西山首經：「竹山，丹水出焉，

---

〔二〕「山」字，手稿脱，據文義補。

東南流注于洛。」又：「南山，丹水出焉，北流注于渭。」北次三經：「虫尾之山，丹水出焉，南流注于河。」

雞山。南次三經、中次十一經。

箕尾之山。南次一經、中次四經。

漳水。北次三經：「發鳩之山，漳水出焉，東注于河。」中次八經：「荆山，漳水出焉，而南流注于睢。」

洛水。西次四經：「白於之山，洛水出于其陽，而東流注于渭。」又：「剛山之尾，洛水出焉，而北流注于河。」〔省博手稿，王愛國重校。〕

## 鵸鵌再見不一狀

西次三經：「翼望之山有鳥焉，其狀如烏，三首六尾而善笑，名曰鵸鵌，服之使人不厭。」

北山首經：「帶山有鳥焉，其狀如烏，五彩而赤文，名鵸鵌，是自爲牝牡，食之不疽。」〔省博手稿，王愛國重校。〕

## 蠪蛭蠪蚳再見不一狀

蠪蛭如狐，九首、九尾、虎爪，食人。蠪蚳如彘而有角，食之不眯。〔省博手稿，王愛國重校。〕

## 虖池受水山勢有不可解者。

北次三經：「泰頭之山，共水出焉，南注于虖池。」「白馬之山，木馬之水出焉，而東北流注于虖池。」「又北二百里，曰空桑之山，空桑之水出焉，流注于虖池。」北次三經：「泰戲之山，虖池之水出焉，而東流注于漊水。又北三百里，石山，濩濩之水出焉，而東流注于虖池；鮮于之水出焉，而南流注于虖池。又北二百里，童戎之山，又北三百里，曰高是之山，滋水出焉，而南流注于虖池。」〔省博手稿，王愛國重校。〕

## 荊山

中次八經、十一經，皆曰「荊山之首」。〔省博手稿，王愛國重校。〕

## 囂水

北山首經：「涿光之山，囂水出焉，而西流注于河。」「渾夕之山，囂水出焉，西北流注于海。」〔省博手稿，王愛國重校。〕

## 山水而以鳥獸蟲魚名者

南首：鵲山、麗麔（几）之水。南首：猨翼山。南二：閡水，音豕，或是閡字之訛，有豕字在中附之。南二：鹿吳山。南三：雞山、南禺，禺亦獸屬。西首：符禺山、符禺水、禺水。西首：羭次山。西首：翠山。西二：龍首山、鹿臺山、鳥危山、鳥危水、衆獸山。西三：螞淵。西四：鳥山、鳥鼠同穴山。北首：單狐山、羆差山，多野馬。北二：狐岐山。北三：龍侯山、馬成山、虫尾山、發鳩山、維龍山、白馬山、燕山、燕水、鴈門山。東首：樕螽山、犲山、獨山，獨亦獸名。東二：梟麗山。中首：渠豬山、渠豬水。中首：牛首山。中次：獨蘇之山。中四：鹿蹄山。中四：熊耳山、牡山。中五：蟲尾山、龍餘水。中六：縞羝山。中八：龍山、免山。中九：熊山。中十：虎尾山。中十一：兔牀之山、雞山、樂馬之山、虎首山、鯢山、鯢水、雅山（雅本鵶字）。〔省博手稿，王愛國重校。〕

## 王孟無妻生二子

海外西經丈夫國，郭注：「殷帝太戊使王孟採藥，從西王母至此。絕糧，不能進。食木實，衣木皮，終身無妻，而生二子。從形中出，其父卽死，是爲丈夫氏。」事眞奇矣。陰陽薰蒸變化之不可測如此哉？若必以爲無此事，不足見法界之大。〔傅慶本〕

## 使虎使四鳥

海外北，聶耳之國，使兩文虎，爲人兩手聶其耳。

海外東，君子國，衣冠帶劍，食獸，使二大虎在旁，其人好讓不爭。

大荒東，有蔿國，黍食，使四鳥：虎、豹、熊、羆。

大荒中，有山名曰合虛，日月所出。有中容之國。帝俊生中容，中容人食獸、木實，使四鳥：

豹、虎、熊、羆。

有司幽之國，食黍，食獸，是使四鳥。帝俊生晏龍，晏龍生司幽，司幽生思士，不妻；思女，不夫。

有白民之國。帝俊生帝鴻，帝鴻生白民，白民銷姓，黍食，使四鳥：虎、豹、熊、羆。

有黑齒之國，帝俊生黑齒，姜姓，黍食，使四鳥。

有國曰玄股，黍食，使四鳥。

大荒之中，有不庭之山，滎水窮焉。有人三身，帝俊妻娥皇，生此三身之國，姚姓，黍食，使四鳥。

大荒之中，有國曰顓頊。有人名曰張弘。海中有張弘之國，食魚，使四鳥。

西北海之外，赤水之西，有先民之國，食穀，使四鳥。

大荒之中，有一大山，名之曰衡天。有先民之山。有叔歜國。顓頊之子，黍食，使四鳥：虎、豹、熊、羆。有北齊之國，姜姓，使虎、豹、熊、羆。

大荒之中，有毛民之國，依姓，食黍，使四鳥。〔省博手稿，王愛國重校。〕

## 公琴

酈元水經注：「楚人謂冢爲琴。」路史少昊紀：「皐陶冢所謂公琴者，見泚水注中。」〔晉祠手稿〕

## 孫行者*

靜樂縣志人物中收孫行者，每以爲笑談。往在淮干，又聞一游客爭之曰：「孫行者是敝鄉人，敝鄉見有花果山水簾洞，如何得香貴鄉也！」吾唯唯，曰：「若爾，自當奉讓。」〔太原段帖、王本，王愛國重校。〕〔一〕

〔一〕　山西博物院藏有太原段帖手稿，其中前一「孫行者」誤作「孫行志」，「敝鄉見有花果山」句中脱一「鄉」字，「如何得香貴鄉」作「如何得至貴鄉」。

# 卷四十二　雜記（六）

## 讀諸子〔一〕

吾以管子、莊子、列子、楞嚴、唯識、毗婆諸論約略參同，益知所謂儒者之不濟事也。釋氏說斷滅處，敢說個不斷滅。若儒家，似專專斷滅處做工夫，卻實實不能斷滅。「世路莫如人欲險，幾人到此誤平生？」如此指摘，何等嚴毅！學者概因一個「怕」字要遠他，所以士大夫不無手鬆脚脫時。若但能平常淡淡看去，鬼不向人不怕處作祟也。

## 申商管韓*

申、商、管、韓之書，細讀之，誠洗東漢、唐、宋以後之黏一條好皂角也。管猶多道情，前人都不曾與見面。朱長春頗有手眼矣，以在明暗間，故能豹班時窺。老夫躭嗜此秘，自謂研幾，尚與爾句櫛字比。〔拾遺、王本〕

〔一〕此條丁本在雜文中，題爲「讀管子」。審文意，不單指管子，故改爲此題，並移至雜記中。

## 管韓之書*

凡事無論大小，以無言爲主，養氣藏勇，決幾蹟見。管、韓之書，君子好以迂闊無用之語駁之。其中精摯獨造者，自不可廢，善讀者排沙見寶。〔拾遺本〕

## 管子*

老夫近來只是好管子。〔二〕無人能解，朱長春可謂薄有領會，超前人。讀是書者萬萬，尚不能得四五耳。修身經世，無所不備。〔鄧藏手稿〕

## 蘇功

管子法禁篇：「莫敢超等踰官、漁利蘇功。」注：「飾詐以釣君利，謂之漁利；因少構多，謂之蘇功。蘇，生息也。」山謂：〔三〕蘇與漁對，猶樵蘇之蘇，謂取也。

## 小問篇*

管子小問篇。傅山曰：學者讀此，可以立身，可以禦侮，可以成德，可以濟物。小子玩之，茲

〔二〕「是」字，傅山全書初版本脱，據手稿補。

〔三〕「山謂」，傅山全書初版本爲「傅山曰」，據霜紅龕集改。

實也，免脱也，謂脱然變化而出也。忠信甲胄，禮義干櫓，内甲卷城，兵刃之道也。至於成而由由然利犿，兹實而圓，脱殼而出，不柴不滯，君子之德也。

## 管子山權數篇詩

桓公曰：「何謂五官技？」管子曰：「詩者，所以記物也。時者，所以記歲也。春秋者，所以記成敗也。行者，道民之利害也。易者，所以守凶吉成敗也。〔一〕卜者，卜吉凶利害也。民之能此者，皆一馬之田，一金之衣。此使君不迷妄之數也。六家者，即見其時，使豫先蚤閑之日受之。」無注。似以詩爲一技，不知當時何制耳。〔傅褱、王本〕

## 假度*

管子輕重甲：「民無以與正籍者與之長假，死而不葬者與之長度。」假，猶貸也。度，惟尺寸。與，此此無義，如步也、過也之義，謂與之以地，令皆得往葬其中也。亦濟渡之義耶？又：度，託也。〔鄧藏手稿〕

〔一〕「也」字，傅褱、王本均脱，據管子補。

## 峚字*

輕重戊：「伏羲作造六峚以迎陰陽，作九九之數以合天道。」〔一〕「峚」無音，以「迎陰陽」解之，當是律呂之義。〔二〕升菴六書索隱有音。〔三〕〔鄧藏手稿、霜本〕

## 管仲*

管仲謂叔牙聞人之過終身不忘，不知于仲多取之時以爲過耶？非耶？知其貧不知其過，眞正良朋自爾，非術以庸之也，多取非遇，豪傑許爾。〔陳監先先生輯〕

## 杜摯

商子更法篇：「孝公平畫，公孫鞅、甘就、杜摯三大夫御於君。」國策，「秦攻邯鄲，軍吏三心，王稽、杜摯以反。」在昭王時。孝公至昭王八十餘年，別有摯耶？猶未老也？

〔一〕霜本此下尚有「而天下化之」一句。
〔二〕「以迎陰陽解之」等十二字，霜本無。
〔三〕此句霜本作「升庵音如計，不知是否？」

## 長平

商子來民篇：〔一〕「周軍之勝，華軍之勝，長平之勝，秦所亡民者幾何？」長平之勝在昭王四十七年，去孝公凡百年，如何商子言之？豈先有長平耶？

## 墨子*

墨子罷不肖、執有命之說，甚足以鞭策惰窳。而吾謂：此輩猾嬾處則委之有命，至於妄想日夜亂起，卽不說命矣。吾眼見親疎内外，以罷不肖而飢寒怨尤者比比，略不肯少悔前非，改步立作，仍復以無厭之欲冀望于人。苟非富而豪者，安能快厥所求？鰜藏羝視，亦徒有其意耳。杜工部「一請甘飢寒」五字，常目在之，又何妨于惰窳耶！

## 墨子非儒下

「夏乞麥禾，五穀既收，大喪是隨，子姓皆從，得厭飲食，畢治數喪，足以至矣。因人之家翠以爲□，恃人之野以爲尊。富人有喪，乃大說，喜曰：此衣食之端也。」翠字不解，或訛。

墨子字義不可認解者，今行本爾，或多訛脫。「芊䱉」，節用上。「内續奚吾」，節葬下。「輆沐之國」，節葬下。「佴乎祭祀」，節葬下。「祏觀辜」，人名也，明鬼下。「泏洫搖羊而漉其血」，明鬼

〔一〕「來民篇」三字，丁本無，據他本補。

下。「三子之能達名成功於天下也，皆其國仰而大醜也」，親士篇。「鼸鼠藏，而羝羊視，賁彘起」，非儒下。「公孟子義章甫、搢笏而見子墨子」，公孟篇。「厚作斂于百姓」、「絲布、梱布絹以爲衣」，辭過篇。「是我以義糶也。均之糶，亦于中國耳，何必越哉？」魯問篇。〔省博手稿，王愛國重校。〕

## ⿰養隹字*

墨子「⿰養隹」字，字書無之。細觀上文，爲「⿰養隹其指」，指食脯曰「騷之」，又曰「欲而騷」。下則「脯」與「指」皆用「⿰養隹」字。豈「⿰養隹」是「騷」之譌耶？「養」略似「蚤」，「馬」上似「隹」，又左右易之，遂至此耶？

## 公輸章末句

楚王曰：「善哉，吾請無攻宋矣。」子墨子歸，過宋，天雨，庇其閭中，守閭者不内也。故曰：「治于神者，衆人不知其功；爭于明者，衆人知之。」〔省博手稿，王愛國重校。〕

## 墨子之儁之異〔一〕

親士弟一：「三子之能達名，成功於天下也，皆於其國抑而大醜也。」上文謂晉文、齊桓、勾踐。

〔一〕此條據原晉先生藏手稿釋文，由竇元章整理。傅山全書初版本未收。

「非無安居也，我無安心也；非無足財也，我無足心也。」妙。

「君必有弗弗之臣，上必有詻詻之下。分議者延延，而支苟者詻詻，焉可以長生保國？」「支苟」兩字不解。詻，魚格切，教令嚴也。似與諤諤義同。

「王德不堯堯」。堯堯，似謂高高。

所染篇：「許由」，訛許山，呂覽許由。「干辛、推哆」，呂覽作「羊辛、踵戎」。「傅公夷」，呂覽作「虢公夷」，似非訛傳。「本號啇夷」，呂覽作「鼓」。「蔡公穀」，「穀」，呂覽作「敦」。「高偃」，呂覽作「郗偃」。「文義」，呂覽作「父之儀」。「王胜」，呂覽作「王生」，是不知此何遂訛至爲「胜」。「王孫雒」呂覽作「雄」。「偃長」，呂覽作「榎」。「仙不禮」，呂覽作「田不禋」。

七患篇：「心無備慮，不可以應卒。是若慶忌無去之心，不能輕出。」

辭過篇：「宮墻之高，足以別男女之禮。」此常語，前人亦未曾到此處。

三辯篇：「程繁問子墨子」，「昔者堯、舜有第期者，且以爲禮，且以爲樂。」「第期」兩字不知何謂。「湯作樂九招，」與舜樂同名，不知何本。

尚賢上篇：「服澤」，「堯與舜於服澤之陽。」「陰方」，「禹與益于陰方之中。」「庖廚」，「湯舉伊尹于庖廚之中」。「罝罔」，「文王舉閎夭太顛于罝罔之中。」

尚賢中篇：引詩曰：「告女憂卹，誨女予鬱，誰能執熱，鮮不用濯。」

「無故富貴，面目佼好者，則使之。」

「伯鯀，帝之元子，乃刑之于羽之郊，乃執炤無有及也。」「執照」二字不知本何字？

尚賢下篇：「常陽」。「舜灰於常陽」。

「攸心」，「使百姓皆攸心解體，沮以爲善。」

而身。」

「距年」，尚賢中篇：「此聖王之道，先王之書，距年之言也。」傳曰：「求聖君哲人，以裨輔而身。」

「豎年」，「於先王之書，豎年之言然。曰：晞夫聖武知人，以屏輔而身」。「豎年」不知所從來。「豎年」與前「距年」是一事。「距」、「豎」遂求異至此，然不知「豎年」、「距年」爲誰。

尚同中篇：「請」，「天子既以立矣，以爲唯其耳目之請，不能獨一同天下之義，是故選擇天下贊閲賢良聖知辯慧之人」云云。又「國君既以立矣，又以爲唯其耳目之請，不能一同其國之義，是故擇其國之賢者」云云。「古者聖王，唯而以尚同，以爲正長，是上下情請爲通。」「請將欲富其國家、衆其人民」云云。

「練折」，「是以先王以刑之道曰：苗民否用練折則刑。唯作五殺之刑。」此是引呂刑「苗民弗用靈制以刑，作五虐之刑曰法」。以「靈」作「練」，以「制」作「折」。

「術令」，「先王之書術令之道曰：惟口出好興戎。」

「相年」，「先王之書相年之道曰：夫建國設都，乃作后王君公，否用泰也。輕大夫師長，否用佚也。維辨使治天均。」

「大誓」，「先王之書也，大誓之言然。曰：小人見姦巧，乃聞不言也。發罪鈞。」今太誓中無此言。兼愛篇：「太誓曰：文王若日若月，乍炤光於四方、于西土。」今太誓文作「唯我文考，若日月之炤臨，光于四方，顯于西土。」

兼愛篇：「肱息」，「楚靈王好士細腰，故靈王之臣皆以一飯爲節，肱息然後帶。」後又曰：「因據而後興。」

「天屑」，「昔者文王之治西土，若日若月」云云。「天屑臨文王慈。」不知「天屑」是何字訛爾。

「連獨」，「連獨無兄弟者，有所雜于生人之間。」「連獨」不知何謂。

「隧傳」，「昔者武王將事泰山，隧傳曰：泰山有道，曾孫周王有事。大事既獲，仁人尚作，以祇商夏，蠻夷醜貉。雖有周親，不若仁人。萬方有罪，在予一人。」

「出乎若方」，「子墨子曰：別非而兼是，出乎若方也。」「出乎若方」不知何義。

「誰以爲」，「姑嘗兩而進之，誰以爲二士」。又「誰以爲二君」。不知文氣何謂。

「廖僔」，天志中篇：「大明之道言曰：紂越厥夷居，不肯事上帝，棄厥先神祇。不祀，乃曰：吾有命，無廖僔務天下，天亦縱棄紂而不葆。」此是引太誓之文，曰：「惟受罔有悛心，乃夷居，弗事上帝神祇，遺厥先宗廟弗祀。」泰誓又曰：「乃曰：吾有民有命，罔懲其侮。」非命上篇又作「太誓曰：紂夷處，不肯事上帝鬼神，禍厥先神禔不祀，乃曰：吾民有命，無廖排扇。天亦棄之而弗葆。」非命中篇又作「太誓之言，然曰：夷紂之居，而不肯事上帝，棄闕其先神而不祀也。曰：我民有命，毋僇其務。」此言紂之執有命也。若「廖」、「僇」是一字，似謂不用僇力于事務耶。「僔」字不解。「排漏」謂不必排去罅漏也。

## 列子〔一〕

楊朱曰：「伯夷非無欲，矜清之郵，以至餓死。展季非亡情，矜貞之郵，以至寡宗。清貞之誤，善之若此。」「寡宗」似無胤耶。「郵」字別無所用，止用之于郵甲、郵鞍之類。「花謝」，亦復用之

〔一〕此條據原晉先生藏手稿釋文。傅山全書初版本未收。

作「花卸」。「卸」，止也，卩也。此處似用之爲「節」字之義耳，或卽『節』字之訛耶？

## 老莊二書*

回復宿留者，當時在目中。老、莊二書，是我生平得力所在。旋旋細字旁注，當精心探索。若醒得一言半句，便有受用，可由之入道。〔省博手稿〕

## 老子*

三日不讀老子，便覺舌本輭。〔二〕疇昔但習其語。五十以後細注老子，而覺前輩精于此學者，徒費多少舌頭，舌頭終是輭底。何故？政坐猜度，玄牝不著耳。〔太原段帖、霜本〕〔三〕

## 老子不言理*

老子八十一章絕不及理字。莊子，學老者也，而用理字皆率而不甚著意。〔省博手稿，王愛國重校。〕

〔二〕「便覺」，丁本作「不覺」，此據段帖。

〔三〕山西博物院藏太原段帖手稿中，「政坐猜度」作「政坐精度」，「玄牝不著」作「玄牝不着」。

## 老莊不言理*〔一〕

「上士聞道，勤而行之；中士聞道，若存若亡；下士聞道，大笑之，不笑不足以爲道。」老夫于八十一章中，獨此章盡翻古人之案，敢謂不昧猶龍奧旨。微哉！下士勤行个甚？存亡个甚？老子八十一章，全無「理」字、「性」字。莊子内篇七篇，亦無「理」字，不知何故？

## 此二章*

「先師曰：『俎豆則聞，軍旅則不聞。』而又曰：『我戰則勝。』何邪？請參觀此二章。」按：「此二章」，乃指老子道德經中「佳兵」、「用兵」二章也。因係經語，故不録。〔省博手稿，王愛國重校。〕

## 貴師愛資*

老子：「善人，不善人之師；不善人，善人之資。不貴其師，不愛其資，雖知大迷。是爲要妙。」〔二〕不貴師，卽不尚賢，使民不爭。不愛資，卽不仁，〔三〕以百姓爲芻狗。不善人知聖人亦愛我，而舞其知以欺聖人矣。聖人不使其得用知，而彼則迷瞢無所爲伎倆矣。此章頗難徑讀，「不貴」上加一「若」字，義則淺而明，于「雖知」二句悟。〔王本、丁本〕

〔一〕此條據山西博物院藏手稿釋文。傅山全書初版本未收。
〔二〕此段引文，丁本無，據王本補。
〔三〕「卽」字，丁本無，據王本補。

## 貴師愛資[一]*

老子：「善人，不善人之師；不善人，善人之資。不貴其師，不愛其資，雖知大迷，〔二〕是爲要妙。」濁翁曰：師自貴之，則不肯爲人資；而愛之，則爲人而紛。不自尊爲師，不屑屑惠資，彼雖有知，莫測聖人之爲。絕聖棄知，民利百倍。〔三〕〔王、丁本〕

## 貴師愛資[二]*

頭陀寺碑：「行不捨之檀，而施治羣有。」〔三〕注：「心愛衆生而行捨，則憎愛，非爲眞捨。故大士之捨，見不施之捨，及于衆生，斯爲不捨。以茲而施，故羣有皆治。」〔四〕此義與吾解老子「不愛其資」同。

風作，閉戶，大悶，開匈，偶看至此。因昨日書老子，及此書之證，昧見「不貴其師」，施正是法施之義；〔五〕「師不自貴」，則施不爲檀，猶之乎滅度無量衆生，而無衆生實滅度者，聖人不仁也。

〔一〕「大」，丁本作「人」，據他本改。
〔二〕此下，傅山全書初版本尚有「愚謂同甫容得朱晦翁」一段。考文意，實爲另一條，故改移於後，並擬題爲「陳亮與朱熹」。
〔三〕「治」，各本同，文選作「洽」。
〔四〕「治」，各本同，文選作「洽」。
〔五〕「施」，丁本作「乃」，據拾遺、王本改。

## 老聃*

張綸林泉隨筆：「禮記曾子問：『吾聞諸老聃。』馮氏曰：『老聃，古壽考者之稱。』石梁王氏曰：『此老聃，非作五千言者。』本朝宋太史曰：『老子，周柱下史李耳，字伯陽，一字聃。聃謂耳漫無輪也。壽一百六十餘歲。周平王二十四年，以書授關尹喜，再八年入春秋。孔子則生於魯襄公廿二年，上距老子授書關尹已一百卌年。』」按此說，則孔子適周之時，則聃猶未死也。莊周宗其道，言必稱之。家語所記，又與史記合，豈欺後世哉！朱子雖嘗疑有兩老聃，而終亦自以爲不然。注禮者，直述之可也，乃曲爲之回護，而其實終有不可得而掩者矣。（霜紅龕墨寶、霜本）

## 涣若冰釋*〔一〕

老子「涣若冰釋」，注：「音水貫切。」「水」字或差。若不差，則音如今「洗涮」之「涮」。「水」字或是「冰」字，則從泮矣。呂覽「涣其羣」，竟作「文其羣」解。

## 爲主爲客*

「用兵有言，吾不敢爲主而爲客，不敢進寸而退尺。是謂行無行，攘無臂，仍無敵，執無兵。禍莫大於輕敵，輕敵則幾喪吾寶。故抗兵相加，哀者勝矣。」仍，从人从乃，如乘切，因也。廣韻又重

---

〔一〕「若」，傅山全書初版本作「然」，據老子原文改。

也，就也，郶也。大概在此文但取因義也，卽「爲客也」之義。然兵亦有客變而爲主，主又變而爲客之時。總之，妙于用客也。「哀」字對「樂」字看卽明白矣。兵豈得樂以用之？樂則輕敵。與「佳兵」章同。〔鄧藏手稿〕

## 一生二*

「一生二，二生三，三生萬物。」比數句反翻不勝計。吾嘗謂「一生二」似一又生一，是二，二又生一，是三。若云「一生二」是二，「二生三」則五矣。

## 讀南華經〔二〕

莊子爲書，雖恢譎佚宕，於六經外，譬猶天地日月，固有常經常運。而風雲開闔，神鬼變幻，要自不可闕。古今文士每奇之。顧其字面，自是周末時語，非復後世所能悉曉。〔傅眉抄本、霜本〕

## 逍遙遊*〔三〕

讀過逍遙遊之人，自然是以大鵬自勉，斷斷不屑作蜩與鷽鳩，爲榆枋間快活矣。一切世間榮華富貴，那能看到眼裏。所以說：「金屑雖貴，著之眼中，何異砂土？」奴俗齷齪意見，不知不覺打

〔二〕此條，丁本在雜文中，今移至此。
〔三〕此條，丁本在雜文中，今移至此。

埽乾淨，莫說看今人不上眼，卽看古人，上得眼者有幾个？〔鄧藏手稿、霜本〕

## 大有逕庭*

莊子逍遥遊：「大有逕庭。」郭注不解。羅勉道循本曰：「逕，門前路也，庭，堂外地也。」亦不音「庭」何讀。宋高文虎蓼花洲閒錄曰：「逕庭出莊子。庭音他定切，言激過也。」呂覽十卷：「魯季孫有喪，孔子往弔之。入門而左，從客也。主人以璵璠收。孔子逕庭而趨，歷級而上，曰：『以寶玉收，譬之猶暴骸中原也。』逕庭歷級，非禮也。雖然，以救患也。」王充論衡：「魯人將以璵璠斂，孔子聞之，逕庭麗級而見。夫徑庭，非禮也。孔子爲救患也。」徑庭又如此用。呂覽作「歷級而上」，麗級、歷級（以下缺）

## 爲是*

齊物論「爲是」字屢見，曰「爲是舉莛與楹」，「爲是不用而寓諸庸」，「爲是而有畛」也。貧道于此著眼，病在一「是」字。苟非疐者一「是」字執到自己身上，將「非」字向人身上苦苦尋出，以爲己是之樂？煗姝士只知有我而不知有人者，病根往往如此。此都與他說不清頭也。「無適焉，因是己」，因之奴不可言。沈隱侯聞人之善如萬箭攢心，楚士多爾，若遇佛出世，亦無如他何者。深情厚親，故者無失其爲故，翻任其楚而不覺，君子之道也。〔鄧藏手稿〕

## 吾我

齊物論「吾喪我」。增一阿含五戒品阿那律告闍跋吒：「吾者神識也，我者形體之具也。」〔省博手稿，王愛國重校。〕

## 知有所待*

大宗師「知有所待而後當，〔一〕其所待者特未定也」。解者都猜以意見，覯下文「庸矩知所謂天之非人乎，人之非天乎」，再回復上文「有患」兩字，則是老子「大患有身」之義。知有所待，待此身耳。若此知未到身上時，向甚處著落？所謂父母未生前事。如此看去，「過而不悔，當而不得」之句愈有情矣。〔鄧藏手稿〕

## 薪火

「指窮於爲薪，〔二〕火傳也，不知其盡也。」此義實多門。但就養生上說，猶言以薪喻身，以火喻命，爲身是命之所依，凡所以養身者，無所不至，惟恐其養有不至而喪命者，卽似恐爲薪之備而火忽然息也之義。指猶意也，意窮極于爲薪者，爲火因此而傳也，卻不知膏煎之義，所以養身之備，

〔一〕「大」，傅山全書初版本誤作「太」；「後」，傅山全書初版本誤作「謂」，據手稿改。

〔二〕霜本此句前有「莊子」二字。

而有速其盡者矣。即「有生必先無離形，形不離而生亡者有之矣」之意，此又一解也。然内典之義，則又謂火之傳異薪，猶神之傳異形，前薪非後薪，則知指窮之淵妙；前形非後形，則悟情數之感深。惑者見形朽于一生，便謂神情共喪，猶睹火窮于一木，便謂終期都盡可乎？「不知其盡」，謂不見其盡也。郭注：「窮，盡也。爲薪，猶前薪也。前薪以指，指盡薪之理，故火傳而不滅；心得納養之中，故命續而不絶。明夫養生，乃生之所以生也。夫時不再來。今不一息，故人之生也，一息一得耳。向息非今息，故納養而命續；前火非後火，故爲薪而火傳，火傳而命續，由夫養得其極也。世豈知其盡而更生哉？」〔二〕語煩而晦。〔省博手稿、霜本，王愛國重校。〕

## 登假

德充符曰：「彼且擇日而登假，人則從是也。」注：「以不失會爲擇耳，斯人無擇也，任其天而時動者也。故假借之人，由此而最之耳。」是「假」音「賈」矣。「故假借之人」，注義不知以「人」字連「之」字讀耶，屬下句「人由此」讀耶？注全不及「擇日」之義，但說了「擇」字。〔三〕

大宗師：「若然者，登高不慄，入水不濡，入火不熱。是知之能登假于道也如此。」注：「言夫知之登至于道者，若此之遠也。」是「假」如「格」音矣。

〔二〕郭注文，霜本無。
〔三〕自「故假借之人」至此，霜本無。

同「登假」二字，前則音假爲賈，後則音假爲格；〔一〕前則假借，後則假格；前義則登與假不相屬；後則登與假相屬，自相矛盾也。

莊子用假字者：「侵假。」天地：「假脩混沌之術」〔省博手稿、霜本，王愛國重校。〕

## 以其知*

莊子德充篇：「常季曰，彼爲己，以其知；得其心，以其心。得其常心，物何爲最之哉？」「以其知」十三字，是參禪了後語。郭注「最」爲「就」，不妥。只作「殿最」之「最」於本文稱。

## 天之小人*

「畸人者，畸于人而侔于天。故曰：天之小人，人之君子；人之君子，天之小人也。」公之它曰：如何不云「人之小人，天之君子」？著矣哉，教也。〔省博手稿，王愛國重校。〕

## 應帝王*

應帝王一篇可以不著，求之於前，義已備矣。除季咸一則，餘皆莊生之類語耳。〔省博手稿，王愛國重校。〕

---

〔一〕自「同登假二字」至此，霜本無。

## 弟靡*

莊子應帝王篇：「因以爲弟靡。」注：「弟音頽。」說文「弟」字在人部，曰：「從人、從弓，多嘯切。」即如今「弔問」之「弔」，不知何所本讀作頽也。若因「靡」字而曰頽耶？即解作弔，貼上文「先生死矣」，亦可說去。齊物論「其名爲弔詭」，則逕作「弔」，上不從ソ。豈當時弟、弔實有別耶？列子作「茅靡」，似矣。

## 緡與昬*[一]

傅眞山曰：「緡」與「昬」對，則「緡」即「昬」，而多一「糸」耳。緣督以爲經，猶之乎魚之綸耶，圓之貫耶，絲之緒耶，而妙處仍不離于「昬」也。昬昬默默之中，乃不無窈窈冥冥者存焉。「昬」之「緡」也，「昬」之爲文，蓋百姓日用而不知綴一「糸」焉。端緒如環，沖炁爲和，不遙不亂，說文「昬」本作「昏」。注曰：從氐省。氐，下也。猶言曰，下則「昬」。又曰，一作昬。傅山曰：从民聲近。

[一] 此條據瀋陽故宮博物院藏手稿釋文，由寶元章整理。傅山全書初版本未收。

## 莊子天地篇顯則明*〔一〕

莊子：「顯則明，萬物一府，死生同狀。」卽老子「知常曰明」之「明」。郭注「顯則明」句，覺未是。又曰「不顯則默而已」，更蛇足。

## 大人之行

「不出乎害人，不多仁恩，動不爲利，不賤門隸；貨財弗爭，不多辭讓；事焉不借人，不多食乎力，不賤貪汚；行殊乎俗，不多辟異；爲在從衆，不賤佞諂。」莊生所謂大人之行如此，余嘗書白布衲襟以爲銘。〔省博手稿，王愛國重校。〕

## 一不化者*〔二〕

「與物化者，一不化者也。」舊國尹呂惠卿獨以「一不化者」爲病說，一有見而未大洩其蘊。吾初有是意。

「舊國舊都，望之暢然。雖使丘陵草木之緡，入之者十九，猶之暢然。況見見聞聞者也，以十仞之臺縣衆閒者也！冉相氏得其環中以隨成，與物無終無始，無幾無時。與物化者，一不化者也，闔

〔一〕此條據寧波天一閣博物館藏手稿釋文，由張文穎整理。傅山全書初版本未收。

〔二〕此條據山西博物院藏手稿釋文。傅山全書初版本未收。

嘗舍之？」凡人只是不肯迴光反炤，奈他何？

## 莊子知北遊眞其實知*〔一〕

（前略）「眞其實知，不以故自持。」郭注不及。呂曰「以其無知」，模棱可笑。傅眞山曰：「知」，卽「樂子無知」之知。尔疋：「知，匹也。」故下文曰：「媒媒晦晦。」大道之妙唯匹；匹而化，則無所謂一之抱矣。「眞」，似與「實」同義而微有不同者。「實」者有物，「眞」則未始有物者，知之至也。故老子曰：「知不知，上。」匹而不爲之匹。「不知知，病。」未匹而爲之匹之也。養生主曰：「吾生也有涯，而知也無涯。」以此「知」字傅會，似與養生主本文背，又須別看「涯」字，猶言此「知」至近至遠莫測，在行際可以觸磕遇之，而不得以卜度得之。故曰：「知也無涯。」「以有涯隨無涯，殆已。已而爲知者，殆而已矣。」「不知知」，已而爲知者也。「知不知」者，眞其實知者也。何也？「實知」，知也，「眞實知」，猶既至于實有所而忘之也，至於忘而持，亦無所用矣，故曰「不以故」也。然此語氣近于「不知知」矣。此信可曰「不知知」，而非「不知知，病」之「不知知」也。「不知知，病」之「不知知」，「不知」在前，未必知也。卽「知可與謀」之知也。「眞其實知」之「不知知」，既知之矣，而後至于「不知」也，不可與謀矣。故曰「媒媒晦晦」。「實知」，有欲之竅，「眞其」，無欲之妙。傅會如此，學士之細也。不爾，傅會則風影無憑，讀而不得其義。道士笑我曰：「相譜老子之注莊也，從詁者也。」吾又爽然去矣，不知終當從何解也。

〔一〕此條據寧波天一閣博物館藏手稿釋文，由張文穎整理。傅山全書初版本未收。

傅山又曰：實知者，大覺也。見其非尋常知，覺運動之知也。

## 鞅掌*

鞅掌，莊子凡再見。庚桑篇曰：「擁腫之與居，鞅掌之爲使。」郭注：「鞅掌，自得也。」呂惠卿曰：「拘執。」在宥篇：「鴻濛曰：遊者鞅掌，以觀無妄。」郭不及矣，而惠卿仍曰「拘係貌」。愚不謂無拘係何以觀無妄也。弱侯小字曰：「鞅掌，紛汨貌，〔二〕數之矣。」然而囫圇不快。

## 動無非我*

庚桑楚篇：「動以不得已之謂德，動無非我之謂治，名相反而實相應也。」若以申商之學看，「動無非我」之語，則權不下移耳。此「不得已」之「已」字，當讀作「人己」之「己」，與下「無非我」正相反。「不得已」謂不我私，「無非我」謂不逐人。若向裏説，則猶云任彼自然處，是「不得已」；非我無所取，是「無非我」處。

## 韄字*〔三〕

「夫外韄者，不可繁而捉，將内揵；内韄者，不可繆而捉，將外揵。外内韄者，道德不能持，

〔二〕「貌」，各本作「缺」，據焦竑莊子翼補。

〔三〕此條據山西博物院藏手稿釋文。傅山全書初版本未收。

而況放道而行者乎？」韄，呼故切，佩刀飾也。又於虢切。此外内之韄，不得爾訓。呂則物之粘著而難去者，循以皮束物，制縛之義。

## 黃帝六臣

「方明爲御，昌寓參乘，張若、謵朋前馬，昆閽、滑稽後車，至襄城之野，七聖皆迷。」方明以下人名皆寓言耶？亦眞有其人耶？〔省博手稿，王愛國重校。〕

## 自殉殊面*〔二〕

「自殉殊面」四字，妙語。則陽篇。

## 莊子天下篇

「謑髁無任，而笑天下之尚賢也。」郭注不解「謑髁」，而但云「不當其任，而任夫衆人」。「椎拍輐斷，與物宛轉。」郭注：「法家雖妙，猶有椎拍。」逕不知説甚。呂注：「椎拍，鍊治之。輐斷，破絶之。」亦皆不快。詳下「與物宛轉」四字，則「椎拍輐斷」皆似破觚爲圜之意。〔省博手稿，王愛國重校。〕

〔二〕此條據寧波天一閣博物館藏手稿釋文。由張文穎整理。傅山全書初版本未收。

## 莊子天下篇治世語言 *〔一〕

「天下之治方術者多矣，皆以其有爲不可加矣。」至「道術將爲天下裂。」〔二〕治世語言，資生事業，皆與物不相違背。神明聖王，至於萬民，正此旨也。當時命而大行，不當時命而寧極。〔三〕

且莫說内篇精義，只此並包大明，何事不在其中？而謂莊生爲一家之言，奴才動輒妄論，亦仰面唾天下之見。

## 漆園先生自寫眞 *〔四〕

「芴寞無形，變化無常」，至「芒乎昧乎，未之盡者」。〔五〕

傅道人曰：「上與造物者遊」，是莊子常語，「下與外死生、無終始者爲友」，是莊生實地矣夫？故後復云：「其于宗也，稠適而上遂。」注讀「稠」如「調」。卽以本字讀之，謂多所通達而造最上乘，何所不可？尚其「稠適」似難「上遂」，眞能「上遂」者，豈有不多達者乎？

〔一〕此條據寧波天一閣博物館藏手稿釋文。由張文穎整理。傅山全書初版本未收。
〔二〕傅山手稿抄録了天下篇此段全文。因文字較長，本書只録始句與末句。
〔三〕此下手稿缺一頁。
〔四〕此條據寧波天一閣博物館藏手稿釋文。由張文穎整理。傅山全書初版本未收。
〔五〕傅山手稿抄録了天下篇此段全文。因文字較長，本書只録始句與末句。

「弘、大、辟、閎、肆」五字，不細醳之，幾是一義。獨一「深」字義別，與五字作敵，必不然也。又不知字之傳久，原爲何字，且以其文而强爲辨之。則「弘大」，當云「拓而大之」；卻不汎汎無節，故曰「而辟」。辟，法也，節也；「深而閎之」，卻又不隘猶一途，其中鋪陳最廣，故曰「而肆」。如說文解字：「弘，弓聲。」「閎，巷門。」則「弘」是「拓而大之」之義，「閎」是「深而入之」之義。弘大不辟則無歸，深入不肆則途窮。上句緯中有經，下句縱中有横。然此是解詁俗見，只是欲讀者不苦其字之無分別爾。若復多端，豈有窮盡？「閎」，「宏」，說文義不甚遠。「宏」云「屋深響也」。「閎」，「屋響也」。皆從聲起見。而「辟」字之義猶多，如：「君也，僻也，避也，譬也，邪也。」安所不可淘氣？

## 莊子理字

見諸篇者凡三十四字，或有遺漏，再簡。

養生主：「臣以神運而不以目視，官知止而神欲行。依乎天理，批大郤，導大窾，因其故然，技經肎綮之未嘗，而況大軱乎！〔二〕」

在宥篇：「說義耶？是悖於理也。」

天地篇：「物成生理謂之形。」

天運篇：「夫至樂者，先應之以人事，順之以天理，行之以五德，應之以自然，然後調理四時。」

〔二〕「軱」，傅山全書初版本誤作「觚」，據手稿改。

刻意篇：「去知與故，循天之理，故無天災。」

繕性篇：「知與恬交相養，而和理出其性，夫德，和也；道，理也。德無不容，仁也；道無不理，義也。」

秋水篇：「觀於大海，乃知爾醜，爾將可與語大理矣。」

「故曰：蓋師是而無非，師治而無亂乎？是未明天地之理、萬物之情者也。是猶師天而無地，〔一〕師陰而無陽。」

「消息盈虛，終則有始，是所以語大義之方，論萬物之理也。」

「海若曰：知道必達於理，達理者必明於權。」

至樂篇：「問髑髏曰：夫子貪生失理而爲此乎？」

知北游篇：「天地有大美而不言，萬物有成理而不說，聖人者，原天地之美而達萬物之理。」

亢桑篇：「容、動、色、理、氣、意六者，謬心也。」理字，注不及。此理字似禮記「理發乎外」之理。

則陽篇：「萬物殊理，道不私，故無名，無名故無爲，無爲而無不爲。」

「少知曰：季眞之莫爲，接子之或使，二家之義，〔二〕孰正於其情，孰徧於其理？」

「死生非遠也，理不可覩。」

「無窮無止，言之無也，與物同理。」

---

〔一〕「地」字，手稿脱，據莊子補。

〔二〕「義」，中華書局莊子注釋本作「議」。

盗跖篇：「滿苟得謂子張：且子正爲名，我正爲利。名利之實，不順於理。」
「故曰：無爲小人，反殉而天；無爲君子，從天之理。」
漁父篇：「客曰：同類相從，同聲相應，固天之理也。」
「子審仁義之間，察同異之際，觀動靜之變，適受與之度，理好惡之情。」
「眞在内者，神動於外，其用于人理也，事親慈孝」云云。
天下篇：「民之理也。」
「判天地之美，析萬物之理，察古人之全，寡能備於天地之美，稱神明之容。」
「彭蒙、田駢、愼到。愼到棄知去己而緣不得已，泠汰於物以爲道理。」
「豪桀相與笑之曰：愼到非生人之行，而至死人之理。」
「莊周其應於化而解於物也，其理不竭，其來不蛻，芒乎昧乎，未之盡者。〔省博手稿，王愛國重校。〕

## 莊子情字

齊物：〔二〕「有情而無形，百骸九竅賅而存焉。」
「如求得其情與不得，無益損乎其眞。」
人間世：「吾未至乎事之情，而有陰陽之患矣。」
「行事之情而忘其身。」
德充符：「有人之情，無人之形，故羣于人；無人之情，故是非不得于身。」

〔二〕「齊物」下，傅山全書初版本衍一「論」字，據手稿删。

「惠子謂莊子曰：人故無情乎？莊子曰：然。惠子曰：人而無情，何以謂之人？莊子曰：道與之貌，天與之形，惡得不謂之人？惠子曰：既謂之人，惡得無情？莊子曰：是非吾所謂情也。吾所謂無情者，言人之不以好惡内傷其身，常因自然而不益生也。」

大宗師篇：「夫道，有情有信，無爲無形。」

駢拇篇：「多方駢枝于五藏之情者，淫僻于仁義之行，而多方于聰明之用也。」

「彼正正者，不失其性命之情。」

「意仁義其非人情乎！彼仁人何其多憂也？」

「不仁之人，決性命之情而饕富貴，故意仁義其非人情乎！」

「吾所謂臧者，非所謂仁義之謂也。任其性命之情而已矣。」

馬蹄篇：「性情離，安用禮樂！」

在宥篇：「無爲也，而後安其性命之情。」

天地篇：「聖治畢見其情事而行其所爲。」

「致命盡情，天地樂而萬事銷亡，萬物復情，此之謂混冥。」

天道篇：「仁賢不肖襲情，必分其能。」

「孔子曰：中心物愷，兼愛無私，此仁義之情也。」

「世人以形色名聲爲足以得彼之情。夫形色名聲果不足以得彼之情，則知者不言，言者不知。」

天運篇：〔二〕「莫得安其性命之情，而猶自以爲聖人，不可恥乎！」

---

〔二〕「天運篇」三字，手稿脱，據文例補。

繕性篇：「中純實而反乎情，樂也。」「文滅質，博溺心，然後民始惑亂，無以反其性情而復其初。」秋水篇：「師是而無非，師治而無亂乎？是未明天地之理、萬物之情者也。是猶師天而無地，師陰而無陽。」達生篇：「達生之情者，不務生之所無以爲；達命之情者，不務知之所奈何。」山木篇：「形莫若緣，情莫若率。」庚桑篇：「汝欲反汝情性而無由入，可憐哉！」則陽篇：「少知曰：季眞之莫爲，接子之或使，二家之議，孰正于其情，孰偏于其理？〔二〕（省博手稿，王愛國重校。）

## 關尹語*

關尹曰：「在己無居，形物自著。」妙語。與金剛了義「心不住法，而行布施，如人有目，光明炤見種種色」同義。

## 論語贊論*

嘗讀謝道韞論語贊論，寥落數語，高簡玄別，大破經生章句障礙蒙眼，竟似非素所常習之論語。不可不謂孔門一女功臣。

〔二〕「徧」，傅山全書初版本誤作「偏」，據手稿改。

## 子思子*

子思子曰：「東戸季子之時，道上雁行而不拾遺，耕耨餘粮宿諸畝首。」子思之書，何書也？〔鄧藏手稿〕

## 孟子語*

孟子曰：「入則無法家拂士，出則無敵國外患者，國恆亡。」眞眞切切菩薩語，只是人不聽。〔鄧藏手稿〕

## 道性善*

孟子道性善，也是平地裏起骨堆。〔王本〕

## 干越*

「干越」，今俗本荀子逕作「於越」。疑於、于聲近，傳寫遂作于，又訛爲干。然路史有「於越」，又有「干越」、「曰越」之別。漢書、荀子、呂覽明作「干」，昭云是「餘干」，今隸饒溪之餘汗。杜佑謂句踐之西界，所謂干越。淮南子云「淮人有變，必先守餘干」者。韻作刋。爲盂者非。

杜逌以爲「丂」，云卽「於越」，〔二〕因杜以「於」爲發語爾。漢書云「南方越名」，誤。

## 藍苴

荀子：「藍苴路作，似智而非。」注：「苴爲姐，慢也。」藍字不解。路作亦不解。〔省博手稿，王愛國重校〕

## 觙字*

荀子：「空石之中有人焉，其名曰觙。其爲人也善射。」注不音。觙字何音？字書無此字。

## 睪字*

荀子：「望其壙睪怒。」睪，音澤，又音皋。解都如澤。說文「皋」字在本部，曰：「氣皋白之進也。从白、从夲。禮：祝曰皋，登歌曰奏，故皋、奏皆从夲。周禮曰：詔來鼓皋舞。皋，告之也。古勞切。」夲：「土刀切，从大、从十，猶言兼十人也。進趣也。」今習作皋。其實半卽夲之傳寫小異而訛也。春秋繁露「皋蘇釋勞」，皋又作𦤎。故皋陶又作咎繇。

---

〔二〕「卽」字，丁本無，據他本補。

## 荀卿評莊子*

荀卿曰：「莊子蔽於天而不知人。」不謂荀子亦作晚近俗儒語。試且語人間世中先師告葉公一則，是知人不知人也？大宗師中「天與人不相勝也，是之謂眞人」，是知人不知人？蘧伯玉告顔闔「就不欲入，和不欲出」，其揣摩人理至矣。是猶内篇專言天者已自爾，至於外篇排沙見金，往往見寶，不一二足。「春秋經世，先王之志，聖人議而不辨」，可謂知人之極矣。楊雄曰：「莊生放蕩而不法，只飲麪餬語耳。」〔二〕法言其所謂法哉，正足使我噴飯。〔鄧藏手稿〕

## 謳癸射稽

韓非儲説：「宋王與齊仇也，築武宮。謳癸倡，行者止觀，築者不倦，王聞召而賜之，對曰：『臣師射稽之謳又賢於癸。』王召射稽使之謳，行者不止，築者知倦，王曰：『行者不止，築者知倦，其謳不勝如癸美，何也？』對曰：『王試度其功。癸四板，射稽八板；擿其堅，癸五寸，射稽二寸。』」〔省博手稿，王愛國重校。〕

## 顧字

韓非儲説：「兒説，宋人，善辨者也。持白馬非馬服齊稷下辨者，乘白馬而過關，則顧白馬之

〔二〕「麪」，傅山全書初版本誤作「麥」，據手稿改。

賦。」其義似微字，又似出鋒之出。

穀梁傳莊二十八年：「大無麥禾。大者，有顧之辭也。」釋曰：「顧猶待也。徐邈云：至冬無禾，於是顧錄無麥。」〔省博手稿，王愛國重校。〕

## 九與一

呂覽圜道篇：「人之竅九，一有所居則八虛，八虛甚久則身斃。故唯而聽，唯止；聽而視，聽止。」

淮南冥覽篇：「觀九鑽一知之所不知，而心未嘗死者乎！」高誘注：「九，謂九天。一，龜也。觀九天之變，鑽龜占兆所不知事，亦云然也。」此解極可笑。只因一鑽字，便說及龜上，則「顏子鑽之彌堅」，豈謂向龜上鑽之耶？逕說一是龜，尤無所本。吾謂「鑽一知之所不知」當一句讀下。

戴九履一，九在上，心也；一在下，生心者也。知之所不知，而心未嘗死，此大道妙境，不可以言解也。〔省博手稿〕

## 得道忘人*

「得道忘人，乃大得人也，夫非其道也。知德忘知，乃大得知也，夫其非德也。至知不幾，靜乃明幾，夫其不明也。大明不小事，假乃理事也，夫其不假。莫人不能，全乃備能也，夫其不全也。」精語兼内外，高注妄。〔拾遺本〕

## 振振殷殷*

呂覽愼人篇：「舜登爲天子，賢士歸之，萬民譽之。丈夫女子，振振殷殷，無不戴說。」高注：「振振殷殷，衆友之盛。」廣韻先韻「軥」字下，引呂覽曰：「天子軥軥啟啟，莫不戴說。」眞韻「啟」字下，引呂覽，「啟啟，動而喜貌」。「啟」又列軫韻中，音如軫。以字文偏傍考之，振、啟，以「扌」與「攴」兩字互用，如「捄」與「救」，皆一字也。軥，其「殷」字之少異耶？抑訛耶？然「身」字本反「身」，而「軥」旁有正「身」，字似「身」之反，而「車」旁在左，與「殳」在右大乖。想古有此體。「殷」，古與「依」同。以身從車，亦有「依」義。但廣韻音作徒年切，與「殷」聲遠甚。且呂覽本云「丈夫女子」云云，文義最著，而廣韻注曰「天子軥軥」，則不通矣。蓋因呂文有「女子」字，而「天」與「女」遂溷，徑因上有「登爲天子」之文，遂截略書之爾爾。當以呂文爲正。

## 譙詬*〔一〕

呂覽誣徒篇：「草木雞狗牛馬，不可譙詬遇之。譙詬遇之，則亦譙詬報人。」草木亦能譙詬報人。此語前人未及也。

〔一〕此條據原晉先生藏手稿釋文。傅山全書初版本未收。

## 移大犧〔二〕

呂覽管選篇：「殷湯以戊子戰于郕，遂禽移大犧。」注：「桀多力，能推大犧，因以爲號。」墨子明鬼篇：「湯乘大贊，犯遂下衆。人之蝺遂，王乎禽推哆大戲。」下又云：「富有天下，有勇之推哆大戲，主别兕虎，指畫殺人。」下云：「武王禽費中、惡來。」下云：「有勇力之費中、惡來、崇侯虎，指寡殺人」云云。是「推哆大戲」，是當時有勇力之人，與費中、惡來同類者。「寡」字訛。

## 尊師*

「呂氏春秋尊師，徑不減王褒僮約。」可笑！〔太原段帖、霜本〕

## 君平道德指歸生死各十三數目

生之徒十有三：虛、無、清、靜、微、寡、柔、弱、卑、損、時、和、嗇。

死之徒十有三：實、有、濁、擾、顯、衆、剛、强、高、滿、過、泰、費。〔省博手稿，王愛國重校。〕

---

〔二〕此條據原晉先生藏手稿釋文。傅山全書初版本未收。

## 郭路

論衡效力篇：「王莽之時，省五經章句皆爲二十萬，博士弟子郭路夜定舊説，死于燭下，精思不任，脈絶氣滅也。」〔省博手稿，王愛國重校。〕

## 論衡*

王仲任論衡，醇疵半之，然終屑屑。以愚論之，才劣潛夫矣。〔拾遺本〕

## 抱朴子*

抱朴子，道家者流，而不善讀莊生之書，吾不慊也。〔拾遺本〕

## 裴頠語*〔一〕

裴逸民曰：「養既化之有，〔二〕非無用之所能全也；理既有之衆，非無爲之所能循也。」「理既有之衆，非無爲之所能循」，近法家者言，可謂無弊。若「養既化之有，非無用之所能全」，則但就形之所待者言之，而有所不待者正妙於無，逸民不曾舉得。若其論義于名教，正不可廢。

---

〔一〕此條據浙江省博物館藏手稿釋文。傅山全書初版本未收。

〔二〕「之」字下，手稿衍一「之」字，據文義删。

## 道學先生*

自宋末入元百年間，〔一〕無一个出頭地人，號爲賢者，不過依傍程朱皮毛蒙袂，侈口居爲道學先生，以自位置。至于华夷君臣之辨，一切置之不論，尚便便言聖人春秋之義，眞令人齒冷。獨羅教授開理舉義死節，而合門三百竈，恥仕胡元。此才是眞道學，聖賢之澤。元既亡而我明興，儘有抵死不肯屈仕之人，豈可謂不知食人之食、死人之事之義者？然而人爲狗死，可謂知人禽之辨哉？既失其身，不得不然。灼見可否？在出身之先，始無後弊。〔鄧藏手稿〕

## 讀理書*

讀理書尤著不得一依傍之意。大悟底人，先後一揆，雖勢易局新，不礙大同。若奴人，不曾究得人心空靈法界，單單靠定前人一半句註脚，說我是有本之學，正是咬齦人脚後跟底貨，大是死狗扶不上牆也。

## 貧道編性史*

貧道昔編性史，深論孝友之理，於古今常變多所發明。取二十一史中應在孝友傳而不入者，與在孝友傳而不足爲經者，兼以近代所聞見者，去取軒輊之。二年而藁幾完，遭亂失矣。間有其說存

〔一〕「末」字，傅山全書初版本脫，據手稿補。

之故紙者，友人者家或有一二條，亦一班也。然皆反常之論，不存此書者，天也。〔省博手稿，王愛國重校。〕

## 晉公千古一快*

晉公千古一快，逢吉敬信朱晦翁，獨論祧廟事不肯傅會，可謂善爭道學者矣。馨路謣輩皆一節，〔二〕具足觀粟也，難矣。抑之孝友，無時不可，亦不敢以時而廢之。吾每見瀶起兄弟之和，花朝月夕，百壺傾倒，不醉不已，敬而愛之。「堅坐看君傾」五字，嘗擬贈之。當其耳熱嗚嗚，雜以譏嘲，戲而不虐，不知人世之所謂富貴尊崇者何事。從旁抵掌，視三歎之瑟，九莖之芝，眞不值豐蹓行脚也。使須報，早起寫此于杏花小亭前。代簡。　七十八翁傅眞山書。〔晉祠手稿〕

## 陳亮與朱熹*〔三〕

愚謂同甫容得朱晦翁，而晦翁不能容同甫。近日講論行徑，絕有類此者，故前章及之。

## 朱熹與王守仁*

往在西河時，曾與胡季子兄弟論新建禽寧濠之功，問于野曰：「且道朱晦翁當新建之任，能禽得濠否？」于野曰：「能。」予笑曰：「必不能。必不能。晦翁摻切簿書間有餘耳，精神四射處正

〔二〕「輩」字，傅山全書初版本脫，據手稿補。
〔三〕此條，傅山全書初版本在前貴師愛資二中，考文意與丁本，實爲另一條，故移至於此。

欠在。」〔鄧藏手稿〕

## 宋人講誠*

柳公權，字誠懸。妙道之權，無輕重。莫不至誠懸而□之於人。天下莫測之用，直一誠字。宋人講誠，死誠也。其中變變化化，純一無妄之道，豈腐儒執著所得窺度！故孟子曰：「執中無權，猶執一也。」不然，執中豈非好字面耶？執兩用中，已□之誠懸也。

## 理學不知詩文*

凡所稱理學者，多不知詩文爲何事何物，妄自謂我聖賢之徒，豈可無幾首詩，幾篇文字爲後學師範，遂高興如「何物清意味，何物天下理」而已矣。也有幾篇行世，其爲之弟子者，又不知其先生父兄之詩文爲何物，意以爲吾師吾父兄之詩文豈有不佳者，盡氣力爲之表揚，不顧人禁受得與否，而惟恐其人之不聞不見也。以故長耳下風，動輒數十卷，只得教人叫奈何耳。此事俑于宋而至今遂大盛。〔鄧藏手稿〕

## 義襲*

「義襲」二字，乃沿襲之謂。隨事求識解，不曾曉得率性之道。故曰：「告子未嘗知義。」以其外之也。王龍谿云：「貨殖只是作得義襲工夫。」區區在貧富上證解，恐非聖人語意。

## 王龍谿*

近日讀王龍谿先生書，不惟於陽明先生良知頗有理會。正當注易，覺與舊日隨文銓義者亦稍稍有頭腦。因思看書，灑脱一番，長進一番。若只在注脚中討分曉，此之謂鑽故紙，此之謂蠹魚。

## 奴書生*

奴書生眼裏著不得一个人，自謂尊崇聖道，益自見其狹小耳，那能不令我盧胡也！

## 萬物之靈*

貧道嘗笑聖人謂人爲萬物之靈，又曰五行之秀氣也。不然哉！人焉敢與萬物較靈也！最毒最毒者人。蛇蠆狐蜮，虎狼猪狗，鴟梟鵂鶹，諸齷齪鄙委、陰細蠢竊之類，人中莫不有，而獨無蜂蟻，君臣天秩，顛沛必伸。戴圓履方者，誰知有君父之當死也？故吾謂蜂蟻、烏鴉，五行之秀氣也，萬物之靈也。〔傅青主法帖、霜本，谷錦秋重校。〕

## 大學*

可惜一本好大學。折得亂騰騰地。

## 子貢事*

子貢一出而存魯、亂齊、彊晉、破吳而霸越。士家類以爲決非子貢事，謂之類儀秦縱横之口，〔一〕非聖門所屑爲。老子以爲斷爲子貢事。當時若不出此，則父母之邦眼見其禍，尚安顧他！且齊何必不亂，晉何必不强，吳何必不破，越何必不霸也？弱魯無他可恃，子貢以一口舌存之，事類從横，亦何害於仁義？蘇文忠指其事皆不然。齊之伐魯也，爲悼公之怒，本於季姬，而不自田恆。吳之伐齊，爲怒悼公之反覆，不關子貢事，則然矣。然古來事之或傳或不傳，安得但據其傳者，而遂不信其不傳者！此皆末論。吾獨謂先聖門下，不可少此一弟子。雖以爲戰國嚆矢，而濟事之快，亦足見聖門之才。若遭道學處此，則必須麻煩何物方伯連率矣。人徒見戰國之日亂於從横之士，而不知無從横之士之日，亂尤甚於戰國也。嗚呼，復何言？故論古人須破門面，不破門面而一味顢頇責之，期於事之不濟而已。故寧不由此而敗，不可不由此而成。士君子之於節義，自處當如此耳。若濟人家國事，不在此論。

乙卯夏日，因蓮蘇讀此傳，復爲申之。後之人又當誚吾教後學以非聖之書耶！時乎！時乎！聖人之戰則勝，不從横者皆能之乎？能則眞不勞爲此矣。〔太原段帖、霜本，王愛國重校。〕

〔一〕「之」，傅山全書初版本與霜紅龕集各本均誤作「其」，據山西博物院藏段帖手稿改。

## 道學門面*

明王道，闢異端，是道學家門面，卻自己只作得義襲工夫。非陽明先生直指本源，千古殊無覺察。〔一〕

## 聖賢決非腐儒*

市井棍徒時有一節，極似豪傑，而豪傑決非棍徒。鄉曲腐儒時有一節，極似聖賢，而聖賢決非腐儒。〔天一閣手稿，增補。〕

## 太玄經*

楊子雲太玄經，邵康節以爲是，吾不得而知之也；朱文公以爲非，吾不得而知之也。然而康節以數言數。文公以理衡數也。

## 薛瑄語*

薛文清公云：「許魯齋無時不以致其君堯舜爲心。」此語極可笑。「學者當謹察象占。」此語極沒要緊。其君何君也？象占何用也？

〔一〕「無」，丁本空白，據王本補。

## 李念齋語*

李念齋有言：「東林好以理勝人。」性理中宋儒諸議論，無非此病。

## 王介甫*

「申韓說得不好，卻踏著實地；王介甫說得較好，卻踏不著實地。所以王不成王，伯不成伯。」此語極有斤兩。余謂介甫上仁宗皇帝書，句句是把持紛更，儒者偏要諱其姦字，何也？

## 胡致堂*

「正其誼不謀其利，明其道不計其功」，是句正經好語。胡致堂一引用，便有許多不妙。

## 邵康節*

邵康節師弟源流出麻衣道人。儒者不敢非康節，而敢於非正易心法，眞是非安在？

## 羅念庵*

羅念庵曰：「良知不是現成的。」可爲大海波浪。轉下一注脚，近之講「六爻皆無妄者」，可謂認賊作子者矣。

## 北宋宰相*

北宋宰相，李文靖爲首，韓魏公其次，其餘不免落道學窠臼。

## 宋人成功少*

宋人議論多而成功少，必有病根，學者不得容易抹過。

## 楊升庵語*

楊升庵曰：「布帛菽粟，但陳陳相因而不可用耳，誰能奉此爲蓍龜也者！」又曰：「倒有索子，只是無錢可穿。」余恐索子亦腐敗，不任穿錢耳。

## 王陽明*

講學者羣攻陽明，謂近於禪。而陽明之徒不理爲高也，眞足憋殺攻者。若與饒舌爭其是非，仍是自信不篤，自居異端矣。近有祖陽明而力斥攻者之陋，眞陽明亦不必輒許可。陽明不護短望救也。

## 陽明工夫*

其集義也如何？必有事而勿正。何謂必有事？心勿忘是也。何謂勿忘？勿助長是也。陽明先生曰：「俺這裏工夫只在必有事。」

## 王陽明語*

「言語正到快意時，便截然能忍默得；意氣正到發揚時，便翕然能收斂得；忿怒嗜欲正到沸騰時，便廓然能消化得：非天下大勇者不能。」張公藝百忍圖，亦是此意。

## 隱居求志*

今之解「隱居以求其志，行義以達其道」，都如作夢。須參其夢者何境，與一切夢者何境也。

## 儒者*

「儒者釋耒耜而學不驗」之語，誠然哉！

## 張居正*

江陵汰生儒之議曰：「黌宮育才之地，非濟貧養老之所。」至言哉！使此議恆行，世界那得頓爾！

## 茅鹿門語*

茅鹿門評史記儒林傳，謂太史公不知學，眞笑殺人。太史公本義只紀漢之經術之興于武帝時耳。

鄭重公孫弘博士之議，[一]反覆推崇董仲舒，亦略見其大旨矣。茅之所譏，[二]不過嫌其不慎諸儒生説經之要，其見解是宋儒陋習，何足以語史記瑋奇之文？我尚有説，儒家者言，原太史公不曾著眼，故不屑之引之而責太史公，以不知太史公本不以此事爲知也。〔鄧藏手稿〕

## 本朝理學*[三]

崔三丈常云：「本朝理學，聰明似更過于宋儒，只用力處不結實，所以不及也。」知言哉！

## 李顒*

頃在頻陽，聞莆城米黼之將拜訪李中孚。既到門，忽不入，遂行。或問之，曰：「聞渠是陽明之學。」李問天生米不入之故，天生云云，李卽曰：「天生，我如何爲陽明之學？」天生於中孚爲宗弟行，卽曰：「大哥如何不是陽明之學？」我聞之，俱不解，不知説甚。正由我不曾講學辨朱陸買賣，是以聞此等説如夢。

## 孫奇逢*

頃過共城，見孫鍾元先生，眞誠謙和，令人諸意全消也。其家門雍穆，有禮有法，吾敬之愛之。

---

[一]「議」字下，傅山全書初版本衍一「請」字，據手稿删。
[二]「譏」，傅山全書初版本誤作「説」，據手稿改。
[三] 此條據山西博物院藏手稿釋文。傅山全書初版本未收。

不知者，以爲世法模棱之意居多。其中實有一大把柄，人以隱稱之，非也。理學家法，一味版拗。先生則不然，專講作用。故於嘉興之魏、潞河之李、南昌之鄒、桐城之左，均敬愛之，無異同焉。此等學問，亦大難向腐漢講矣。而張于度頗嫌先生少近羅莎，亦其所處之勢不同，有不得不然者耶？然其說亦不可盡廢，旁觀者不無冷然。

## 博學宏詞*

天生丈來自燕，〔一〕告予有誹諧嘲「李、杜、馮、葉看薦舉」詩賦不當者，〔二〕七言八句，惟「葉公懵懂遭龍嚇，馮婦癡騃被虎欺」二句，〔三〕巧毒可笑。天生每爲人誦之。或謂天生：「爾亦取中者，何誦此爲？」天生曰：「此詩兒實有可誦處也。」

又說：「輕薄子以如今兩起極勝之事作對曰：〔四〕博學弘詞，〔五〕清歌妙舞。」吾頗謂不然，博學弘詞焉敢與清歌妙舞者作偶？果有一班青揚繁華子，〔六〕引商雜羽落梁塵，驚鴻游龍迴豔雪，眞足令人死而不悔，復安知所謂學文詞者，博殺弘殺，在渠肚裏，先令我看不得、聽不得，想要送半杯酒不能也。〔河南博物院手稿、霜本〕

---

〔一〕「丈」，傅山全書初版本與霜本作「丈人」。

〔二〕「予」、「薦」，傅山全書初版本與霜本作「余」、「選」。

〔三〕「欺」，傅山全書初版本與霜本作「顛」。

〔四〕「極」，傅山全書初版本與霜本作「排」。

〔五〕「弘」字，傅山全書初版本與霜本作「宏」，以下同。又手稿於「之」之下衍一「之」字，據文意與霜本刪。

〔六〕「揚」，傅山全書初版本與霜本作「陽」。

## 嘲薦舉詩*

客冬臥病慈明菴，聞亦春園有嘲薦舉會集者云：〔一〕「從此長安傳盛事，杯盤狼藉醉巢由。」口雖朴毒，〔二〕然實不中。博學弘詞者，原不曾以巢由自命。一時際遇，各欲了此筆研之緣，〔三〕所謂用其未足也。若無學無才之人，幸而免出一時之醜，遂成巢由耶？所謂我輩只是知分安命，命許受一半年無處告訴之苦。〔四〕既受過了，迴看受得苦在何處，只是又披了一層羼提鎧甲矣。〔河南博物院手稿、霜本〕

〔一〕「亦」，傅山全書初版本與霜本作「樂」。
〔二〕「僕」，傅山全書初版本與霜本作「樸」。
〔三〕「研」，傅山全書初版本與霜本作「硯」。
〔四〕「命許」二字，傅山全書初版本與霜本無，據手稿補。

# 卷四十三　雜記（七）

## 仙佛儒*

漢唐以後，仙、佛代不乏人，儒者絕無聖人。此何以故？不可不究其源。

## 二氏成得己*

今之談者云：「二氏只成得己，不足成物。」無論是隔韡搔癢話，便只成得己，有何不妙？而煩以爲異而闢之也？

## 道魔*

道高一尺，魔高一丈，解得魔帀在道中，慧劍便有幾分快處。

## 語言道斷*

每笑談語言道斷，又好妝个詩僧，暗暗張角，出口卽幹下事，往往不打自招，逕是神差鬼使也。

〔拾遺本〕

## 佛子殺人*

墨莊漫錄又云：〔一〕「近時士大夫學佛者，〔二〕不行佛之心，而行佛之迹，皆是談慈悲而行若蜂蠆，乃望無上菩提。」〔三〕吾未之信。梁武帝之奉佛也，可謂篤矣。至捨身爲寺奴，〔四〕宗廟供麪牲。乃築浮山墟，灌壽春，欲取中原，一夕而殺數萬人，其心豈佛也哉？」如此論頭，〔五〕眞奴婆嫣之見。所以今之奴人，往往道太祖慘毒，而置之不論。不知太祖眞佛子也。〔六〕若説不殺人始是佛子，除是人無可殺，〔七〕佛手自然不殺。孟子「殺一不辜」之言，亦不得囫圇説之。一不辜不可殺，而萬辜自可殺。〔八〕天吏逸德，亦有令人怨不及處。革之時大矣哉！人不幸而遭爲聖人殺之之時，無可奈何，直不犯聖人所惡而殺之之事耳。〔九〕〔河南博物院手稿、霜、傅眉抄本〕

〔一〕傅山全書初版本與霜本無「又」字。
〔二〕「學佛者」三字，傅山全書初版本與霜本無。
〔三〕「乃」，各本作「者」，據傅眉抄本改。
〔四〕「至」，傅山全書初版本與霜本作「若」。
〔五〕「頭」，傅山全書初版本與霜本作「乃」。
〔六〕「眞」，傅山全書初版本與霜本無。
〔七〕「無」，丁本作「不」，據他本改。
〔八〕「殺」字下，傅山全書初版本與霜本尚有一「之」字。
〔九〕「犯」，傅山全書初版本與霜本作「狠」。

## 佛太繁*

老簡於莊，孔簡於孟。簡者其至乎！然而佛則愈繁也。

## 頻陽夢雪峰*

吾有夙緣，每夢見僧伽，則無甚煩惱之觸。雪峯圓璧，既發心募緣造大藏，云當深秋自河洛南。吾在頻陽淹月餘，霪災不略斷。至九月九日，忽夢見雪峯笑而來曰：「藏未得，且造一尊佛相來。」吾顧見一小金佛相，〔二〕不滿尺許，在窗牖間。醒則雨猶如注。私謂今當晴，至午忽然晴，遂再不作雨矣。及過祁，見楓仲，云雪峯言九月定南也。而廿七日抵村僑，知雪峯已來至雙塔，於九月三日發自燕。計我夢時，似適近平定矣。十月初來言：遭地震，被亞于慈明菴牀隙，不至受榻擊死。豈非佛緣脫得此一劫度耶？

行次朝邑，將渡河，人亂云：「河水大甚，不得過去。」夜夢一僧，與我一扇，寫五言八句一詩，皆蟲書不可辨，而首句則忽然變正書且眞，五字爲：「觀子慈悲意。」早起赴河干，水頗瀰瀰瀰漫而略無風浪，上船頃刻卽過，迴意扇夢，亦非偶然也。

〔二〕「金」，丁本作「尊」，據他本改。

## 雪林來*

前日午後，雪林來，守一爲打油餅，坦腹大嚼。余從旁睨之，居然一無營展樣和尚，也許他目中無半个人久矣。〔鄧藏手稿〕

## 稱寺爲藍*

謂寺爲藍若，其常也。然亦有省若字單作藍者，如此十卷第一紙「過相國寺」，而但曰「過相藍」是也。藍、蘭通用。〔王本〕

## 弘明集張騫又一人

弘明集載理惑論，云漢牟融撰。一條云：「孝明帝遣使者張騫、羽林郎中秦景、博士弟子王遵等十二人，于大月支寫佛經四十二章。」張騫是西漢人，豈同姓名耶？〔省博手稿，王愛國重校。〕

## 弘明集公明儀爲牛彈

「公明儀爲牛彈清角之操，伏食如故。非牛不聞，不合其耳。轉爲蚉寅之聲，孤犢之鳴，卽掉尾奮耳，蹀躞而聽。是以詩書理子耳。」如此賤詩書，可殺。〔省博手稿，王愛國重校。〕

## 宗炳明佛論解陰陽不測之謂神弘明集。

「今稱『一陰一陽之謂道，陰陽不測之謂神』者，蓋謂至無爲道，陰陽兩渾，故曰一陰一陽也；自道而降，便入精神。常有于陰陽之表，非二儀所究，故曰陰陽不測。」此又與今人說不同，謂道之神尚非陰陽所能測者，非不測乎陰陽也。〔省博手稿〕

## 韓康伯注一陰一陽之謂道

「道者何？无之稱也。无不通也，无不由也，况之曰道。寂然天體，不可爲象，必有之用極，而无之功顯。故至乎神无方而易无體，而道可見矣。故窮變以盡神，因神以明道，陰陽雖殊，无一以待之。在陰爲无陰，陰以之生；在陽爲无陽，陽以之成。故曰一陰一陽也。」此注亦與常解不同。「一」逕作「无」字看，非「一遍」、「一層」之「一」也。孔正義曰：「陰之與陽，雖有兩氣，恆用虛无之一，以擬待之，言在陽之時，亦以爲虛无，无此陽也；在陰之時，亦以爲虛无，无此陰也。〔二〕云在陰爲无陰，陰以之生者，謂道雖在于陰，而无于陰。言道所在，皆無陰也。雖无于陰，陰終由道而生。故言陰以之生也。在陽爲无陽，陽以之成者，謂道雖在陽，陽中必无道也。雖无于陽，陽必由道而成。故言陽以之成也。（此句對上句，當云「雖在于陽，而无于陽」，乃變其文，曰「陽中必无道」，中有礙。）道雖无于陰陽，然亦不離于陰陽，陰陽雖由道成，即陰陽亦非道，故曰

〔二〕「此」，傅山全書初版本誤作「以」，據手稿改。

一陰一陽也。」〔省博手稿，王愛國重校。〕

## 宗炳明佛論中語

「終懷過疑于想所不及者，與將隕之疾饋藥不服，流矢通中忍痛不拔，要求矢藥造構之始，以致命絶，夫何異哉！」

又曰：「夫物之媚於朝露之身者，類無清遐之實矣，何爲甘臭腐于漏刻，以枉長存之神，而不自踈于遐遠之風哉？雖復名法佐世之家，亦何獨無分于大道，但宛轉人域，囂于世路，故唯覺人道爲盛，而神想蔑如耳。若使迴身中荒，升岳遐覽，妙觀天宇澄肅之曠，日月炤洞之奇，寧無列聖威靈尊嚴乎其中，而唯唯人羣，忽世務而已哉？」

又曰：「羣生皆以精神爲主。」

又曰：「以不憶前身之意，謂神不素存。夫人在胎孕至于孩齠，不得謂無精神矣，同一生之内耳，以今思之猶冥然莫憶，況經生死、歷異身，昔憶安得不忘乎！所憶亡矣，而無害神之常存。則不達緣始，何妨其理常明乎！」

又曰：「夫萬乘之主，千乘之君，日昃不遑食，兆民賴之于一化内耳。何以增茂其神，而王萬化乎？今依周孔以養民，味佛法以養神，則生爲明后，沒爲明神，而常王矣。如來豈欺我哉！非崇塔侈像，容養濫吹之僧，以傷財害民之謂也。物之不窺遠實而覩近弊，將橫以訴法矣。蓋尊其道，信其教，悟無常空色，有慈心整化，不以尊豪輕絶物命，不使不肖竊假非服，豈非道之以德，齊之以禮，天下歸仁之盛乎！」〔省博手稿，王愛國重校。〕

## 殊域之性

「殊域之性，多有精察黠才而嗜欲類深。」此宗少文明佛論中語。〔省博手稿，王愛國重校。〕

## 宗炳*

宗炳明佛論中引宋均虎渡河事，曰「遠祖九江」，不知何謂。前設或問曰：「魯陽迴日，耿恭飛泉，宋九江虎遠江而蝗避境。」後答「魯陽、耿恭」，皆如前書名，而于均則曰「遠祖九江」。宗自宗，宋自宋，何得曰「遠祖」？必有義，當再問諸博學者。〔省博手稿，王愛國重校。〕〔二〕

## 支遁妙語多用老莊廣弘明集。

八關齋詩中「窈窕八關客，無楗自綢繆」，「靖一潛蓬廬，愔愔咏初九」。又曰「望山樂榮松，瞻澤哀素柳」。此二句，晉宋以來，成格套矣。〔省博手稿，王愛國重校。〕

## 支遁詩*

「窈窕八關客，無楗自綢繆。」支和尚朵穹造語。〔天一閣手稿，增補。〕

---

〔二〕　此條後，傅山全書初版本尚有「無上菩提」一條，因是抄錄壇經文字，故刪去。

## 梁武帝淨業賦序

賦無足觀，序盾樸可看。且道二醫事，可笑。〔省博手稿，王愛國重校。〕

## 斬蛇蚯蚓

歸宗智常禪師剗草次，有講僧來參，忽有一蛇過，師以鉏斷之。僧曰：「久嚮歸宗，元來是個麄行沙門。」師曰：「你麄？我麄？」曰：「如何是麄？」師竪起鉏頭。曰：「如何是細？」師作斬蛇勢。曰：「與麽，則依而行之。」師曰：「依而行之，且致你甚處見我斬蛇？」僧無對。福州玄沙宗一禪師，雪峯普請畬田次，見一蛇，以杖挑起，召衆曰：「看！看！」以刀芟爲兩段。師以杖抛于背後，更不顧視。衆愕然。峯曰：「俊哉！」雲居道膺禪師，師在洞山作務，悮剗殺蚯蚓。山曰：「這个聻！」師曰：「他不死。」山曰：「二祖往鄴都，又作麽生？」師不對。後有僧問：「和尚在洞山剗殺蚯蚓因緣，和尚豈不是無語？」師曰：「當時有語，祇是無人證明。」〔省博手稿，王愛國重校。〕

## 大珠

越州大珠禪師，有問儒釋道三教同異如何，師曰：「大量者用之卽同，小機者執之卽異。總從一性上起用，機見差別成三。迷悟由人，不在教之同異。」〔省博手稿，王愛國重校。〕

## 大屨

陳尊宿標大草屨于城門，黃巢欲棄之，竭力不能歎。歎曰：「睦州有大聖人。」舍城而去。較之隱峯飛錫過淮蔡事，實實能救濟生靈，豈不善？隱峯一錫，只好與宜僚弄丸同伎倆耳。〔省博手稿，王愛國重校。〕

## 宜僚

莊子徐無鬼篇曰：「宜僚弄丸而兩家之難解。」郭注不言。羅勉道循本曰：「市南宜僚善弄丸鈴，常八個在空中，一個在手。楚與宋戰，宜僚披胸受刃，於軍前弄丸鈴，一軍停戰，遂勝之。」不云出自何書。近見注文選魏都賦者曰：「白公將與楚子西戰，白公使召宜僚，將用之，宜僚不從，弄丸自若。白公感之，遂止兵。」然白公卒殺子西者，何嘗止兵？且左傳曰：「承之以劍，不動。白公曰：不爲利諂，不爲威惕，不泄人言以求媚者也，去之。」並不言感而止兵也。莊子則陽篇：「孔子之楚，舍於蟻丘之漿，其隣有夫妻臣妾登極者，子路曰：『是稷稷何爲者邪？』仲尼曰：『是聖人僕也。是自埋於民，自藏於畔，其聲銷，其志無窮，其口雖言，其心未嘗言，方且與世違而心不屑與之俱。是陸沈者也，是其市南宜僚邪？』子路請往召之。孔子曰：『已矣！彼知丘之著於己也，知丘之適楚也，以丘爲必使楚王之召己也，彼且以丘爲佞人也。夫若然者，其於佞人也羞聞其言，而況親見其身乎！而何以爲存？』子路往視之，其室虚矣。」〔省博手稿，王愛國重校。〕

## 禪宗實語

「心不負人，面無慚色。」陳尊宿語，□禪行之。〔省博手稿，王愛國重校。〕

### 慧忠和尚*

慧忠和尚云：「但脫情見，其道自明。」明之爲言，信也。如禁蛇人信其呪力、藥力，以蛇綰弄，揣懷袖中，無難；未知呪、藥力者，怖駭棄去。

### 三平義忠禪師*

「三平義忠禪師陞坐次，有道士出衆，從東過西，一僧從西過東。師曰：『適來道士卻有見處。』師僧未在，士作禮曰：『謝師接引。』師便打。」五燈五卷二十四。此等是從走步裏面看出耶？〔晉祠手稿〕

### 九龍道士*

福州雲頂，九龍觀道士并三士人没來由三個瞎漢，尋着討掃興耳。請上堂，云：「儒門畫八卦，造契書，不救六道輪迴；道門朝九皇，鍊眞氣，不達三祇劫數。一片貢高瞎障話頭，與佛何干？釋迦老尊，洞三祇劫數，救六道輪迴，以大願攝人天，如風輪持日月，以大智破生死，若劫火焚秋毫。自尊其教耳，佛卻不許此言。入得我門者，〔一〕自然轉變天地，此益發妄說。幽察鬼神，使須彌、鐵圍、大地、大海，入一毛孔中，雲頂得一。一切衆生，不覺不知。我說此法門，如虛空中，俱含萬像。一爲無量，無量爲一。若人得一，卽萬事畢。」此原要在者幾個道士儒生上當面討個便意，若說「一爲無量」二句，豈不又是吾道「一以貫之」？老子之「得一」與此石頭何異？五燈六卷。〔晉祠手稿〕

## 德山拂袖去 可見拂子是假事。

德山提起坐具曰：「和尚！」潙擬取拂子，德便喝，拂袖而去。潙至晚問首座：「今日新到在否？」座曰：「當時背卻法堂，著草鞋出去也。」取拂子原可笑。〔省博手稿，王愛國重校。〕

## 無主孤魂*

潭州志元圓淨，握劍問道正曰：「你本教中道，恍恍惚惚，其中有物，是何物？圓淨喝孤魂。杳杳冥冥，其中有精，是何精？道得不斬，道不得卽斬。」道正茫然，〔二〕便禮拜懺悔。師謂馬王曰：「還識此人否？」王曰：「識。」師曰：「是誰？」王曰：「道正。」師曰：「不是，其道若正，合對得臣僧。此祇是個無主孤魂。」因茲道士更不紛紜。五燈六。

因不能道得何物、何精，而云是個無主孤魂。句下亦可顯見其爲有主者矣。〔晉祠手稿〕

〔一〕「者」，傅山全書初版本脫，據手稿補。
〔二〕「茫」，手稿作「忙」，據文意改。

## 溈山要語

道人之心，質直無僞，無背無面，無詐妄心。一切時中，視聽尋常，更無委曲，亦不閉眼塞耳，但情不附物卽得。〔省博手稿，王愛國重校。〕

## 溈山靈佑禪師喫緊語〔一〕

道人之心，質直無僞，無背無面，無詐妄心。一切時中，視聽尋常，更無委曲，亦不閉眼塞耳，但情不附物卽得。〔省博手稿，王愛國重校。〕

## 法遇庵主喝賊魁而了

五燈會元弟九卷載，蘄州三角山法遇庵主，因荒亂，魁帥入山，執刃而問：「和尚有甚財寶？」師曰：「僧家之寶，非君所宜。」曰：「是何寶？」師震聲一喝，魁不悟，以刃加之。如此著書者，此處下「魁不悟」三字，蒼天，蒼天！且道此喝，是想要賊悟來耶？笑殺個人也。顯是寃業耴對，尚不知覺喝是喝甚麽。者一喝，大喝著和尚們，當云是悟後要見吹光劃水時矣。〔晉祠手稿〕

〔一〕　此條與上一條文字相同，因青主兩次書寫，且自書標題不同，故仍收録。

## 臨濟喝

臨濟義玄師應機多用喝。會下參徒亦學師喝。師曰：「汝等總學我喝，我今問汝：有一人從東堂出，一人從西堂出，兩人齊喝一聲，者裏分得賓主麽？汝且作麽生分？若分不得，以後不得學老僧喝。」〔省博手稿，王愛國重校。〕

## 谷隱妙喻會元十二。

曇穎禪師參谷隱。一日普請，隱問：「今日運柴耶？」師曰：「然。」隱曰：「雲門問：『僧人般柴柴般人』如何會？」師無對。隱曰：「此事如人學書，點畫可効者工，否則拙，蓋未能忘法耳。當筆忘手，手忘心，乃可也。」

雪竇對孝宗曰：「非中庸何以安立世間？故法華曰『治世語言資生業』，皆與實相不相違背。華嚴曰：『不壞世間相，而成出世間法。』」〔省博手稿，王愛國重校。〕

## 五鐙奇人

和州光孝慧蘭禪師，不知何許人也。自稱碧落道人。嘗以觸衣書七佛名。建炎末，逆虜犯淮，執師見酋長。長曰：「聞我名否？」師曰：「我所聞者，唯知大宋天子之名。」〔二〕酋恚，令以鎚擊

〔二〕「之」，傅山全書初版本脱，據手稿補。

之。鎚至輒斷壞。酋驚異，延麾下，敬事之。經旬，索薪自焚。

奇哉！者個事與者一班驢奴說，那里醒得！若聽見後來爲酋長供養，還應笑者和尚沒造化，不知享受也。〔省博手稿，王愛國重校。〕

## 三教大要*

張商英問隨州大洪山報恩三教大要，曰：「清涼疏第三卷，西域邪見，不出四見。此方儒道，亦不出四見。此則只是「見」、「悟」兩字。卽莊老莊老。計自然爲因，能生萬物，卽是邪因。易曰：『太極生兩儀。』太極爲因，亦是邪因。若謂一陰一陽之謂道，能生萬物，亦是邪因。若計一爲虛無，則是無因。今疑老子自然，與西天外道自然不同。何以言之？老子曰：『常無欲以觀其妙，常有欲以觀其竅。』無欲則常，有竅則已入其道矣。謂之邪因，豈有說乎！易曰：『一陰一陽之謂道，陰陽不測之謂神。』神也者，妙萬物而爲言者也。寂然不動，感而遂通天下之故。今乃破陰陽變易之道爲邪因，又問得不是了。撥去不測之神，豈有說乎！」

答曰：「西域外道宗多途，要其會歸，不出有無四見而已，謂有見、一。無見、二。亦有亦無、三。非有非無四。見也。蓋不卽一心爲道，此下許說。則道非我有，故名外道；不卽諸法是心，則法隨見異，故名邪見。如謂之有，有則有無；如謂之無，無則無有。有無則有見競生，無有則無見斯起。若亦有亦無、非有非無見，亦猶是也。夫不能離諸見，則無以明自心；無以明自心，則不能知正道矣。故經云：言詞所說法，小智妄分別，不能了自心，云何知正道？又曰：有見卽爲垢，此則未爲見；遠離於諸見，如是乃見佛。以此論之，邪正異途，全病在見字上。正由見悟見悟。悟殊致故也。見非悟，悟全不用見。清涼以莊老計道法自然，能無。生萬物，易謂太極生兩儀、一陰一陽之謂道，以自然、太極爲因，一陰一陽爲道，能生萬物，則是邪因。有一無二，亦有亦無，一非有無。計一爲虛無，則是無因。嘗試論之，夫三界唯心，萬緣一致，心生故法生，心滅故法滅。推而廣之，瀰綸萬有而非有；統而會之，究竟寂滅而非無。非無，亦非非無；仍是四見。非有，亦非非有。四執卽亡，百非斯遣，則自然因緣皆爲戲論，虛無眞實俱是假名矣。」

總之者四椿，說有耶，也有無時；說無耶，也有有時；說亦有亦無耶，不是；說非有非無，〔二〕也不是。要之這四椿，實實都有個影子，都可以言語立得，名色只是一個「見」字，與「悟」字有個差别。金剛經皆以無爲法，而有差别，也只是破得個見字。就者四椿說來，悟後也無非有非無，也無亦有亦無，也無有，也無無，故以無爲法。若圪塔住此句，則以「無」爲法，又是個「無」耳。所以讀書皆有从言外着眼如此。報恩麻煩，所言一個心字，必是有耶，無耶？若以金剛經「諸心非心」問之，又當何答？

「至若謂太極陰陽能生萬物，常無常有斯爲衆妙之門，陰陽不測是謂無方之神，雖其人設教，不悟多方，〔三〕然既異一心，寧非四見。何以明之？蓋虛無爲道，道則是無；若自然，若太極，若一陰一陽爲道，道則是有。常無常有，則是亦無亦有。陰陽不測，則是非有非無。先儒或謂妙萬物謂之神，則非物，物物則亦是無。故西方諸大論師，皆以心外有法爲外道，萬法唯心爲正宗。蓋以心爲宗，則諸見自亡，言雖或異，未足以爲異也；心外有法，則諸見競生，言雖或同，未足以爲同也。雖然，儒道聖人，固非不知之，乃存而不論耳。不勞舟旋。良以未明指一心爲萬法之宗，雖或言之，猶

〔二〕「無」字下，傅山全書初版本衍一「耶」字，據手稿删。
〔三〕「不」字，傅山全書初版本誤作「示」字，據手稿改。

不論也。如西天外道，皆大權菩薩若爾，告、楊、墨皆是此方大權之儒。示化之所施爲。橫生諸見，曲盡異端，以明佛法是爲正道。此其所以爲聖人之道，〔一〕順逆皆宗，非思議之所能知矣。故古人有言：緣昔眞宗未至，孔子且以繫心；今知理有所歸，不應猶執權教。然知權之爲權，未必知權也；知權之爲實，斯知權矣。是亦周、孔、老、莊設教立言之本義，一大事因緣之所成始成終也。然有三教一心，同途異轍。究竟道宗，本無言說。非維摩大士，孰能知此意也！」到底囫圇語，沒個了乎。〔晉祠手稿〕

張商英問，便是尋着討掃興，自己無眞實見解，向他人索個明白，那得明白成。且道者報恩蘿蘿莎莎，圪埫了個臨了，又勞他周旋，瞎搗情懷幾句，明眼人只合一笑。五燈十四卷卅一。

## 三教同異*

越州大珠慧海，此老大通。有問儒釋道三教同異如何，答曰：「大量者用之卽同，小機者執之卽異。總從一性上起用，機見差別成三。迷悟由人，不在教之同異也。」吾獨肯此言，〔二〕然識變時，隨量大小，頓現一相，非別變作衆多極微，合成一物。」

此等說，本淺易，而措辭破執，實雋永可愛。成唯識弟一卷。〔晉祠手稿〕

〔一〕「其」字下，傅山全書初版本衍一「其」字，據手稿删。

〔二〕「吾」，傅山全書初版本誤作「其」，據手稿改。

## 上天無路入地無門*

（前缺）西余體柔禪師上堂，〔一〕一人把火自爇其身，一人抱冰橫尸於路。〔二〕進前卽觸途成滯，退後卽噎氣塡胸，直得上天無路，入地無門，如今已不奈何也。良久，曰：「待得雪消後，自然春到來。」此所謂死不會，不會須死，學人不可不從者裏過也。〔省博手稿，王愛國重校。〕

## 唐太宗度詔中語

「華臺寶塔，窺戶無人；紺髮青蓮，櫛風沐雨。」櫛沐如此用。〔省博手稿，王愛國重校。〕

## 會宗論

大慈恩寺三藏傳四卷：「大德師子光已爲四衆講中、百論，述其旨破瑜伽義。法師妙閑中、百，又善瑜伽，以爲聖人立教。各隨一意，不相違妨。惑者不能會通，謂爲乖反，此乃失在傳人，非關法也。師以中、百論旨遍計所執，不言依他起性及圓成實性，師子光不能善悟，見論稱「一切無所得」，謂瑜伽所立圓成實性等亦皆須遣，爲和會二宗，不相違背，乃著會宗論。此小乘破大乘之師子光。下又有「正法藏乃差海慧、知光、師子光及法師」云，又一大乘之師子光也。〔省博手稿，王愛國

〔一〕「柔」，傅山全書初版本誤作「舉」，據手稿改。
〔二〕「抱」，傅山全書初版本誤作「抬」，據手稿改。

重校。〕

## 新字　新寺佛箒

「納縛」，翻言「新」。慈恩傳二卷：「縛喝羅國有小王舍城，納縛迦藍中有佛埽箒，七寶爲柄。」〔省博手稿〕

## 大傳三卷

法師兼學婆羅門書。印度梵書名爲記論，其源無始，莫知作者。每於劫初，梵王先說傳受天人，以是梵王所說，故曰梵書。其言極廣，有百萬頌，卽舊譯云毗伽羅論是也。然其音不正，若正，應云毗耶羯剌誦。此翻名爲聲明記論，以其廣記諸法能詮，故名聲明記論。昔成劫之初，梵王先說具百萬頌。後住劫之初，帝釋又略爲十萬頌。其後北印度健馱羅國婆羅門覩羅邑婆膩尼仙又略爲八千頌，卽今印度現行者。近又南印度婆羅門爲南印度王復略爲二千五百頌，邊鄙諸國多盛流行，印度博學之人所不遵習。此並西域音字之本。其支分明相助者，復有記論略經，有一千頌。又有字體三百頌，又有字緣兩種，一名門擇迦三千頌，二名温那地二千五百頌，此辯字緣、字體。有八界論八百頌，此中略合字之緣、體。此諸記論辯能詮所詮，有其兩例。一名底彥多聲，有十八囀。二名蘇漫多聲，有二十四囀。其底彥多聲於文章壯麗處用，諸泛文亦少用。其二十四囀者，於一切諸文同用。其底彥多聲十八囀者有兩：一般羅颯迷，二阿苔末堊，各有九囀，故合有十八。初九囀者，如泛論一事有三。說他有三，自說有三，一一三中，說一、說二、說多，故有三也。兩句皆然，但其聲別，故分二九耳。依般羅颯迷聲說，有無等法。且如說有，有卽三名，一名婆傚之靴反。底，二名婆傚破，三名婆飯底。說他三者，一名婆傚斯，二名婆傚破，三名婆傚他。自說三者，一婆傚彌，二婆傚靴，去聲。三婆傚摩。此第三依四吠陀論中說多言婆傚末斯。依阿荅末涅九囀者，於前囀下各置毗耶底言，餘同上。安此者令文巧妙無別義，亦表極美義也。蘇漫多二十四囀者，謂言總有八囀，於八囀中一一各三：謂說一、說二、說多，故開爲二十四。於二十四中一一皆三：謂男聲、女聲、非男非女聲。言八囀者：一詮諸法體、二詮所作業、三詮作具及能作者、四詮所爲事、五詮所因事、六詮所屬事、七詮所依事、八詮召呼事。且以男聲寄丈夫上作八囀者，印度語名布路沙。體三囀者，一布路殺、二布路筲、三布路沙。去聲。所作業三者，一布路芆、二布路筲、三布路霜。作具作者三者，一布路鎩拏、二布路詑、音鞞僭反。三布路鎩鞞，或言布路鎩呬。所爲事三者，一布路厦尠詐反。邪、二布路沙詑、三布路鎩韻。鞞約反。所因三者，一布路沙哆、他我反。二布路鎩詑、同上。三布路鎩韻。同上。所屬三者，一布路鎩謂、子耶反。二布路鎩詑，三布路鎩諵。安咸反。〔二〕所依三者，一布路膣、所齊反。二布路鎩諭、三布路鎩緆。所蒻反。呼召三者，一系布路鎩、二系布路稍、三系布路沙。略舉一二如此。餘例可知。

桾稚迦，卽澡罐也。舊曰軍持，訛也。三卷末。〔省博手稿，王愛國重校。〕

## 大傳八卷

大傳八卷：僧明濬答柳宣博士還述頌，言呂才之得失有云：「鑽窮二論，師己一心，滯文句於

〔二〕「安」，手稿作「女」，據大慈恩寺三藏法師傳中華書局本改。

上下，誤字音於平去。復以數論爲聲論，擧生城爲滅城。空唯差離合之宗因，蓋亦違倒順之前後。又探鄙俚訛韻，以擬梵本囀音，雖復廣援七種，而只當彼一囀。然非彼七所目，乃是第八呼聲。外雜乖訛，何從而至？又案勝論立常極微，數乃無窮，體唯極小。後漸和合，生諸子微。數則倍減於常微，體又倍增於父母。迄乎終已，體遍大千；究其所窮，數唯是一。呂公所引易繫詞『太極生兩儀，兩儀生四象，四象生八卦，八卦生萬物』，云此與彼言異義同。今案太極無形，肇生有象，元資一氣，終成萬物，豈得以多生一，而例一生多？引類欲顯博聞，義乖復何所託？」

李淳風曰：「僕心懷正路，行屬歸依，以實慧爲大覺玄軀，無爲是調御法體。」明濬既屬呂公餘論，復致問言：「以實際爲大覺玄軀，無爲是調御法體。此乃信薰脩容有分，證稟自然，約不可成。良恐言似而意違，詞近而旨遠。天師妙道，幸以再思。且寇氏天師，崔君特薦，共貽伊咎，夫復何言？謂不混於淄、澠，蓋已自濫金鍮耳。」〔省博手稿，王愛國重校。〕

## 大傳七卷

慈恩傳七卷：「金剛經梵本具云『能斷金剛般若』，舊經直云『金剛般若』。欲明菩薩以分別爲煩惱，而分別之惑，堅類金剛。唯此經所詮無分别慧，乃能斷除，故曰『能斷金剛般若』，故知舊經失上二字。又如下文，三問闕一，二頌闕一，九喻闕三，如是等。什法師所翻舍衛國也，留支所翻婆伽婆者，少可。」帝曰：「既有梵本，可更委翻。」然經本貴理，不必須飾文而乖義也。故今新翻「能斷金剛般若」，委依梵本奏之。〔省博手稿，王愛國重校。〕

## 大傳六卷

六卷有彥悰述語曰：「法師才兼内外，臨機酬答，其辯洽如是，難哉！道安陳諫，苻堅之駕不停，恆標奮詞，姚興之心莫止，終致敗軍之辱，逃遁之勞，豈如法師雅論纔申，皇情允塞。」兩句書袋，皆引苻、姚事。卽此是彥悰胡塗處，擬人非倫，不如慧立之語有斤兩矣。慧立論：「法師盛德也如彼，逢時也如此，豈同雅、澄懷道，遇二石之凶殘，安、什傳經，值苻、姚之僞曆。校之深淺，卽行潦之類江湖，比之明暗，乃朝陽之與螢燿矣。」

三藏進新譯經表，有「嚴、顯求經，澄、什繼譯，雖則玄風日扇，而並處僞朝」云云。〔省博手稿〕

## 首楞嚴

敬法篇感應緣，董吉、謝敷皆見，云出冥祥記。法苑珠林二十六卷。宗少文明佛論曰：「廣成之言曰：至道之精，寂寂冥冥。」卽首楞嚴三昧矣。

思以黃色塗錫爲金，紙爲絹。出冥報記。見法苑珠林十卷，眭仁蒨事。

山海經海外北經：「歐經之野在大踵東，一女子跪據樹歐絲。」法苑四十七卷感應緣云：「有四天王臣子白宣律師」云云，「此閻浮洲及以大洲之外，有千八百國，並有繒帛絲綿，皆從女口出之，非是蠶口中出」。問：「何以得知？」答曰：「若欲須絲作衣，卽然香至桑樹下，便有二化女子從彼樹下出，形如八歲女，從口吐絲。彼國人等，但設繅車，從女口中取絲，轉至繅車上，取足便止，化女卽滅。」

熊𧅇，法苑珠林六十卷。

㦟悷，上盧董反，下盧帝反，多惡也。

𧅇偈曰：「從先祖以來，習此㦟悷法。」〔省博手稿，王愛國重校。〕

## 宣律師問天人事珠林二十二卷。

至誠門之大意志，抒海水，取既失之寶。戒力門之薩薄。五體沒羅刹鱗甲中，志意堅固。求忍門之龍，受戒出家，受剝不悔。求進部之商主師子，戰惡鬼沙吒盧。求定部之菩薩，坐菩提樹，不畏三十六俱胝魔軍，身心不動。逾于蘇迷山。法苑珠林三十五部。皆大好道理。讀書求道、致命遂志之士，那可不爾矯强！〔省博手稿，王愛國重校。〕

## 脫文

（前闕）音格格霹靂者，所謂雄雷旱氣也。其鳴音，音不大。霹靂者，雌雷水氣也。見法苑珠林。予家有故書一種，曰孝經雌雄门，云出京房易傳，亦日星占相書也。〔傅慶本〕

## 獨生獨死

因果經：「太子言：世間之法，獨生獨死，豈復有伴？吾今爲欲滅諸苦使故，來至此。諸苦斷時。然後當與一切衆生而作伴侶。」〔省博手稿，王愛國重校。〕

## 純音無塵妙語

楞嚴十四無畏功德中：「十者，純音無塵，根境圓融，無對所對，能令一切忿恨衆生離諸瞋恚。」〔省博手稿，王愛國重校。〕

## 求男女得男女之妙諦不可思議事不得其解

楞嚴經十四無畏功德中：「十二者，融形復聞，不動道場，涉入世間，不壞世界，能徧十方，供養微塵，諸佛如來，各各佛邊，爲法王子，能令法界，無子衆生，欲求男者，誕生福德智慧之男。十三者，六根圓通，明炤無二，含十方界，立大圓鏡，空如來藏，承順十方微塵如來，祕密法門，受領無失，能令法界無子衆生，欲求女者，誕生端正福德柔順、衆人愛敬有相之女」。〔省博手稿，王愛國重校。〕

## 華嚴六卷*

華嚴第六卷「爾時諸菩薩威神力故，于一切供養具雲中，自然出音，而說偈言」，云「無量劫中脩行滿」，凡四十句。又云「爾時世尊放佛刹微塵數光明」云云，「以佛力故，其光于彼一切菩薩衆會之前，而說頌言，無量劫中脩行海」，凡四十句。又云「爾時諸菩薩光明中，同時發聲，說此頌言」，凡四十句。但起頭云「諸光明中出妙音，普徧十方一切國」云云。細看「諸光明中出妙音」七字，又似稱述光明發聲之詞，非頌佛詞語氣，此是譯者疎略處。〔傅青主法帖，谷錦秋重校。〕

## 無生法忍之解不一

維摩詰經：「逮無所得，不起法忍。」什曰：「有識以來，未嘗見法，於今始得，能信能受。忍不恐怖，安住不動，故名爲忍。」

經復云：「五百長者，子皆無生法忍。」〔一〕肇曰：「無生忍，同上不起生忍。法忍，卽慧性耳。見法無生，心智寂滅，堪受不退，故名無生法忍也。」

楞嚴第一卷：「爾時世尊開示阿難及諸大衆，欲令心入無生法忍。」解者曰：「無生忍者，卽楞嚴大定，卽如幻三昧也。〔二〕謂證此則於三界内外，併不見有少法生，有少法滅。於二法當體如一。而忍可於心，言不能表。」

又曰：「凡親證實受無生之理，唯自知之，向人極力形容不出，故曰忍。」

解楞伽者又不同。

大藏一覽忍辱品中引法字函第六卷云：「無生法忍，謂令煩惱畢竟不生，〔三〕及觀諸法，畢竟不起。」

商王問經有此一條較詳，然亦不了了。〔傅徵君法帖、霜本，谷錦秋重校。〕

〔一〕「無」字下，霜本還有一「無」字。

〔二〕「昧」，丁本作「味」。

〔三〕「竟」，傅山全書初版本誤作「意」，據法帖與霜本改。

## 增一阿含*〔一〕

增一阿含事情理喻，最有奇特，而翻譯之人無才華，復不曾此方才士細閲，其間錯脱不無。卽如孔雀之反復，牧牛之放烟，配比丘事，皆未説出。何也？中有最的確處，可以取證于瑜伽論也。諸法之本，看在何處安頓便有著落。翻教翻無，比皆西國泛詞。老夫只將「阿」字「無」字解，無所不藏也。翻法歸者近之。

末篇波斯匿十夢事、人牽羊牛嗷犢乳二事，甚可笑也。不謂佛于曩時卽爾解，怪哉！

甲子四月傅山記。時年七十九歲。

## 知自然熾

增一阿含十三卷，婆拘盧告釋提桓因曰：「我人壽命，若男若女，盡依此命，而得存在。世尊亦説比丘，當知當自然熾，無起邪法。亦當賢聖默然。」前十二卷三寶品中，〔二〕世尊告比丘三痛，一則云：「當學方便，求滅此使，所以然者，當自然熾，當自脩行。」不解「然熾」兩字之義。〔三〕〔省博手稿，王愛國重校。〕

---

〔一〕此條據上海博物館藏手稿釋文，由竇元章整理。傅山全書初版本未收。

〔二〕「三寶品」，應爲「供養品」，當爲青主筆誤。

〔三〕「兩字」，傅山全書初版本誤作「形字」，據手稿改。

## 雜阿含十二卷*

雜阿含十二卷所謂「有事，故是事有；是事有，故是事起」十三字，句讀頗不易點。其義猶謂：原有者個，故者個事因而有之；既者個事有了，便不易止，故者個事只管起。

## 不用處　有想無想處

四分律云：「菩薩卽向阿藍迦藍處，學不用處，定精進，不久得證此法，捨之而去。後往鬱頭藍子處，學有想無想處，定精進，不久得證此法，捨之而去。」

骿，苦本切。世稱赤骿、横顴，盤瓠子孫。搜神記。見珠林十一卷。〔省博手稿，王愛國重校。〕

## 毗婆百三*

「佛，身中無學法。法，獨覺身、三無漏根等學無學法。僧，聲聞身中學無學法。」毗婆百三。但剃卻狗毛，戴了瓢帽，便云在三寶門中，眞不知恥！髠奴且看此「僧」下，謂聲聞身中學無學法，僧亦未易稱矣。〔鄧藏手稿〕

## 毗婆百四*

毗婆沙論一百四卷「預流一來，見苦所斷，至于起染，愛作樂淨想」一段，前後迴復，極知苦之一諦，卽第一無明行。「于理既斷，于境未斷，容有現前」，分明說衣帶下事，而道學者但一切涵

胡看去，那得不顚頂自悞？瑜迦、毗婆大義皆爾。〔鄧藏手稿〕

## 四不當*

讀瑜伽論「聲聞往人家」一段：「不當觸所不當觸，不當坐所不當坐，不當食所不當食，不當受所不當受。」豈但出家子當爾，士君子以至鄉黨自好者，何人不當爾耶？

## 成唯識寶生論中妙喻

設復百千羣翳翳字不知何義。同聚，遂于一處各觀別形。此時如何有對礙物，而不更相共爲排擯？若言此亦由其翳力，則抵密攞多用其功於所學門，善脩幻術，能令諸法自性遷移，或應見許，彼非質礙。非質礙故，如無貪等，便非無。色性。斯乃何殊唯識論者。第一卷。

抵蜜攞，不解何譯。

也只淺淺喻來，說得有義有趣。〔晉祠手稿〕

## 意業

轉識論：「經說檀拏迦國、〔二〕迦陵伽國、摩登伽國，仙人嗔故空，是故心業重。此偈明何義？

---

〔二〕「國」字，傅山全書初版本脫，據手稿補。

若有死者，不依他心，〔一〕不依自心。〔二〕若如是者，以何義故？如來欲成，〔三〕心業爲重。是故經中，問優婆離長者言：『長者，汝頗曾以何因緣，使檀拏迦國、迦陵迦國、摩登迦國曠野空積，無有衆生及草木等？』優婆離長者言：『瞿曇，我昔曾依仙人嗔心，〔四〕殺害如是無量衆生，是故得知，唯有意業。若不爾者，如來何故于諸經中作如是說？是故偈言：經說檀拏迦、迦陵、摩登國，仙人嗔故空故。』問曰：『彼仙人嗔心，依仙人鬼，殺害如是三國衆生，非依仙人嗔心而死？』〔五〕答曰：『如來于汝外道經中，問久學尼乾子言：「于三業中，何者爲重？」久學尼乾子答如來言：「身業爲重。」佛言：「尼乾子，此彼一城中，所有衆生，爲多爲少？」久學外道言：「無量無邊，不可數知。」佛言：「尼乾子，若有惡人，〔六〕欲殺害此諸衆生者，幾日可殺？」尼乾子言：「非是一年二年所殺。」佛言：「摩登伽等三國衆生，汝頗曾聞云何而死？爲身業殺，爲意（以下缺）」』

意如爾妄熾哉！優婆離長者。尼乾子。〔晉祠手稿〕

## 聲有八轉

一體，斫樹。二業，斫樹底。三具，斫樹底斧。四爲，是爲人家斫。五從，是人家要造舍而斫也。六屬，是使者

〔一〕「依」，傅山全書初版本誤作「佑」，據手稿改。
〔二〕「依」，傅山全書初版本誤作「佑」，據手稿改。
〔三〕「成」，傅山全書初版本誤作「來」，據手稿改。
〔四〕「曾」，傅山全書初版本誤作「並」，據手稿改。
〔五〕「依」，傅山全書初版本誤作「佑」，據手稿改。
〔六〕「惡」，傅山全書初版本誤作「妄」，據手稿改。

爲主人斫也。七於，是客人爲所依止之主人斫也，與奴屬主異。八呼。七轉嘗用呼聲用稱，故但云七也。

西域國法，欲尋讀内外典籍，要解聲論人。轉聲，才知文義分別。

一、補沙，此是直指陳聲。如人斫樹，指説其人，即今體聲。也還有可喻之事，如何單指斫樹？

二、補盧衫，是所作業聲。如所作斫樹，故云業也。

三、補盧崽挐，是能作具聲。如由斧斫，故云具也。

四、補盧沙聲，是所爲聲。如爲人斫，故云爲也。

五、補盧沙頞，音都我反。是從聲。如因人造舍等，故云從也。從即所因故。

六、補盧殺娑，是所屬聲。如奴屬主，故云屬也。

七、補盧鎩，音戒。是所於聲。如客依主，故云於也。於即依義。

八、稧補盧沙，是呼召之聲，故云呼也。〔晉祠手稿〕

## 娑婆*

梵書「娑婆」，華言能忍。設不能忍，那得有靦今茲？至於「無生法忍」，則昧不知爲何等忍矣。知一切法無我，得成於忍。忍如忍痛、忍癢之忍。一味抵皮賴臉，不知爲著何來，不知爲著何來。

## 四十二字*

「阿、羅、波、遮、那、邏、陀，婆、嗏、沙、和、多、液、吒，迦、娑、麽、伽、他、闍、簸，馱、奢、呿、乂、哆、若、施，婆、車、摩、火、嗟、伽、他，拏、頗、哥、醝、遮、吒、荼」四十二字，古德云表四十二位。吾謂亦不盡爾。若有悟證脗合，亦可參同。可恨疏文蘿莎，不能明快。若能入得一字，亦有眞實受用。

## 餐霞吸露*

餐霞吸露，本自尋常事，只是要在塵世做此，餐半日霞，吸半夜露，吾見其餓而死矣。高霞潔露，天地清虛華潤，以待眞人者也。奴俗之人不信，自是正經。而臭心穢腸，或起妄念，冀一從事于斯者有之。正當飛劍斬之，以杜不肖希僊之業。顔魯公之爲眞官，理也；而李林甫如小說家，亦幾有仙意，何不衷爾爾！〔傅青主法帖、霜本，谷錦秋重校。〕

## 出家人〔一〕

如今出家兒不能數濁，實乃若此。苾蒭外命甚草草，再能舍意見了，更加妙好。

悅心開士徵書，因窮淨塔耳。聊復爲歎。

## 唐子西硯銘*

唐子西硯銘，可當一卷小道書讀。長生久視非難，難一靜耳。靜而壽，不死不生，不生不死。

---

〔一〕此條據榮寶齋藏立軸整理，由竇元章釋文。傅山全書初版本未收。

## 神仙*

「九重僊詔，休教丹鳳銜來；一片野心，已被白雲留住。」如此胸襟，安得不作神僊！

## 神仙在人事中*

「優游之所勿久戀，得意之地勿再往。」眞名言哉！眞吾師哉！于此可知神仙卽在人事中。〔二〕

## 神仙事*〔三〕

施濬夫善繪事，曾畫一牧童，倒騎牛背，横吹短笛。題詩云：「短笛横吹牛倒騎，春風拂拂意遲遲。此中別有閒天地，說與旁人恐未知。」王西橋詞云：「牛背上，起天下昇平無事。白雲閒，笑傲而已。世人不識這家風，奔走紅塵裏。」

漢武帝求術士，作承露盤生長法。晚年有悟，曰：「世豈有神仙哉？殆妖妄耳。服藥數種，差堪少病了。」

〔二〕 末句，王本注爲徐廣軒語。

〔三〕 此條據山西博物院藏手稿釋文。傅山全書初版本未收。

## 青牛先生*〔二〕

芫花苦温，有大毒。三國志：初平中，有青牛先生，服芫花。年百餘歲，嘗如五、六十人。凡學道人，臟腑定與俗人穀食者不同。

## 施舍無鉅細*〔三〕

正果本無路，發施居第一。每見羅漢堂，多與祇陁列坐其次。世謂居士從施舍得登羅漢界，處處設象，以足啓人發施心也。吾謂足墮人發施心也。必如遊多園金鋪地乃克登羅漢界，將世之一文一粒，遂無年於正覺事也。然施無鉅細，顧其心何如爾。孰謂取己之友而無留難？雖一文一粒不可與金鋪地等者，顧金鋪地取己之富而化建精舍，取己之富有而施，如殫半生悴悴而來，家人妻子之所贍給者，亙等諸瓦石，眞勝金鋪地。眞山。

〔二〕此條據上海博物館藏手稿釋文。傅山全書初版本未收。
〔三〕此條據榮寶齋藏手稿釋文，由實元章整理。傅山全書初版本未收。

# 卷四十四　雜記（八）

## 天機*

凡字畫詩文，皆天機浩氣所發，一犯酬酢請祝，〔二〕編派催勒，機氣遠矣。無機、無氣，死字、死畫、死詩文也，徒苦人耳。〔晉祠手稿、拾遺、王本〕

## 文*

「物相雜，故曰文。」只此六字，可盡「文」義，非一先生之言所得煐妹。

## 文章有兩種*

文章亦有李廣、程不識兩種，看才之大小耳。〔太原段帖、霜集，王愛國重校。〕

## 作詩*

作詩祇是說話田地，便不可思議矣，祇是不可說沒道理話耳。〔王本〕

〔二〕「酢」，傅山全書初版本據拾遺、王本作「措」，此處據手稿。

## 字死而聲活*

字死而聲活，故賦之字皆取其聲，然須就字中尋聲乃可。若全撇過形之從來，而但用其聲，良工苦心，豈不大罔？〔省博手稿，王愛國重校。〕

## 詩酒傳奇*

風花雪月，詩酒山水，極可消遣，但未是究竟法。傳奇小説，極可消遣，但未是究竟書。少年人與其在利達上著脚，不如且在這裏打鬧幾時。老人只管打鬧，便不長進。〔拾遺本〕

## 風期日上*

風期日上，謂風度襟期，日造高處，是進取之狂也。後生家省得此趣，與古爲徒，不覺足高氣揚，一切奴人，自然看不上眼也。〔鄧藏手稿〕

## 法與氣*

古文一技，奴人亂嚷，又是法哩，又是氣哩，又是炤應哩，我都不待聽。眞古文氣法全分不出，氣之來出卽是法之始，〔二〕氣之止處卽是法之終，氣之回復處卽是法之周旋，原無一定之法。鏖糟漢

〔二〕「出」，當爲「處」，疑青主筆誤。

動云：某合古法，某不合古法。且道書經不像易經，三禮又不像書經，豈不皆背古法耶？只如枚生七發以後，只一鏡機子七啓，儘彀壺盧矣。如奴人之言，只作到如今七七四十九，或七百、七千、七萬，亦不敢云非枚生法，豈不失笑？大半是宋人壞之。故老泉、東坡之外不敢奉承，不敢奉承。〔鄧藏手稿〕

## 貧道詩*

貧道不好作詩，間有得句，恰不似疏於斯者。所以者何？不說昧心沽名話耳。故貧道詩，不鑿空，不自置，不妄毀譽。今古有知我者，當居我於明三百篇中。此語亦非自許，不得不然之詞，惟有眞性情者知之。門外客不與此矣，而貌門内者，尤不與此，何也？〔拾遺本〕

## 吾胸中之言*

吾胸中有極奇、極快之言千千萬萬，來如河海，惜未暇操觚。間出一言半句，人已駭如怪雷，不敢再聽矣。〔王本〕

## 似處在於不似*

覽眉道人悼王琣吾玉五言一章，眞窺見杜工部堂奧。然其似處，正在不似。此無他，本乎性情識力。前因有種，遂能爾爾。若立意學彼，字擬句議，則瞠乎後。吾父子嘗私論此事，有明三百年來，不知當誰屬。

## 與眉道人論文〔一〕

說貧濇，則曰家無儋石，晏如也，或曰濇如也；說戰陣，則曰呼聲動天地，無不一當百；說作文，則曰粹然一出於正。此等話頭令人生頭疼。史册中鏖糟膭語，此類不可盡舉，而庸人抄之，便以爲古文辭辭法，那里管人死活，須痛戒之。與眉道人論文雜條。

## 儒不要做文士*〔二〕

既做儒了，原不勞又攬個文士之名，是甚詩文也？想要弄一弄，一弄一個土苴便轉生了也。沒個知覺自己好歹時矣。〔晉祠手稿，增補。〕

## 論詩偶題*〔三〕

作詩亦有「内紹王位、外紹臣位」之分。九峰所謂「若不知事極頭，祇得了事，喚作外紹，〔四〕

〔一〕此條據浙江省博物館藏手稿釋文，由竇元章整理。傅山全書初版本未收。

〔二〕此條據晉祠博物館藏手稿釋文，傅山全書初版本未收。

〔三〕此條轉録自山西人民出版社二〇〇四年版傅山全書補編，由方德禎先生據天津文物商店藏手稿釋文。傅山全書初版本未收。

〔四〕以上二句補編作「拉得了事，喚作外孤」，文意不明，恐爲誤釋，現據中華書局一九八四年版五燈會元卷六九峯道虔禪師篇校改。

是謂臣種。」今學詩者，自謂盛唐者皆是。若一讀大風三句，則獅子吼矣。

## 大才人作詩*〔一〕

「複道自阿房渡渭，以象天極。閣道絕漢，抵營室也。」大才人不曾見老始作詩，不知當如何，無狀雄奇也。

## 文章之道各有時義*〔二〕

惟斯伎之自古，何膠鼓之有法。卽以此爲題目而演之。眼看、手批、口誦、心惟，四者少一不得。若徒記問爲書，簏亦何用？僅僅吟風詠月，又復負卻須眉。三寸弱翰，有足敵長鎗大劍處，正在盾頭磨墨。羽檄飛書，亦足自雄耳。倚馬萬言，今古所難。有志少年正當爲此。至於高文典册，黼黻皇猷時，又掄在一班抽黃對白之書生矣。文章之道，各有時義也。

## 寫詩不必句句較*

「雖云常謝客，太寂亦思人。月性閒階滿，秋聲半夜眞。歌連鄉夢了，坐歷久寒頻。如此森森柏，微喧恕好賓。」起得自然，收得也足，中四句自砌好語耳。〔三〕且莫說七言律難得周到，卽五言

〔一〕此條據寧波天一閣博物館藏手稿釋文，由張文穎整理。傅山全書初版本未收。
〔二〕此條據寧波天一閣博物館藏手稿釋文，由張文穎整理。傅山全書初版本未收。
〔三〕此句丁本無。

律，八句中那得句句教人待看也？但是一氣寫來，連綿不斷者便可喜，不必句句較矣。〔拾遺、丁本、上海圖書館手稿〕

## 水僊操*

水僊操者，伯牙之所作也。伯牙學琴於成連，三年而成。至於精神寂寞、情之專一，未能得也。成連曰：「吾之學不能移人之情。吾師有方，子春在東海中。」乃齎糧從之。至蓬萊山，留伯牙曰：「吾將迎吾師。」刺船而去，旬時不返。伯牙心悲，延頸四望，但聞海水汩沒，山林窅冥，羣鳥悲號。仰天歎曰：「先生將移我情。」乃援琴而作此歌：「翳洞涓兮流澌濩，舟楫逝兮僊不還。移形素兮蓬萊山，歍欽傷宮僊石還。」「欽」字，音如吟、〔一〕唫之類，亦連上「歍」作呻歎之意耳。「仙石」，「石」字不解，豈當是「不」字之訛耶？不、石，易混耳。「宮」猶「中」耶。是宮商之宮，謂音自歍欽而有傷于宮聲，過于悲耶！若「石」字不訛，當亦是琴調中有石聲，如後來有大小石調之類耶？〔鄧藏手稿〕

## 思美人篇中苦語

「勒騏驥而更駕兮，造父爲我操之。遷逡次而勿驅兮，聊假日以須時。指嶓冢之西隈兮，與纁黃以爲期。」□讀之，始見無聊之苦。意謂勒騏驥而御以造父，當不知如何騁馳八極矣。然卻又遷延逡

〔一〕「音如」二字，傅山全書初版本誤作「意」字，據手稿改。

巡于旅次而不欲疾驅者，愁苦之人在者里是如此，走到那里亦是如此，卻又不能寂寥於一處，只得倈倈侵侵，消遣於蓬，以待不可知之時，如俗云「總破卻今日一日，到夜來暫爲宴息，明日再作區處」，故云「指嶓而期纁黃」。見此等不得意之日時，極難排遣，非愁人歷路者不知。〔省博手稿，王愛國重校。〕

## 苴蓴*

大招：「鮮蠵甘鷄和楚酪，醢豚苦狗膾苴蓴，吳酸蒿蔞不沾薄。」酪、蓴、薄，韻自叶。王逸注：「蓴音博，蘘荷也，見本草。」說文「蒚苴」，司馬上林賦作「搏苴」，音與芭蕉相近。陶隱居曰：「本草白蘘荷，而今呼赤者爲蘘荷，白者爲覆苴。」大招之苴蓴，卽搏苴，卽蘘荷。而「蓴」字與「蓴」字易混。近有人注大招者，於「蓴」下音純，蓋誤認爲季鷹之蓴，可笑。

## 時字*

「態叶時字頗遠。」又曰：「南風之時，叶吾民之財。」則「時」字似可讀如時儕切者，叶「態」近之矣。然不知財叶時自可，如才辭切，非時叶財也？離騷：「忳鬱悒余侘傺兮，吾獨窮困乎此時也！寧溘死以流亡兮，余不忍爲此態也。」

## 肸字*

漢相如子虛賦用「肸蠁」字，後再不多見用之。大概謂盛也，而下綴以「布濩」字，則卽謂之自解其義可也。偶叶倒用之，作「鐢肸」。說文「肸」字解曰：「響布也。」是因「肸蠁布濡」之言而來者。肸從佾，說文：「振佾也。」亦不言從八從月，而何以謂之「振佾」也？若以佾爲振佾，則八佾之從佾，非僅謂其人數之列也，帶舞意矣。似乎謂八其身，謂舞之張臂以振聳之耶？羊舌肸字叔向，傳中或曰叔向，或曰叔肸，古時用向，不作蠁，向、背有對面、反面之義，言舞者有相對（向）時，有相背時。鄉添虫，卽向之小訛。篆書[illegible]類向耳。杜撰鐢肸，猶之慨慷、繆綢、莽鹵也。佾卽背之省，八北佾相乖、向相合也。甘泉賦：「薌呋肸以棍批兮，聲駍隱而歷鍾。」亦不輒以肸居前也。〔省博手稿，王愛國重校。〕

## 遒字

班固賓戲曰：「說難旣遒，其身乃囚。」注：「應劭曰：遒，好也。」曹子子桓與吳質書：〔一〕「公榦有逸氣，但未遒耳。」篇韻從母下，「遒，下迫也，盡也，健也。」又有「遒」字，「固也，終也，追也，盡也，迫也，忽也」，當卽「遒」字耳。又邪母下，「遒」字，「逡遒，縣名，在淮南」。遒从酋，當从酋見義。酋，長也。說文：「繹酒也。禮有大酋，長酒官也。」〔二〕方言：「久熟曰酋。」酋又从酉。酉，飽也，考也，就也。酒从酉得義。〔晉祠手稿、霜本〕

〔一〕「曹子子桓」，霜本作「曹子桓」，此據手稿。

〔二〕「長」，傅山全書初版本誤作「掌」，手稿與霜本均作「長」。

## 挾邪*

西京「挾邪作蠱，於是不售」，本謂幻伎耳。薛注謂：「懷挾不正道者，於此不得行也。」呆解至此。〔省博手稿，王愛國重校。〕

## 夜燈*

宮詞「秋河織女夜鐙紅」句，風韻不可言。「夜燈」兩字頗嫌不盡宮中富貴能。偶夜夜深，簡五鐙會元，籠一小鐙，尺餘紅帋爲罩，因憶此句，頓爲野老今夜受用耶！〔鄧藏手稿〕

## 撂蓼浫浪　乾池滌藪

張平子西京賦。似搜索渴澤之意。撂與撈近，浫似謂于水中牢籠，不令有逸者。然則蓼浪似指水草而乾滌之，句正映上句，撂蓼所以滌藪，浫浪所以乾池也。雖賦語多同聲，而此卻不然。〔省博手稿，王愛國重校。〕

## 平子東京賦*

賦，料匠而已。料窮無匠，纍千萬言，一嘽而已。平子之東京是也。若思玄賦，則自與此不同矣。〔省博手稿，王愛國重校。〕

## 雞翹

東京賦：「鸞旗皮軒。」〔一〕善注：「蔡邕車服志曰：鸞旗，〔二〕俗人名曰雞翹。」〔晉祠手稿〕

## 凡將篇*

司馬長卿凡將篇不傳矣。蜀郡賦「黄潤比筒」，劉淵林注引凡將篇曰：「黄潤鮮美宜製禪。」〔鄧藏手稿〕

## 登樓賦*

仲宣登樓賦，只「雖信美而非吾土兮，曾何足以少留」兩句。〔拾遺、王本〕

## 張平子南都賦*〔三〕

家藏文選亦李善注。〔四〕張平子南都賦有此，亦「眞人革命之秋」數句。此亦善注，版本與家藏者同。此數句□□。南都賦「且其君子」一段下，乃列此一段，曰「方今天地睢剌，帝亂其政，豺

〔一〕「旗」，傅山全書初版本誤作「旃」，據手稿改。
〔二〕「旗」，傅山全書初版本誤作「旃」，據手稿改。
〔三〕此條據晉祠博物館藏手稿釋文，傅山全書初版本未收。
〔四〕此句前似有闕文，原手稿如此。

虎肆虐，眞人革命之秋也」。下又曰「尔其則有謀臣」云云，韻與「君子」一段叶，明是「眞人」數句錯摹于此者。

## 秋聲賦*

今人讀秋聲賦，皆以「歐陽子」爲句，「方夜讀書」爲句。偶有問者曰：「歐陽子方是何人？」皆掩口嗤之。及讀別傳，歐陽永叔亦字子方，乃知向人之問雖憒憒，而嗤者政未了了也。

## 海賦*

張融海賦何遜郭景純？永叔蒼蠅賦較比魏史所載遠不及。〔拾遺、王本〕

## 笛賦

筤笏抑隱。

充屈欝律，瞋菌碨柍。

兀嶁狋觺。

## 長笛賦*

長笛賦「窾圂窴赧」注：「窾圂，聲下貌。窴赧，聲緩也。窴，恥輦切。赧，女善切。」窾，說文：以主切，污窬也。詩召旻注引說文，逕音眠。圂，說文無。廣韻、玉篇：于洽切。即用此注之「聲下」之義。竇，說文：待年切，塞也。赧，女版切，面慚赤色也。今行「赧」從皮。古皮與𠬝相似也，余有注詳之。〔鄧藏手稿〕

## 劉伶未嘗措意文章*〔一〕

「劉伶處天地間，悠悠蕩蕩，無所用心。嘗與俗士相牾，其人攘袂而起，欲必築之。伶和其色曰：『雞肋豈足以安尊拳！』其人不覺廢然而返。未嘗措意文章，然其世，凡著酒德頌一篇而已。」〔二〕貧道於今乃知措意文章是大老俗漢事矣。講經說法尚是向生身父母鼻孔上扭捏，況無端蛇足，論癡書醜，孝子慈孫蓋不得何面乎！

## 髾字*

「重巘增石，簡積頵砡。兀嶁標髾，〔三〕傾昊倚伏。庨窌巧老，港洞坑谷。嶰壑澮峵，峪窞巖寝。運裹穿洝，岡連嶺屬。林簫蔓荊，森槮柞樸。」髾本作䯯，非。䯯，玉篇「肥也」，於此義遠。注云：「嶔峻之貌。」何取於肥也？當作「髾髾」之髾。昊類昃，傾下似當昃矣，即作昊，義如垂

〔一〕此條轉錄自山西人民出版社二〇〇四年版傅山全書補編，由方德禎先生據天津文物商店藏手稿釋文。傅山全書初版本未收。

〔二〕以上引文中，「相牾」，補編作「相推」，「和其色」作「和其道」，「然其世凡著」作「然其身凡着」，文意不明，恐爲誤釋，現據中華書局一九八四年版世說新語校箋卷上文學第四篇校改。

〔三〕「嶁」，丁本作「婁」，據拾遺本、文選改。

天，更永。嶰，注引爾雅：「小山，别。大山，嶰。」然爾雅實「鮮」字，不作山旁解也。鮮，猶少也。卽嶰亦通作解，不从山。律歷志：「取竹之解谷。」孟康曰：「解，脱也。一曰谷名，崑崙北谷。」注又曰：「兩山夾澗。」似矣。說文山部無「嶰」字。廣成頌「谷底幽嶰」，不知引爾雅嶰何義。想李善時爾雅如此耶？然引李巡曰：「大山少，故曰鮮。」巡在景純之前，本如此，而善注又何所據？玉篇有「嶰」字，但曰山名，不及爾雅「别」、「鮮」之義。

「狋」，有夷、銀、權、支四音。「兀嶁狋觺」之「狋」，選注：「助緇切。」其聲近支、差之間。本解「犬怒貌」，卽今謂犬之狋牙也。「⿱疑肉」之從肉者，肥也。「觺」之从角，角觺也。此當作「觺」，謂石之棱角耳，無取于肉也。〔一〕〔晉祠拓本、霜本〕

## 嶉崔

馬融廣成頌：「金山石林，殷起乎其中。峨峨磑磑，鍜鍜嶉嶉。隆穹槃回，嵎峗錯崔。」注：嶉，但回反。文同屬山隹，山傍爲嶉，山上爲崔，亦各有義。〔晉祠手稿〕

## 蕭子雲詩*

蕭子雲贈吳均叔庠詩：「欲知健少年，本來最輕黠。綠沈弓項縱，紫艾刀横拔。誰持命要寵，寧知敵可殺。有功終不言，明君自應察。」叔庠文士，子雲贈之以俠少之言，不知何謂。〔省博手稿〕

〔一〕自「狋，有夷」至末，霜本無，據拓本補。

## 洞簫賦〔二〕

挹抐擫擫。〔省博手稿〕

## 周易

典論：「不以隱約而弗務。」注：「周易曰：隱約者，觀其不懾懼。」不知所謂周易是何書。〔晉祠手稿〕

## 文人相輕*

伐塚之雄，每以所得經奇自喜，究竟糟粕而已。典論「文人相輕」之言，只不眞文人耳。果爾，孟堅、仲武、工部、供奉，當干戈日尋，尚能相安同世耶？

## 玄俗贊*

陳思王玄俗贊：「饑餌神穎。」庾敳幽人箴：「苟識妙膏，厥美有腴。」神穎、妙膏可對也。〔省博手稿，王愛國重校。〕

〔二〕「洞簫賦」，手稿作「笙賦」，但「挹抐擫擫」四字當在王褒洞簫賦，故改。

## 繁富

曹子桓謂陳孔璋「章表殊健，微爲繁富」。吾謂大爲繁冗。選中兩檄，皆有「蓋聞」帽子一段蓋頭，可厭！若輕薄之，便當徽之爲「陳蓋聞」矣。

子建與楊德祖書：「以孔璋之才，不閑於詞賦，而多自謂能與司馬長卿同風，譬畫虎不成反爲狗也。前有書嘲之，反作（以下缺）

陳孔璋自謂與司馬長卿同風。〔晉祠手稿〕

## 援神契妙語

「抗節厲義，通乎至德」，曹子桓與鍾元常書「求玉玦，□相如抗節」〔二〕注引此二句。〔晉祠手稿〕

## 延頸

文選任彥昇彈曹景宗文：「退師延頸。」延頸，〔三〕成名也。若不知爲成名，但云「退師引領而望」耳。〔晉祠手稿、霜本〕

---

〔二〕此二句文選中華書局影印本爲「和璧入秦，相如抗節」。

〔三〕「延頸」二字，霜本無，此據手稿。

## 乃祖

任彦昇爲范彦雲讓吏部封侯表：「乃祖玄平。」注：「字玄平。」〔二〕自稱其祖，加一「乃」字。今世俗人，自稱其兄弟，曰「是我親乃兄、親乃弟」云云，亦可笑。若飾其過者，當引此「乃」字爲證耶！〔晉祠手稿、霜本〕

## 博通羣籍*

「博通羣籍而讓齒乎一卷之師，劍氣陵雲而屈迹于萬夫之下，辨析天口而似不能言，文擅彫龍而成輒削藁。」彦昇爲宣德令作。進梁公十郡，而必道及學問文章，始知弄蛇人丢此死蛇不下也。〔拾遺本〕

## 委裘

任彦昇爲蕭楊州薦士表：「物色闕下，委裘河上。」注引闕令尹事，「晏子曰：治天下若委裘。用賢，委裘之實。桓公禮管仲，而趙襄子禮王登，此之謂委裘。然委裘，謂用賢也。」不曾解委裘之義。委裘，用賢。〔三〕〔晉祠手稿、霜本〕

〔二〕小注，霜本作「任字玄平」，此據手稿。
〔三〕「委裘，用賢」四字，霜本與傅山全書初版本無，據手稿補。

## 張景陽雜詩*〔一〕

「大火流坤維，白日馳西陸。浮陽映翠林，迴飆翔綠竹。飛雨灑朝蘭，輕露棲藂菊。龍蟄暄氣凝，天高萬物肅。弱條不重結，芳蕤豈再馥？人生瀛海内，忽如鳥過目。川上之歎逝，前修以自勖。」張景陽雜詩十首之一。胸次之高，言語之妙，景陽與元亮之在兩晉，蓋猶長庚、啓明之麗天矣。

## 呂安與嵇叔夜書中大語

「若非顧影中原，憤氣雲涌，哀物悼世，激情風烈，龍睇大野，虎嘯六合，猛氣紛紜，雄心四據，思躡雲梯，横奮八極。披艱掃穢，蕩海夷岳，蹴崑崙使西倒，蹋泰山令東覆。平滌九區，恢廓宇宙，斯亦吾之鄙願也。」「蹴昆侖」兩句可笑矣。〔省博手稿，王愛國重校。〕

## 思古永逝*

「仰瞻翠標，邈尔天際。身凌太清，獨交霞景。頓策嵓阿，管弦並奏。清徵再響，思古永逝。神氣未言，語有不經。」前人之所爐錘而儵然造妙者，「思古永逝」、「神氣未言」八字是也。若說出桓玄之口，卽芥蔕厭觀。其實情語不可易盡，那得以人廢之！然正惟晉人爲能有此。〔鄧藏手稿〕

〔一〕此條據山西博物院藏手稿釋文。傅山全書初版本未收。

## 梧丘鴻帝

見江淹獄中書。（文缺佚）〔晉祠手稿〕

## 江淹詩中佳句

江淹擬雜體三十首中，好句不能忘，寫出。

王侍中：「日暮山河清。」直樸不凋，卻不無氣色。出自仲宣口中，如不甚懸。

嵇中散：「曠哉宇宙惠。」一惠字，扶得上四字穎別。

潘黄門：「青春速天機。」通首肖安仁兒女鼻涕。起頭五字，大别機杼。

左記室：「顧念張仲蔚，蓬蒿滿中園。」句本平平，虧作結句，挖映頗寓風力。

劉太尉：「白日隱寒樹。」五字淒勁，足傷荒矚。後鮑參軍「寒陰籠白日」，與此同。

郭弘農：「矯掌望烟客。」不無做作，而迂平。一往至此，刮目矣。

孫廷尉：「靜觀尺捶義，理足未嘗少。」鍾嶸云：「綽、詢作平典，如道德論。」江生所擬，遂欲過之。

許徵君：「苕苕寄意勝。」「苕苕」加「寄意」上，遂互勝。

殷東陽：「青松挺秀萼，惠色出喬樹。」十字要連讀，平異如畫。

謝僕射：「淒淒節序高。」「高」字不凡。

謝臨川：「身名竟誰辨，圖史終磨滅。」逼眞，康樂深情矣。

顏特進：「氣生川岳陰。」通首組構不難，只此五言雄起。

謝法曹：「開衷瑩所疑。」炤眼如雪。

王徵君：「窈藹瀟湘空」、「清音往來遠，月華散前墀」。靡婉幽靜，南風之冠。

謝光祿：「氣清知鴈引。」少匠無庸凝尋，下句「露華識猿音」便無味。

休上人：「日暮碧雲合，佳人殊未來。」興會之言，商簡不厭。〔省博手稿，王愛國重校。〕

## 魏收詩*

魏收看柳上鵲詩末句曰：「何得離妻意，傍人但未聽。」用「離妻」字不解何義。古詩「雕文各異類，〔一〕離婁自相聯」，是刻鏤意矣。舊唐書樂志：「致笛離婁。」

## 庾信詩*

庾開府詩，字字眞，句句怨。〔二〕說者乃曰：「詩要從容爾雅。」夫小弁、屈原，何時何地也？而概責之以從容爾雅，可謂全無心肝矣。

---

〔一〕「各」字，丁本空白，據王本補。

〔二〕「句句」，丁本作「字字」，據王本改。

## 范武

文選應璩與滿公琰書：「陽書喻於詹何，楊倩說於范武。」六臣注：「范武，古之善酤者。」不知出何典。〔省博手稿，王愛國重校。〕

## 兩章二東三石五馬

蕭督愍時賦：〔一〕「恨少生而輕弱，本無志于爪牙。謝兩章之雄勇，（西漢宗室名章者，前有朱虛侯章，翟義傳有穀鄉侯章，爲王莽殺。）恧二東之英華，豈三石于杜、鄠，異五馬于琅琊？」（西漢有東平王宇、王雲，傳至信，翟義立爲天子。東漢有東海王彊、東平王蒼。范曄贊曰：「東海恭王遜而知廢，爲吳太伯。」不知二東于此有取否？亦別有所指也？「三石杜、鄠」，即漢宣帝三石之祥，本紀「尤樂杜、鄠之間」也。）〔省博手稿，王愛國重校。〕

## 陸機薦戴淵語

世說注：「虞預晉書：機薦淵于趙王倫曰：伏見厶砥節立行，有井渫之潔；安窮樂志，無風塵之慕。」二語絕不似作劫人品。〔省博手稿，王愛國重校。〕

---

〔一〕「督」，傅山全書初版本誤作「登」，據手稿改。

## 諸子

文心雕龍：「諸子者，入道見志之書。」又曰：「六國以前，去聖未遠，故能越世高談，自開戶牖。兩漢以後，體勢漫弱，雖明乎坦途，而類多依採。此遠近之微變也。」心鷙氣堅，眼偏手辣，似無忌憚，而非無忌憚，以其言，濟其事，不華不腐，不周不漏，中古之風也。難難。〔省博手稿，王愛國重校。〕

## 張平子碑銘*

張平子碑銘：「焉所不學，亦何不師？盈科而逝，成章乃達。」文義顯明，絕非訛舛。而「達」之叶「師」，不知古作何聲也。

## 頭陀寺碑文*

王簡棲頭陀寺碑文：「層軒延袤，上出雲霓。飛閣逶迤，下臨無地。」王子安用其語于滕閣，則曰：「層巒聳翠，上出重霄。飛閣流丹，下臨無地」，而聲節鏗鋐矣。文章套句法如此，若意之微，亦不過于此。進之後進，賊眼能爾，便足轢轢百家矣。然眞奇文不在此例。〔鄧藏手稿〕

## 子夜讀曲*

子夜讀曲，少極喜愛，老漸厭棄之矣。〔拾遺本〕

## 度前

六朝詩多用「度前」二字。顧野王豔歌行：「莫笑人來最落後，能使君恩得度前。」梁簡文帝雜詠：「被空瞑數覺，寒重夜風吹。羅帷非海水，那得度前知。」傅縡雜曲：「人今投寵要須堅，會使歲寒恆度前。」江總宛轉歌：「翠眉結恨不復開，寶鬢迎秋度前亂。」

## 李嶠詩*

「鳳城景色已含韶，人日風光倍覺饒。桂吐半輪迎此夜，蓂開七莢應今朝。魚猜水凍川猶澁，鶯喜春熙弄欲嬌。媿奉登高搖彩翰，欣逢御氣上丹霄。」此時鶯未當鳴。〔二〕「主家山第接雲開，天子春遊動地來。羽騎參差花外轉，霓旌搖颺日邊迴。還將石溜調琴曲，更取霞峰入酒杯。鸞輅已辭烏鵲渚，簫聲猶繞鳳皇臺。」「黃金瑞牓絳河隈，白玉僊輿紫禁來。碧樹青岑雲外聳，朱樓畫閣水中開。龍舟下瞰蛟人室，羽節高照鳳女臺。遽惜歡娛歌吹晚，揮戈更卻曜靈迴。」，巨山詩無甚過人處，只是局面。恁尔官樣，那得不算一個盛唐作手？〔鄧藏手稿〕

---

〔二〕手稿此注在「鶯喜」二字旁注：「鶯未當鳴。」

## 王昌齡城傍曲*〔一〕

秋風鳴桑條，草白狐兔驕。邯鄲飲來酒未消，城北平原掣皁鵰。射殺空營兩騰虎，迴身卻月佩弓弰。

太原郡有平原縣，皁鵰亦食草，似鷹而大，黑色，俗呼爲皁鵰，亦名黑鵰。見埤雅。

## 笑高適語*〔二〕

「莫愁前路無知己，天下何人不識君。」常笑此兩句。知己滿天下，尚有己哉？何人不識，與鴉噪鮑佐何異？高門懸簿，内熟而了。森然與槐柳齊列者，試問其知的有幾人邪？動不爲利，不賤門隸，顧不用相薄也。吾師漆園先生大闡伯陽奥義，正在齊物一章。孰知正味，孰知正色，盡矣宗語。知有不知有，説得開拓。前過古度齋頭，問堯舜「土階三尺，茆茨不剪」，是實尔不？既曰：「釭松怪石，不知在何處擺設。」大家一笑。

## 王維納涼詩*〔三〕

「喬木萬餘株，清流貫其中。」誦此十字，亦足納颸。

---

〔一〕此條據山西博物院藏手稿釋文。傅山全書初版本未收。

〔二〕此條録自文物出版社書法叢刊一九九七年第一期，由賓元章釋文整理。傅山全書初版本未收。

〔三〕此條據上海博物館藏手稿釋文。傅山全書初版本未收。

## 讀輞川句*〔一〕

「卽病卽實相，趨空定狂走。」「一興微塵念，橫有朝露身。」讀輞川句，如如如來拈花一笑，不知何因緣再來。

## 李白詩*

「黄河遠上」一首，「朝辭白」一首，絶句只如此便覺好，何必龍標宮詞？〔拾遺本〕

## 譚用之詩*〔二〕

「鶻巖煙斷玉巢欹，罨畫春塘太白低。馬踏翠開垂柳寺，人耕紅破落花蹊。千年勝概咸原上，〔三〕幾代荒涼繡嶺西。碧吐紅芳舊行處，豈堪迴首草萋萋。」後四句可憐矣，〔四〕怠哉！詩難雄逸。〔五〕〔晉祠手稿、拾遺本〕

〔一〕此條據河南博物院藏手稿釋文。傅山全書初版本未收。
〔二〕傅山全書初版本據拾遺本收錄，標題作「鶻巖詩」，爲整理者所加。今據晉祠手稿整理，手稿亦無題，因是譚用之詩，故改作此題。
〔三〕「咸原」，傅山全書初版本據拾遺本作「咸陽」，據手稿改。
〔四〕「矣」，傅山全書初版本據拾遺本作「其」，據手稿改。
〔五〕此四字傅山全書初版本無，據手稿補。

## 以詩讀杜詩*

史之一字：掩卻杜先生，遂用記事之法讀其詩。老夫不知史，仍以詩讀其詩。世出世間，無所不有。「水流心不競，雲在意俱遲」，何其閒遠，如高僧妙悟。而「人非西喻蜀，興在北坑趙」，又天吏逸德也。奇哉！〔太原段帖、霜本，王愛國重校。〕

## 杜甫*

「荔枝似江珧柱，杜工部似司馬子長。」千古妙語，不是慧人，活活濾死。〔拾遺本〕

## 此物

「羣凶彌宇宙，此物在風塵。」謂張山人彪也，誰能當得「此物」兩字！若遭「此物聒孰語，吾廬幽此物」，是鳴蟬。留花門：「中原有驅除，隱忍用此物。」

## 張芝*

「靜者心多妙，先生藝絕倫。草書何太古，詩與不無神。曹植休前輩，張芝更後身。數篇吟可老，一字買堪貧。」張山人何等人，爲先生推崇如此？〔太原段帖、拾遺、王本，王愛國重校。〕

## 非高賢句＊〔一〕

「丈夫垂名動萬年，〔二〕記憶細故非高賢。」吾嘗玩洄此句，以當服青皮、貝母。〔拾遺本〕

## 丈夫垂名＊〔三〕

「丈夫垂名動萬年，記憶細故非高賢。」君子胸襟，不可不如此開豁。〔四〕傅山書。

## 杜甫詩題＊〔五〕

「課隸人伯夷、辛秀、信行等入谷斬陰木，人日四根止。維條伊枚，正直侹然。晨征暮返，委積庭内。我有藩籬，是缺是補，載截篠蕩，伊仗支持，則旅次于小安。山有虎，知禁，若恃爪牙之利，必昏黑撐突。夔人屋壁，列樹白菊，鏝爲牆，實以竹，示式遏。爲與虎近，混淪乎無良。賓客憂害馬之徒，苟活爲幸，可嘿息矣。作詩示宗武讀。」

山最好讀杜公詩題，皆世間不可再有之文，不可思議，但有神領。

〔一〕此條，傅山全書初版本在本卷蘇長公續詩條前，因所引爲杜甫詩句，故移至此。

〔二〕「名」，拾遺本與傅山全書初版本均誤作「命」，據杜詩改。

〔三〕此條據山西博物院藏立軸釋文。傅山全書初版本在雜記（十）先曾祖遺訓前，今移至此。

〔四〕「此」字，手稿無，據文意補。

〔五〕此條據上海圖書館藏手稿釋文，傅山全書初版本未收。

## 杜甫春日江村詩*〔二〕

「種竹交加翠，栽桃爛漫紅。經心石鏡月，到面雪山風。赤管隨王命，銀章付老翁。豈知牙齒落，名玷薦賢中。」「農務村村急，春流岸岸深。乾坤萬里眼，時序百年心。茅屋還堪賦，桃源自可尋。艱難昧生理，飄泊到如今。」細讀，祇覺自然之妙，堆垛做作之人，殊嫌其淺直。

## 杜甫憶鄭南玭*〔三〕

「鄭南伏毒寺，瀟灑到江心。石影涵珠閣，泉聲帶玉琴。風杉曾曙倚，雲嶠憶春臨。萬里滄茫水。龍蛇只自深。」

題「憶鄭南玭」。「玭」又云是「玼」，又云本無「玭」字，但「憶鄭南」耳。

〔二〕此條據上海圖書館藏手稿釋文，傅山全書初版本未收。

〔三〕此條據上海圖書館藏手稿釋文，傅山全書初版本未收。

## 王季友*〔一〕

浣花翁稱王季友，不得細攷其爲人，然其贈崔瑾詩中十字：「揖生固如此，履道當不朽。」亦可想見之矣。

## 要字*

杜詩「江閣要賓」，「要」亂作「邀」，俗習也。作「要」亦通，蓋「要約」之「要」，非「要結」之「要」耶！〔拾遺本〕

## 杜甫月夜詩*〔二〕

「今夜鄜州月，閨中直獨看。〔三〕遥憐小兒女，未解憶長安。」〔四〕亦何眞妙不做至此！〔晉祠手稿、拾遺本〕

---

〔一〕此條據上海博物館藏手稿釋文，傅山全書初版本未收。

〔二〕傅山全書初版本據拾遺本收錄，題作「鄜州月詩」，爲編者所加。今據晉祠手稿整理。手稿亦無題，因是杜甫詩，故改作此題。

〔三〕「直」，拾遺本作「只」。

〔四〕「未」，拾遺本作「不」。

## 杜甫贈曹將軍詩*

「先帝天馬玉花驄，畫工如山貌不同。是日牽來赤墀下，迥立閶闔生長風。詔爲將軍拂絹素，意匠慘澹經營中。須臾九重眞龍出，一洗萬古凡馬空。玉花卻在御榻上，榻上庭前兩相向。至尊含笑催賜金，圉人太僕皆惆悵。」此不過寫一時邀賞之榮，而圉僕感歎其技藝足以動天寵耳，有何深意？洪容齋遂謂杜有深意，爲圉僕輩眼酸，好沒來由哉！老洪（以下缺）雪晴捲簾，勉爲數字。〔晉祠拓本〕

## 杜詩用仲宣樓者

十卷將赴荊南寄別李劍州末句：「戎馬相逢更何日，春風迴首仲宣樓。」十七卷舍弟觀歸藍田第二首末句：「此時同一醉，應在仲宣樓。」夜雨末句：「天寒出巫峽，醉別仲宣樓。」〔省博手稿，王愛國重校。〕

## 磷緇杜詩中三用之

十四卷別崔漼五言律：「如何久磨礪，但取不磷緇。」十五卷夔府書懷四十韻：「文園終寂寞，漢閣自磷緇。」十八卷送馬大卿公：「吾賢富才術，此道未磷緇。」杜詩注：「孫季昭示兒編曰：杜詩中多有反經史字音，論語『磨而不磷』，力刃切，如送大卿、別崔漼云云，皆作平聲。」〔省博手稿，王愛國重校。〕

## 管鮑*

「翻手作雲覆手雨，紛紛輕薄何須數。君不見管鮑貧時交，此道今人棄如土。」嗟嗟，誰爲今之管鮑哉！〔省博手稿，王愛國重校。〕

## 市暨瀼

杜詩「市暨瀼西巔」。公自注：「夔人謂市井泊船處爲市暨。江水横通山谷處，居人謂之瀼。」〔省博手稿，王愛國重校。〕

## 宋之問詩*〔二〕

「侵晨發洛陽，城中歌吹聲。畢影至緱嶺，嶺上煙霞生。草樹饒野意，山川多古情。大隱德所薄，歸來可退耕。」此詩不甚全佳，喜其自然。末句以若人而爲此語。詩之不可信也如此乎！〔鄧藏手稿〕

## 孟東野詩*

「一雀入官倉，所食寧損幾。祇慮往覆頻，官倉終害爾。魚網不在天，鳥羅不張水。飲啄要自

〔二〕傅山全書初版本題爲「侵晨發洛陽」，因是宋之問詩，故改爲今題。

然，可以空城裏。」東野。三復「祇慮往復頻，官倉終害爾」十字，古人回翔之意，無時不謹乃爾。

## 李商隱詩*

「郡齋何用酒如泉，飲德先時已醉眠。若無門人推禮分，戴崇爭得及彭宣。」宣見險而止，自一謹勑士。崇豈弟多知，與禹狎褻伎樂，若無爲莽言一節，遂令人莫測其爲何如人矣。然爲莽言尚在「可欺以其方」之時，是後再不見崇言行之究竟。後世會當以與禹爲狎褻，定爲莽言之品耶？名士受人之欺，此亦常事，幾何有一遠覽于經生中者！崇受于禹者易，于今之談易者，正復爾爾！

## 沈佺期詩*

沈佺期「潮滿九江春，王無競臺館。曉蒼皇甫冉，雲歸神女館。」滿九、館曉、女館，上聲二字連接處皆不響。吾嘗語此爲病，然昔人往往犯之，不勝撿出。〔王本〕

## 韋蘇州詩*

蘇州與村老對飲：「鬢眉雪色猶嗜酒。言辭淳樸古人風。鄉村年少生離別，見話先朝如夢中。」寄劉尊師：「世間荏苒縈此身，長望碧山到無因。白鶴裴回看不去，遙知下有清都人。」亦是信口率意，讀之不覺其俚，直有其高。後人爲之，幾何不至鼓兒詞！

## 王維詩*

「野巾傳惠好，茲貺重兼金。嘉此幽棲物，能齊隱吏心。早朝方暫挂，晚沐復來簪。坐覺囂塵遠，思君共入林。」酬賀四贈葛巾之作云「此物」。〔一〕杜詩：「謝氏尋山屐，陶家漉酒巾。羣兇弥宇宙，此物在風塵。」「此物」亦指巾屐言也。〔鄧藏手稿〕

## 廳僕

唐詩紀事程賀事蹟曰：「崔亞典眉州，賀爲廳僕。崔見其風味不常，問曰：『爾讀書乎？』曰：『薄涉文藝。』崔指一物命詠之，雅有意旨。因命歸，稱於諸公間，凡二十五舉及第。」廳僕，當卽門子類也。

## 唐宋文章*

韓、柳、歐、蘇，文章妙矣，然終覺閑話多。王、唐、瞿、薛，文章妙矣，然只覺惟有格套而已。

〔一〕「酬」字上，傅山全書初版本衍一「謝」字，據手稿删。

## 倒用古語*

倒用古語以押韻，若非昌黎用過，後之人定作笑話指摘矣。「後日懸知漸莽鹵」。柳生「食貧甘莽鹵」。白詩「養生仍莽鹵」。注中引之。鹵莽，自莊子以來皆爾，而昌黎贈劉師服七言歌（以下缺）〔省博手稿，王愛國重校。〕

## 宋人之文*

宋人之文，動千百言，蘿莎冗長，看着便厭。靈心慧舌，只有東坡。昨偶讀曾子固戰國策、說苑兩敘，謫子政自信不篤，眞笑殺人！全不看子政敘中文義，而要自占地步。宋人往往挾此等伎爲得意，那可與之言文章之道！文章誠小技，可憐終日在裏邊盤桓，終日說夢。

復因此語而笑曾子固，則亦不可。夫言豈一端而已，言固各有當也。〔晉祠拓本、霜本〕

## 坡老與柳郎*

銅金剛、鐵簡版，唱坡老大江東去，十七、十八女郎唱柳耆卿小令，此自不可同日語。若用郭子玄解蜩與鷽鳩笑大鵬九萬里之摶風皆各足逍遙，想柳郎亦自足耶！〔鄧藏手稿〕

## 東坡翁之萬斛源泉*

文章妙道，都教宋儒弄了。眞實變化，只一東坡翁之「萬斛源泉」足橫行一代，而其辨才無礙

處，卻不全自六經中來。〔晉祠手稿，增補。〕

## 稼軒詞*〔一〕

「千古江山，無覓孫仲謀處。舞榭歌臺，風流都被雨打風吹去。〔二〕斜陽草樹，尋常巷陌，人道寄奴曾住。歎當時：〔三〕鐵馬氣吞，萬里如虎。元家子草草，〔四〕封狼居胥，贏得倉皇北顧。四十三年，望中鐙火，記得揚州路。可堪迴首，佛貍祠下，一片神鴉社鼓。憑誰問：廉頗老矣，尚能飯否？」

稼軒塡詞，俊爽無敵。看他學問鋪排鎔化處，眞是道屋底玩弄物件耳。妙！〔鄧藏手稿〕

## 游好非久長「久」，舊本作「少」。

宋馬永卿著懶眞子五柳與商晉安別詩本十韻。第九韻云：「才華不隱世，江湖多賤貧。」第十韻云：「脫有經過便，念來存故人。」今世有本無第十韻，故東坡詩送張中亦止于貧字，云「不救歸裝貧」。又今本云：「游好非久長，一遇盡殷勤。」而舊本云：「游好非少長，一遇定殷勤。」蓋其意云：吾與子非少時長時游從也，但今一相遇，故定交耳。此語最妙，識者知之。愚謂卽以今本「非久長」解之，亦自可。蓋言交游同好之人，不能決爲長久之期，一遇亦不容易，遇之而不可不

---

〔一〕手稿錄辛棄疾永遇樂京口北固亭懷古文字有異有闕，未知何故。此處按手稿照錄，不出校注。
〔二〕「打」字旁，傅山注：「洒」。
〔三〕「時」，傅山全書初版本誤作「年」，據手稿改。
〔四〕「家子」，傅山全書初版本誤作「嘉」，據手稿改。

盡殷勤乎！若云舊本爲確，則解之以與子非少時長時游從，成何語也?，又當援左氏傳「欒蠻與華弱少相狎，長相優」之比矣。〔省博手稿，王愛國重校。〕

## 李清照詩*

「生當爲人傑，死亦作鬼雄。至今思項羽，不肯過江東。」此婦人詩也。〔王本〕

## 韓魏公文*

「剛介之性，天下能合者有幾？淵源之學，古人不到者甚多。」韓魏公祭忻州劉易之文。〔省博手稿，王愛國重校。〕

## 大復不及崆峒*〔一〕

崆峒、大復論文往來書，大復主氣，似勝，及下筆，則大復不及崆峒矣。所以然者，崆峒守理而能理；大復主氣而氣亦不及崆峒也。至于文中分一「氣」「理」之論，若令荀奉倩聞之，恣一笑耳。蓮為山文兄書。

〔一〕此條據寧波天一閣博物館藏手稿釋文。由張文穎整理。傅山全書初版本未收。

## 李空同*

李空同、何大復、李于鱗、王元美性情多，道理少；格調多，性情少。〔拾遺本〕

## 小説詩*

「黄帝上天時，鼎湖原在茲。七十二玉女，化作黄金芝。」「玉殿不勝秋，金點石樓泠。誰是相憐人，牽帷弔孤影。」以上兩詩，皆出小説。小説詩儘有佳者，不獨詩，小傳亦有不減史、漢者，但未經拈出，可惜！然衰老，非所急也。

## 鹽是蚩尤血

王冰黄帝經序云：「其血化爲鹵，今之解池是也。方百二十里，鹵色正赤，故俗呼解池爲蚩尤血。」寰宇記：「蚩尤之封域有鹽池之利，故絳之鹽也。」〔省博手稿，王愛國重校。〕

## 賊字*

還金記行世久矣，其中「戎以貝而爲賊」句，賊本从則、从戈，則聲。俗作賊，遂通謂「貝戎」賊矣。然則本亦从貝，傳「毁則」爲賊。於則而加戈焉，即「毁則」義也。不同聲而同義，義亦可通。卽不合六書，於義固無害也。趙公用俗言，以戲爲文，良無不可。見貝而興戎心，無論親疏皆有之，讀書之人猶不免焉，而獨歸之跖、蹻之倫，冤矣！愚嘗論蹻非跖等，蓋尉佗之流，處不得不爾之勢，尚不失爲勇敢丈夫，豈得以跖同之！且道古來當可以爲蹻之時，而不敢、不能爲蹻者往往。蹻亦何容易爲！苟有蹻焉，且賊夫不敢爲蹻者而殺之矣。

## 戴安道文*

戴安道閑游贊序云：「奇趣難均，玄契罕遇，終古皆孤，棲于一嵓，獨玩于一流。苟有情而未忘，有感而無對，則輟斤寢弦之歎，固已幽結于林中，馳感于遐心，爲日久矣。」〔省博手稿，王愛國重校。〕

## 小兒伎倆*〔一〕

小兒伎倆，改補此等題本，自好作綺語，罪過如何懺得？〔省博手稿，王愛國重校。〕

## 窮袴

冷齋夜話：「見所謂嘗賣者，破篋中有詩編，寫本，字多漫滅，皆晉簡文帝時名公卿，而詩語工甚，有古意。樂府曰：『繡幕圍香風，耳節朱絲桐。不知理何事，涉立經營中。護惜加窮袴，隄防託守宮。今日牛羊上丘隴，當時近前面發紅』云云」。窮袴，漢時語也，今襠袴是也。漢時語見前。

〔一〕此篇前，傅山全書初版本尚有「鄜州月詩」一條，因是杜甫詩，故改題爲「杜甫月夜詩」。並移至「杜甫贈曹將軍詩」前。

外戚孝昭上官后傳。〔省博手稿，王愛國重校。〕

## 披雲子詩詞*〔一〕

宋道人者，自號披雲子，隱於太原之臥虎山。當羽化時，題其詩于石洞之壁，云：「這個形骸須大，已是一場災禍。被誰節外生枝，強要換成那個。更分假像眞容，又是多重罪過。近來耳目昏花，畢竟有些甚麽。」又有雨淋淋詞傳于世，云：「高山流水，歎世間知音有幾。終南萬里，烟霞歸去也。歲云暮矣，柱杖藥爐經卷。除此外，有何行李？快樂談，清淨家風，一片靈臺瑩如洗。就中妙處因師指。下工夫，戰退如常鬼。匣藏三尺劍，雷電交，火龍飛起。」〔二〕

予家藏久矣，思欲勒諸石，□□同好，甲申之後遂寢其事。噫，可慨也夫！

## 陸深不通之論

深願豐堂漫書：「張莊懿公鎣仲子早卒，聘都城趙氏女，〔三〕女聞夫卒，即輿至夫家守制，奉翁姑如婦禮，年五十餘矣。弘治間，宜春劉侯德資琬守松，上其事旌之，題曰：『趙女張節婦。』顧侍讀士廉以爲言婦則無所附麗，言女則已去其母家，若不當旌者。錢脩撰與謙奮起辨之，引張良、陶潛爲事類，至千餘言不罷，郡中一閧。予時游南雍還，心是士廉言，而與謙已病革矣。元余忠宣

〔一〕此條據山西博物院藏手稿釋文。傅山全書初版本未收。

〔二〕「起」字，手稿殘缺，據文意補。

〔三〕「都城」，傅山全書初版本誤作「成都」，據手稿改。

闕爲中書吏部員外郎，時安西郭氏女受聘未行，會夫卒，自縊死，有司請旌其門，闕以爲過，於中庸不可以訓，格不行。惜當時禮官無引此以駁之者。」愚嘗笑陸亦理學有見地人，不知所謂是士廉言者何所見？且引胡元余闕之議尤不倫，而卻幸安西郭氏不經胡元之旌之辱更好。〔省博手稿，王愛國重校。〕

## 超跡四句*

「維予之先，佐命唐虞。爰逮漢世，紫艾重紆。予獨好道，而爲匹夫。高尚素志，不事王侯。貪生得生，亦又何求？超跡蒼霄，乘飛駕浮。青要承翼，與我爲仇。入火不灼，蹈波不濡，逍遥太極，何慮何憂？游戲仙都，顧閔羣愚，年命之逝，如彼波流，奄忽未幾，泥土爲儔，馳走索死，不肯暫休。」予謂「超跡」四句，亦可不用。反覺似游仙泛語。惟「馳走索死，不肯暫休」警痛可畏。眞正神僊，爲人快語。〔百泉帖，谷錦秋重校。〕〔二〕

## 蘇長公續詩*

「人皆苦炎熱，我愛夏日長。」「薰風自南來，殿閣生微涼。」規諷深婉，所謂言之者無罪。蘇長公續之，贅矣。

〔二〕　此下，傅山全書初版本有非高賢句一條，因所引爲杜詩，故移至本卷張芝條後。

## 寄爲人後*

「矍相之圃，有爲人後者不得在此，豈爲人後者皆不得乎？其病在於寄爲人後。」寄字也下得妙。〔一〕要醒得此義，若推到兄無子矣。卽不爲之嗣，兄所遺業，非我而誰？又何必輒以子繼之！〔王本〕

## 盧次楩〔二〕

盧次楩可謂長才，居然河北文豪。惜乎！胸中多有印板，格調未能高抗，機杼不免挨墻靠壁耳。

## 贈李生*〔三〕

鵞、鵞、鵞，引頸向天歌。白毛浮綠水，紅掌拍清波。駱公孩時咏。閒雲生不雨，病葉落非秋。范郎不終之讖。李生聞此二則，要緊到册子上。

---

〔一〕「字」，王本原作「子」，據文義改。

〔二〕此條録自嶺南美術出版社傅山書翰精選一九九五年版，由竇元章整理。傅山全書初版本未收。

〔三〕此條據天一閣藏手稿釋文，傅山全書初版本未收。

## 學詩*

向猶復蠹魚伎倆，不忘一句一字之奇，今惟朝夕作金粟園現相耳。〔王本〕

## 王中丞詩*

錢虛舟先生曰，「王中丞既成進士而始學詩，先讀文選，如童蒙受章句塾師，必日而乙之，期上口」云。曩曾見其五言古，平實備物，雲間大陸，其效也逸。〔傅慶本〕

## 先大夫詩*

「幽人自是多清興，昨日看花今又來」二句。甚閑逸可玩；先大夫看牡丹詩也，梓之慕隨堂集中。

## 無垢居士詩*

無垢居士題扇詩，止記四句。是先曾祖與先祖誕辰之詩：「吾兒眞奇哉，驚天動地來。昔已非熊兆，今是果龍媒。」〔省博手稿。王愛國重校。〕

## 朋友之詩*〔一〕

九子題大隱詩：「温其玉在妝之外，翩若蘭生墨以先。」右玄贈細水于細水河干限韻詩：「水寧爲細無濠想，雲只因秋不雨陰。」皆近代佳句，從竟陵來者也。此派得之高都、析城、上黨諸邦，登壇者則藐山先生，從遊者則九子、子木、月苑、叔愷、仲賜先生之子雪陀。仲賜子子羽風流習氣，不無師弟老嫩之異，然而風調則一宗也。沁水忠烈公子亦闡此宗。

季通自京師歸，旅中詩存有四十餘首，録以問余。余最愛五言近體，有「半枕夢不就，四郊雲亂生」之句，簡逸，古人高風矣。

## 夢中作採蓮曲*〔二〕

古近採蓮曲計數十百闋，惟六朝風流居最。庚辰夏六月，夜瞑書巢，夢中吟得曲四句，高咏而醒，絕非烟火調。其幽渺之思，不知何來。「風來荷葉批，蕩槳向深處。飛將白鷺鷥，伴儂不肯去。」泰雲粱子以爲仙句，貧道作囊道人傳贊中引之，至今不能忘也。

〔一〕此條據蘇州博物館藏手稿釋文，由竇元章整理。傅山全書初版本未收。

〔二〕此條據蘇州博物館藏手稿釋文，由竇元章整理。傅山全書初版本未收。

## 學書之法*

學書之法，寧拙毋巧，寧醜毋媚，寧支離毋輕滑，寧眞率毋安排。〔王本〕

## 天倪*

寫字一道，即具是倪，積月累歲，自知之。

## 才*

才窮人不但作文不得，〔一〕即寫字亦寫不去，但印版耳。故儘有好字，而神采束縛，如泥塑祠堂官人也。〔王本〕

〔一〕「人」，王本原作「入」，據文義改。

## 作字惟是偶然*〔一〕

作字惟是偶然，欲書時，其妙不可思議。近來止得一再，差有艸淺獸肥、手柔弓躁之意。燕忝生紙一張勸書，幾年許矣，閣壁間。忽憶康樂擬鄴集詩小序，奇儁不可言，輒取試書之，遂能終。〔二〕其體不眞不艸、不篆不隸，亦眞亦艸、亦篆亦隸。寫畢自覽之，亦莫測其結構運轉之妙。其時積雨連日，絶人事應答，靜注南華之從不可解者三四段，頗謂得子玄之所未得。得意而寐，寐起卽書此紙，亦誰知寫字之造適于漆園老僊也。近腕日老一日，欲稱此尚能鵝頸之轉也，而以六書法寫六經，補歐陽率更楷書之弊，浸浸上擬中郎，而無法財佐道，徒有其志耳。中郎蹟今只有道碑在，而亦時簡便，有違說文。黄初假鍾繇碑，猶不足觀也。山書。

## 官止神行*

官止神行，非老不能。〔晉祠手稿〕

## 書法于今*

書法于今，此道甚難。吾書於古人一毫不似，而又多爲牽率人事之書，那能少有合處？試向諸帖内簡之，有此等一畫否？徒壞絹素作樂耳。七十二歲老人傅山記。〔拾遺、王本〕

〔一〕此條據上海圖書館藏手稿釋文。傅山全書初版本未收。

〔二〕青主「試書」之文，當是手稿下一頁之五言古詩黑崖壓紅樓。尹注。

## 寫字忌作寬褊之形*

寫字忌作寬褊之形。卽本等寬褊，如西、而、四、皿之類，亦徑神行之，令不覺爲寬褊乃妙。然此亦非專責之令窄長也。河東王孫抑甫，學褚河南行書，專以窄長爲訣，亦弄死蛇手段也。

## 太史籀*

周宣王太史籀取倉頡鳥迹書之形、之意，加之銛利鉤殺，或同或異，圓不致規，方不致矩，轉相配合而爲大篆。篆者，傳也。傳其物理，施之無窮也。籀著大篆十五篇。〔傳徵君法帖，谷錦秋重校。〕

## 知篆籀從來*

不知篆、籀從來，而講字學書法，皆寐也，適發明者一笑。

## 隸書八分不知的確如何分別

許氏說文敘：「秦燒滅經書，滌除舊典，大發隸卒，興役戍官，獄職務煩，初有隸書，以趣約易，而古文由此絕矣。」小字注：「徐鍇曰：王僧虔云，秦獄吏程邈善大篆，得罪繫雲陽獄，增減大篆，去其繁複，始皇善之，出爲御史，名其書曰隸書。班固云，謂施之於徒隸也。卽今之隸書，而無點畫俯仰之勢。此句似徐語。」若爾，則隸書亦無辵波耶！與篆文齊頭無異。若爾，蔡文姬別傳云：「臣父邕言去大篆二分，取其八分，故謂之八分。」亦不言及點畫俯仰，仍似與篆書無異者。

唐張懷瓘云：「蔡邕八分入神，隸書入妙」。東漢時無楷。則八分尚近篆，而隸則今之漢隸，全以波拂勝者。今之學者謂隸書卽今楷書，而漢隸是分書也。是説夢。洪氏隸釋於白石神君碑後曰：「漢人分隸固有不工者，或拙或怪，皆有古意。」其語又合分、隸爲一，是八分亦稱隸書耶？是以隸之帶篆者爲分隸耶？洪氏隸釋夏承碑後文：「漢書有八分，有隸，其學中絕，不可分别。」則宋人已不能的確見所謂八分者矣。成公綏隸書勢中有「八分璽法」之言，是璽法中具八分意耶？隸釋又曰：「梁庾元威作書論，載隸有十餘種，曰芝英隸、花草隸、幡信隸、鐘鼎隸、龍虎隸、鳳魚隸、麒麟隸、仙人隸、科斗隸、雲隸、蟲隸、龜隸、鸞隸。此碑蓋其間之一體。」梁鵠宗聖侯碑有璽法矣。近出張遷碑亦有璽法。〔傅慶、王本〕

## 分書隸書之别

洪氏隸釋題孫根碑後云：「體豐而勢逸，字法與漢代他碑絕不類，唯華山亭一碑差相近耳。唐韓擇木、史惟則輩蓋得此筆意。今之言漢字者則謂之隸，言唐字者謂之分，殆不知在秦漢時分隸已兼有之。」唐張懷瓘書斷云：「蔡邕八分入神，隸入妙。」又云：「張昶八分碑在華陰。今華山下存漢碑凡四，華亭一碑，乃昶分也。」又云：「八分者，秦羽人上谷王次仲所作。始皇時，官務稍多，得次仲文，簡略赴急之用，甚喜，遣使三召，不至。漢和帝時，賈魴用隸字寫三倉，隸法由兹而廣。漢隸。」蓋八分爲小篆之捷，隸又八分之捷。其贊八分，則曰：「龍騰虎踞兮勢非一，交戟横戈兮氣雄逸。」其贊隸，則曰：「摧鋒劍折，落點星垂。」詳其説而察其字，則孫根及華亭碑爲漢人八分無疑矣。唐人自稱八分，蓋有自來。考古博雅之士，更爲辨之。〔傅慶、王本〕

## 八分與隸書*

墨莊漫錄云：「近世有荒唐士人，妄謂八分書爲隸書，不知隸書乃今正書耳。」此論爲今之學問人據之，以辨八分與隸之不同，亦說夢耳。不曾習此書法，〔二〕於其中輕挑重按之勢毫不曾聞，〔三〕又不曾多讀書勢大同小異處，如何敢於此中瞎說也！〔河南博物院手稿、傅眉抄本、拾遺、王本〕

## 漢隸之妙*

漢隸之妙，拙樸精神，如見一醜人，初視村野可笑，再視則古怪不俗。細細丁補，風流轉折，不衫不履，了更嫵媚。始覺後世楷法，標致擺列而已。故楷書妙者，亦須悟得隸法，方免俗氣。黄庭之不顧疏密偏倚處，全是其意。然以語人，卻又案左傳尋作詩法之説矣。〔上海博物館手稿，增補。〕

## 漢隸不可思議處*

漢隸之不可思議處，只是硬拙，初無布置等當之意。凡偏傍左右，寬窄疏密，信手行去，一派天機。今所行聖林梁鵠碑，如塹模中物，絕無風味，不知爲誰翻橅者，可厭之甚。

〔二〕「習」，傅山全書初版本與他本均作「學」，此據手稿。

〔三〕「其中」二字，傅山全書初版本與他本均無；「重」字，傅山全書初版本與他本均作「虛」，此處據手稿。

## 楷書需知篆隸之變*

楷書不知篆、隸之變，任寫到妙境，終是俗格。鍾、王之不可測處，全得自阿堵。老夫實實看破地，工夫不能純至耳，故不能得心應手。若其偶合，亦有不減古人之分釐處。及其篆、隸得意，眞足吁駭，覺古籀、眞、行、草、隸，本無差別。

## 楷書需有帖意*

楷書無帖意，擺磊齊整，只是泥塑帝王像耳。〔晉祠手稿〕

## 石經周易*

介休張公孫家有石經周易韓康伯繫辭傳，精神圓秀，殊不方削。「兂」原寫「无」，而復改「無」，古人不避錯也。〔百泉帖，谷錦秋重校。〕

## 臨淳于長碑*

三復淳于長碑，而悟篆、隸、楷一法，先存不得一結構配合之意。有意結構配合，心手離而字眞遁矣。其中不合六書、說文者多，亦知漢時卽有通俗書法。文義遠矣，書法不可思議也。「辔」字从心，亦可意會「沃若在手，一須心御」耶！

## 無極山碑*

無極山碑有「終南之敦物」，蓋以敦物爲終南所産，與松篠同科。今經史多作「惇物」，注云「山之名也」。

## 郭有道碑*〔一〕

郭有道碑壞久矣，家藏一本，不知爲誰贋作，貧道謂之繫囮。

## 曹全碑*〔二〕

近出曹全碑，風韻不無，惜氣魄狹小耳。首起「君諱」二字，居然典型矣。

## 曹佺碑*

近出曹佺碑，亦自可喜，但結構多瑣細，有近奴者，最是一寘字。〔鄧藏手稿〕

〔一〕此條録自文物出版社書法叢刊一九九七年第一期圖版，由竇元章釋文整理。傅山全書初版本未收。

〔二〕此條録自文物出版社書法叢刊一九九七年第一期圖版，由竇元章釋文整理。傅山全書初版本未收。

## 暈字*

曹全碑「暈」字，不解何聲義。以文義看來，即是「商量」之「量」字。説文「量」字從日從重，曰從曏省聲。必於從曏，亦太迂遠無義。此從日從章，翻覺妙於從曏之省矣。〔王本〕

## 薄字*

曹全碑中「悉以薄官」，薄疑爲簿。「咸蒙瘳㥹」，㥹疑爲拔。

## 不濟*

曹全碑「閔擠紳之徒不濟」，不濟字今俗常言，漢有之矣。

## 天璽碑*〔一〕

吾法爲鄒魯等字匾螺法，似不足盡古人天然之妙。汝刻石鼓文愈拙愈巧，外人那得知耶！天璽碑方處易到，整處易到，其疎密不匀處猶有鐘鼎遺意。不知郭氏何以詆之，蓋金錯刀懸針法也。往在留都，見武定橋傍買天璽碑一本，尚是囫碑全本。稍遲，遂爲人買去。近得一本，僅二百餘字，有宋人題字，其「親」字似「視」之譌。耿公題字亦不言始末，雖無老成人，尚有典型，恐後來此

〔一〕　此條録自文物出版社二〇〇七年版傅山行草墨迹，由寶元章整理。傅山全書初版本未收。

亦不可復得矣。

## 蘭亭序*〔二〕

耳食之人謂蘭亭不如聖教序，眞是寱語。蘭亭如褚河南初本，飛行自在，彬蔚陸離，逕神物也。如今所行本有來禽撫定武，亦泥字耳。潁州絹本復不可得，難言之。

## 眞行無過蘭亭*

眞行無過蘭亭，再下則聖教序，兩者都無善本。若必求善本而後臨池，此道不幾乎息耶！近來學書家多從事聖教，然皆婢作夫人。聖教比之蘭亭，已是轅下之駒，而況屋下架屋，重儓之奴？趙子昂善抹索，得此意，然楷中多行，殊不知蘭亭行中多楷也。卽蘭亭一記，世之膾炙，定武第一。以余視之，無過唐臨絹本。此可爲知者言，難與門外人語。若以大乘論之，子敬尚不足學，何況其他？開米顚一流，子敬之罪；開今日一流，米家之罪。是非作者之罪，是學者之過也。有志者斷不墮此惡道。此余之妄談，然亦見許有膽有識之同人，不敢强人之同我也。

## 寫急就需精筆*

寫字凡筆都可單待，只急就一體，非至精者不堪用。古人之筆皆自造，今託市人爲之，買者又

〔二〕此條錄自文物出版社書法叢刊一九九七年第一期，由竇元章釋文整理。傅山全書初版本未收。

非能書之人，但憑賣者妝飾貴價，轉相矜詫，甚可笑也。〔拾遺本〕

急就變處*

急就若到變處，則勒拂近隸，此亦不暇矣。〔拾遺本〕

黄初上號表*〔一〕

黄初上號表，傳是梁鵠書，方板不韻，較之淳于長，不翅天淵。名之浪得，多尔尔。

續書譜*

續書譜，逕中眞書之微。〔拾遺本〕

評某帖*

有謂此帖勝似寶賢者，吾謂不然。但言孫過庭書譜，可知寶賢圓秀之妙。〔晉祠手稿〕

評某帖*

婉轉側然，過於寶賢，圓秀則不及寶賢矣。其連結處多不通，由於鈎時不想當時如何下手，故

〔一〕　此條錄自文物出版社書法叢刊一九九七年第一期圖版，由竇元章釋文整理。傅山全書初版本未收。

有此病。顛倒作態，政同其勝。〔晉祠手稿〕

## 朱氏殘帖*

美原朱公孫家有殘帖四本，細勁可憐。〔百泉帖〕

## 尊敬王右軍*

且説有個王右軍，在世人果能眞實尊敬其字耶？亦須人先告之曰：此是王右軍。又要是有財勢底王右軍，不然窮迫王右軍，要賣字度日又不能矣。〔拾遺本〕

## 高手未必盡得意*

即高手人，亦未必盡得意，如文字，代不數人，人不數篇也。〔晉祠手稿、拾遺本〕

## 青天浮雲*[一]

「青天浮雲，浩蕩萬里」，奇俊哉言。

〔一〕此條據鄧寶珊先生藏手稿釋文。傅山全書初版本未收。

## 愈趨愈下*

看日月如馳。昨得熙二十六日書諸帖，便知趙孟頫本領。再細細閱蘭亭，知李北海本領。知右軍則知北海，知北海則知子昂，愈趨愈下。〔省博手稿〕

## 唐代書法*

唐初字書得晉宋之風，故以勁健相尚，至褚、薛則尤極瘦硬矣。開元、天寶以後變爲肥厚，至蘇靈芝輩幾於重濁，故老杜云：「書貴瘦硬方有神。」其言爲篆字而發，亦似有激於當時也。貞元、元和以後，柳、沈之徒復尚清勁。唐末五代字學大壞，無可觀者。其間楊凝式，至宋初李建中，絕妙一時，而行筆結字亦主於肥厚。至李昌武，以書著名，而不免於重濁，故歐陽文忠公評書曰：「書之肥者，譬如厚皮饅頭，食之味必不佳，而命之爲俗物矣。」亦有激而云耳。〔王本〕

## 李邕三數日晴帖*〔一〕

李北海三數日晴一帖，全是晉字風韻。頃見所傳碑版，皆無甚可觀，恐是後人翻過者。

〔一〕此條錄自文物出版社書法叢刊一九九七年第一期圖版，由竇元章釋文整理。傅山全書初版本未收。

## 顏魯公磨崖碑*〔一〕

顏魯公磨崖碑，近五六寸大，神邁支離，不可思意。山。

## 老杜書法*

「嶧山之碑野火焚，棗木傳刻肥失眞。苦縣光和尚獨立，書貴瘦硬方通神。」讀此知老杜書法亦高，令人想見，何少遺蹟也？〔霜紅龕墨薈〕

## 晉陽首邑四字*

陽曲縣門外有「晉陽首邑」四字，妙不可言，不知誰書，或云係邑令廷佩手書。〔陳監先先生輯〕

## 王獻明字*

王太守獻明公，寫聖教、蘭亭最熟，而疎爽遒勁，後人不及亦不知。曾見扇頭作蠅頭小楷，徑類黄庭。其弟名士式，于臨曹娥酷肖。至於寸半大眞行，有意無意之間，大有二郗高致，但嬾不肯作。視我輩書，豈止夫人之於婢也！

〔一〕此條錄自山内観編傅山の書法，日本二玄社一九九八年版，由堀川英嗣釋文整理。傅山全書初版本未收。

## 萬仰山字*

萬京兆仰山公寫急就章亦娟潔，吾及見其題沈青門花卉，書一「憕」字，僅半指大。一筆一畫，烟視媚行。以書法論，如初學耳，然亦足徵於筆墨間。慎謹不敢縱恣，是其德也。

## 王龍池字*

王龍池道行以能大書名，實無足觀也。唯與錢絅之先生作「毋不敬」三字，尺三四寸大，支離可愛。以其作字時無作字意在中。絅之又其後輩，故能不束縛耳。

## 王字草書*

王字草書，草竹互用。有言「竹必作艹，草定作䒑」。簡節從竹，「」卻如此寫。苟字從草，「」乃爾書。「苦」亦如之。如此極多，不可盡舉。既非六書，不得如此滯泥。買弄學問者向老夫曾道此。此似亦非發之其人，蓋前有此說，而其人看見，遂不細考。我亦不與詰之，量其不事臨撫而爲此言，不爲過也。（晉祠手稿）

## 晉中前輩書法*

晉中前輩書法，皆以骨氣勝，故動近魯公，然多不傳。太原習此伎者，獨吾家代代不絕，至老夫最劣，以雜臨不專故也。平水近時得晉、唐餘風者，猗頓何中丞肖山公、稷梁大參承齊公，〔二〕然亦行不遠者。先輩不以此事見長，而人亦不以此事長之。論及此，令人愧恧嘆息。

## 猛參將書法*

舊見猛參將標告示日子「初六」，奇奧不可言。嘗心擬之，如才有字時。又見學童初寫仿時，都不成字，中而忽出奇古，令人不可合，亦不可拆，顛到疎密，不可思議。才知我輩作字，卑陋揑捉，安足語字中之天！此天不可有意遇之，或大醉後，無筆無紙復無字，當或遇之。世傳右軍見大令擬右軍書，看之云：「昨眞大醉。」此特掃大令興語耳。然亦須能書人醉後爲之。若不能書者，醉後豈能役使鍾、王輩到臂指乎？既能書矣，又何必醉？正以未得酒之味時，寫字時作一字想，便不能遠耳。

## 吾家三世習書*

吾家現今三世習書，眞、行外，吾之急就，眉之小篆，皆成絕藝。蓮和尚能世其業矣，其秀韻又偏擅於天賦，臨王更早於吾父子也。至於漢隸一法，三世皆能造奥，每祕而不肯見諸人，妙在人不知此法之醜拙古樸也。吾幼習唐隸，稍變其肥扁，又似非蔡、李之類。既一宗漢法，迴視昔書，眞足唾棄。眉得蕩陰令、梁鵠方勁璽法，蓮和尚則獨得淳于長碑之妙，而參之百石卒史、孔宙，雖

〔二〕「齊」，傅山全書初版本誤作「齋」，據丁本改。

帶森秀，其實無一筆唐氣雜之於中，信足自娱，難與人言也。吾嘗戒之，不許亂爲作書，辱此法也。

## 傅仁字*

仁哥作字極有性情，臨吾急就二三段，即有得。作此與之，爲入古之階。〔拾遺本〕

## 有閒情即練字*

若稍有閒情，一行半行，正當得古人一半分耶！〔拾遺本〕

## 傅蓮蘇字*

昨見蓮和尚臨王右軍七八帖，甚可喜。吾且幾爲此事死，爾復欲造此三昧耶？萬萬不可開此門戶。傳語後人，勿復學書，老夫痛懲之矣。〔晉祠手稿〕

## 少年時徒壞紙筆*

少年時徒壞紙筆，但習惡書。近始稍解，已眼花手顫矣。每展古人法書，慚愧交至，即此小技，亦須破命爲之，始得成就。〔百泉帖，谷錦秋重校。〕

## 不爲人役*

文章小技，於道未尊，況兹書寫，於道何有！吾家爲此者，一連六七代矣，然皆不爲人役，至我始苦應接。俗物每逼面書，以爲得眞。其實對人作者，無一可觀。且先有忿懣于中，大違心手造適之妙，眞正外人那得知也！然此中亦有不傳之秘。强作解人，又輒云能辨吾父子書法，吾猶爲之掩口。大概以墨重筆放、滿黑椏杈者爲父，以墨輕筆韶、行間明爐者爲子。每聞其論，正詅癡耳。三二年來，代吾筆者，實多出姪仁，人輒云眞我書。人但知子，不知姪，往往爲吾省勞。悲哉！仁徑捨我去一年矣。每受屬撫筆，酸然痛心，如何贖此小阮也？　乙卯五月偶記。僑山。〔二〕〔太原段帖手稿、霜本，王愛國重校。〕

## 無不可用之筆*

如今無不可用之筆，不可寫之紙，不可使之墨，不可磨之硯。無論如何，紙墨筆硯，得卽書，書卽滿，以人之物而成就我之技倆，又省下別種芭蕉，傍尋柹葉，尚豈敢嫌好道歹而妄自貴重耶！〔拾遺本〕

## 臨北海書*

「久別，懷仰增深。卽日奉：惟動靜安勝，邕此不足言，二兒至彼多日，〔三〕何時可令還家？謹狀。五月四日，李邕狀。」七十七老人山臨，不必其似北海也。〔鄧藏手稿〕

〔二〕「僑山」二字，傅山全書初版本無，據手稿補。
〔三〕「彼」，傅山全書初版本誤作「波」，據手稿改。

## 老人不作大字*

老人右脇滯氣，實因少年抄書而得，至今握筆即動，放筆半日，徐徐乃安。大字便得三兩日將息，所以不作大字，避苦耳，人不知也。〔拾遺本〕

## 作畫*

作畫須胸中實有一部丘壑始傳，與作文一揆。不然則綵繢房梁之工，何異關荆也！〔一〕〔晉祠手稿、拾遺、王本〕

## 子美東坡畫*

子美謂「十日一山，五日一水」。東坡謂「兔起鶻落，急追所見。」二者於畫，遲速何迥耶？中域中羽毛鱗介，尺澤層巒，嘉卉朽蘀，皆各有性情。以我接彼，性情相浹，恆得諸渺莽惝恍閒。中有不得，迅筆含毫，均爲藉徑，觀者自豁然胸次。斯技也，進乎道矣！

〔一〕「關荆」，傅山全書初版本據拾遺、王本作「荆關」，此據晉祠手稿改。

## 爲南溪公題畫*〔二〕

南溪公曾畫一株梅，筆意蒼然，有古徐熙風，索予題之。予借唐人詩一首題其上，云：「數萼初含雪，孤標畫本難。香中別有韻，清極不知寒。」

## 印章一技*

印章一技，吾家三世來皆好之，而吾于十八九歲即能鐫之。漢非漢，一見辨之。如如來所謂如實了知，敢自信也。〔陳監先先生輯〕

## 摴蒲*

摴蒲，老子入胡作，外國戲耳。圍棊，堯舜教愚子。博弈，紂所造。諸君國器，何以爲此？陶公言政事注。〔省博手稿〕

## 筆墨本游戲*

筆墨事本游戲自適一著，而逕爲人役苦惱，乃知亦是惡因緣也。〔拾遺本〕

〔二〕此條據山西博物院藏手稿釋文。傅山全書初版本未收。

## 人心不實*

人心不實，無事不詐。卽如寫字，必欲要老夫手書，便有許多機械。使拙書不足觀，卽眞者安足貴邪！近來索鷟者謂有假而訪之，而索書之人卽假而活之，傍人以假索假，彼心已假，因疑眞者亦假，鷟書又何足觀而假之哉！〔鄧藏手稿〕

## 老夫爲役人之役*

此素緋何事不可爲，必令塗墨？在我是業，在他是詒養。因無貸之難，遂令老夫役人之役。凡人來，不忠厚者多。〔鄧藏手稿〕

## 尺素壞自老堅*

卽此尺素，莫非繭絲，壞自老堅，懺悔奚及！書絹了，復得此米鹽買賣十六字了事。〔鄧藏手稿〕

## 文房四寶*〔一〕

儒者文房四寶：南溝紫砂石，是其端溪龍尾也。河西五百號，是其宣紙繭箋也。鞋底膠煤，是其君房于魯也。羊市羊毛雀頭，是其麟角兔豪也。書言黄眉，是其石渠東觀也。亦足豪矣哉！問可

〔一〕　此條據山西博物院藏手稿釋文。傅山全書初版本未收。

曾臨帖否？曰臨帖是底，曰習古人書法也，曰萬寶全書中，「雲龍山下試春衣」，終日映寫，頗能肖之。

## 醫猶兵*

醫猶兵也。古兵法陳圖，無不當究，亦無不當變。運用之妙，在乎一心。妙于兵者，即妙于醫矣。總之，非不學問人所可妄談。日日臨之，豈欺我哉！〔一〕（太原段帖、霜本，王愛國重校。）

## 方書與治病*

讀三年方書，天下無可治之病。治三年病後，天下又無可讀之方。此古人經歷實在之言。（陳監先先生輯）

## 祝由

内經移精變氣論：「余聞之，古之治病，惟其移精變氣於祝由而已。」注：「祝說病由，不勞針石而已。全元起云：祝由，南方神。」以上下文言，恐非南方神，亦非祝說病由，似是祝術，即徙癰之類是也。後復云「今之世不然」云云。故祝由不能已也。（省博手稿）

〔一〕末八字，霜本無。

## 南陽活人書*

南陽活人書一百一問，非不精細，吾亦不無二三則疑之。來星海多所撥辨。唯太陰腹痛一條，桂枝、芍藥加大黄湯，最得長沙奥旨，不可思議耶！〔太原段帖、霜本，王愛國重校。〕

## 千金方*

千金方細讀之，知不爲眞人全書，後人夾雜于中者不少，然妙處實多，不勝引伸觸長也。〔陳監先先生輯〕

## 先後陰陽之用*

鼻之下曰人中。自此而上，耳、目、鼻皆偶；自此而下，口與二陰皆奇，合成一泰卦也。余因而廣之：人中之後，爲督，爲諸陽之會；人中之前，爲任，爲諸陰之海。偶竅開陽位，奇竅開陰位，陽之用在陰，陰之用在陽也。故耳、目、鼻主精氣神，爲五臟之用；口、二陰主傳送出入，爲六腑之用。陽奇，故耳、目、鼻聚于一；陰偶，故大、小二便與口分于二。五臟屬陰，而精氣神無形，乃爲先天之陽自内而出；六腑屬陽，而水穀有形，乃後天之陰自外而入。觀先後陰陽之用，而水火互藏之妙昭昭矣。醫家之術，神仙之道，天地之運，思過半矣。陰盛則引陽，陽盛則引陰，陰陽相引爲欠，故人將死則欠也。一點陰氣不盡，不得爲仙；一點陽氣不盡，不得爲鬼。故陽升者，神從鼻出；陰降者，神從二便出。觀其所出，而人之善惡可知已：善爲陽，善至于無能名，是堯舜之重陽也；惡爲陰，惡至于衆惡歸，是桀紂之重陰也。莊子曰：「爲善無近名，爲惡無近刑，緣督以爲經。」是陽也，是中也，是道路之經也，至矣盡矣！天人之理無餘蘊矣！

## 爲一體面人治病*

有一體面搖擺人來問疾，余診之，爲停痰。其人曰：「從不唾痰。」余曰：「得大口唾之，不至此。」從其人者，云是其弟子，云：「不唾是生平所用工夫。」問之，其人曰：「只爲可惜耳。每每唾時，即忍，復咽之，久矣。」余笑曰：「若論可惜，出恭豈不百千多於痰，更可惜？」爲之一笑。〔鄧藏手稿〕

## 藥方雜記一*〔二〕

蒺藜子同貝母末服，催生，墮胎胞，下胎衣。

麥鞠煎水服，磨胎。

黃色柿餅，焙乾，研細末，吃三錢，去痔漏。

苦參末日日煎洗漏瘡，試效。

胎墮下血，當歸同葱白服。當歸焙一兩，葱白一握，每服五錢，酒一盞半，煎八分，温服。

華麻子四枚，巴豆三枚，入麝香少許，貼臍。

〔二〕此條據山西博物院藏手稿釋文。傅山全書初版本未收。

蟹爪同甘草、阿膠煎服。

## 藥方雜記二 *〔二〕

人參一錢，白术一錢，伏苓一錢，甘草五分，陳皮一錢五分，半夏二錢，薑五片煎，晚服。

空心服虎潛丸，五十丸加至八十丸。

## 藥方雜記三 *〔三〕

熟半夏四兩，大白蘿蔔一個，打碎，共煮成餬；人參二兩，薑黄一兩，射干酒大炒一兩，共細末；用石腦油一半、牛沫涎一半爲丸，梧子、大眞、好硃砂衣耳。空心。晚飯後，生薑湯下七八十丸。

高年人不得服寒峻之劑，傷春令發生之氣，愼之。

滚痰丸，大黄最熟，礞石煅。到臨臥時，炒熱七八丸，細辛五分，煎湯下。

洪洞來人，要消導藥喫，可與棗靈丹，並説與喫法，不得多服也。

〔二〕此條據山西博物院藏手稿釋文。傅山全書初版本未收。

〔三〕此條據蘇州博物館藏手稿釋文。由寳元章整理。傅山全書初版本未收。

## 處方用人參*〔一〕

貧道問爲人處方，數用人參，人遂謂貧道爲「人參醫」。貧道亦自信無他技。正如拙厨子舍椒，亦無他調和也。往往見下藥者與服藥者皆視人參爲毒藥，過於牽牛、巴豆。寃哉！有人問貧道：亦有不用人參時否？復有人先自謂敢服人參，而就貧道取方者，可笑如此！

## 藥名出塞

將軍仗大戟，奔馬取前胡。辛夷遍地血，胭脂徹夜呼。商陸一名夜呼。〔天一閣手稿，增補。〕

## 藥名閨怨

偶把鏡面對，略描青黛眉。一點梧桐淚，〔二〕滴綴牡丹皮。藥有鏡面艸。〔天一閣手稿，增補。〕

## 藥名豔曲

儂似蜜篇藤，鴛鴦死牽掛。歡似澤桼艸，猫眼多變化。〔天一閣手稿，增補。〕

---

〔一〕此條錄自文物出版社書法叢刊一九九七年第一期，由竇元章釋文整理。傅山全書初版本未收。

〔二〕青主於「梧」字旁又寫一「胡」字，似二者皆可之意。

## 白蒿*〔一〕

白蒿，尒疋：蘩，由胡，本經主治五臟邪氣、風寒溼痺；補中益氣，長毛髮，令黑；療心懸、少食常饑；久服輕身，耳目聰明不老。如此嘉卉，何憚長噉？鹿食九種解毒之艸，此其五。孟詵曰：「生挼，酢淹爲葅食，甚益人。」今人採之，共米麫蒸爲醜餾，鹽糖如食，性皆爽。

## 腫脹少婦*〔二〕

春天發腫不治，掀脣不治，經斷不治，脹過腰脊不治。只是下脈未至細數，有一二分可望，處湯丸方各一試之，莫怪費錢也。若漸漸挨入夏令，脾土少旺，小便先長，始可望生也。且又喫過小壁清濠妙藥，生氣大受斧斤矣，教人如何收拾，如何收拾！

## 促律忽塔*

高齊時所謂「促律忽塔」，想亦用蕎麥爲之。盂俗以此麵漏作蝌蚪，作湯噉，虛鬆如無物，亦食中妙品也。

〔一〕此條據臺灣何創時書法基金會藏齋盧翰墨手稿釋文，由堀川英嗣整理。傅山全書初版本未收。

〔二〕此條據寧波天一閣博物館藏手稿釋文。由張文穎整理。傅山全書初版本未收。

河漏*

河漏，雞湯第一，羊湯次之。新秋蕎麥初下，最宜河漏，鷄羊濃煮，雜以姜椒，隔數日一頓，頗利老脾也。〔拾遺本〕

蕎麪*

或曰：中國之人短命，自喫蕎麪始。戕生之食之事，不知多多少，而獨坐之蕎麥，如無蕎麥之處，人皆一二百歲耶？尤可笑。〔拾遺本〕

薤*〔一〕

王冕隱九里山，樹梅華千，桃杏居其半；芋一區，薤韭各百本；引水爲池，種魚千餘頭，結茅屋三間，自題爲「梅花屋」。今北方不知薤的爲何等物。列仙黄阮丘種薤，眞書名薤爲「五光七白靈蔬」。本草又名「菜芝」，似與葱蒜同類，而或云「辛而不葷」，何也？

山樝*

今所謂山樝者，與梨大別。想來今之兔頭梨。梨之類是古來謂樝也。

〔一〕 此條據浙江省博物館藏手稿釋文。傅山全書初版本未收。

## 檜樹*

檜，柏葉松身。不識栝者，謂即檜。書注：「馬融曰：白栝，是今晉地自有栝樹，鬣似松而皮白，所謂白松也。」柏葉松身之檜，與此迥殊。

## 青燈瓜

仙有青燈瓜，大如三斗盎。玄表丹裏，呈素含紅。攬之者壽，食之者仙。〔傅慶本〕

## 冰谷瓜

帝封泰山，從者皆賜冰谷表葉之瓜，瓜上如霜雪，刮嘗如蜜津澤瑕。邱仲食之，千歲不渴。〔傅慶本〕

## 望雲氣*

凡望雲氣，仰而望之，三四百里。平望在桑榆上，餘二千里。登高而望之，下屬地者三千里。心不在焉，子弟亦何人事與？〔二〕而正欲使其佳。〔鄧藏手稿〕

〔二〕「何人事與」，傅山全書初版本誤作「何與人事」，據手稿改。

## 太陰*

偶與張中宿山人論歲後二辰爲太陰云：是手上九宮法，如今年壬子，卽以過去之庚戌爲太陰，卽以庚戌加之中宮五上，當中指頂上數起。□□□□中指頂頭一，與食指無名指八，四位合爲九。

〔省博手稿〕

## 早看東南晚看西北*

諺語「早看東南，晚看西北」，見內經五運行大論。岐伯曰：「太始天元册文：丹天之氣，經於牛、女戊分；黅天之氣，經於心、尾己分；蒼天之氣，經於危、室、柳、鬼；素天之氣，經於亢、氐、昴、畢；玄天之氣，經於張、翼、女、〔一〕胃。所謂戊、己分者，奎、壁、角、軫，則天地之門戶也。」注：「戊土屬乾，己土屬巽。遁甲經曰：六戊爲天門，六己爲地戶。晨昏占雨，〔二〕以西北、東南。義取者雨爲土，〔三〕用濕氣生天，〔四〕故此占焉。」

〔一〕「女」，黃帝內經素問作「婁」。
〔二〕「昏」，黃帝內經素問作「暮」。
〔三〕「者」，黃帝內經素問作「此」。
〔四〕「天」，黃帝內經素問作「之」。

## 訓鳥獸*

伯翳大費能訓鳥獸，知其話意，以服事靈夏。古人自有此一種學術。〔晉祠手稿〕

## 不要搗我*[一]

聞人有稱我五言古體是其長處，聞之掩耳飛跑，曰：「不要『假儕』我，我知道，我知道。」「假」諺讀如「該雅切」。「儕」如此，「儕」但有聲，亦不知是何字。其意猶言「搗我」也。「搗」亦鄉談意，紿也，耍也。混也。韈線寸長，豈容人知？知則一豪不值也。

## 太原人語多不正*

太原人語多不正，最鄙陋惱人。吾少時聽人語，不過百人中一二人耳。今盡爾矣。如酒爲九，九爲酒；見爲箭，箭爲見之類，不可勝與辨。有僧學等韻切法，讀等字最熟，而舌不能分之，是知其學切法時，未得變得其鄙陋之音。非切法之鄙陋，是鄙陋切法也。此等錮弊，再沒法救之，[二]與文士之弊一也。

---

[一] 此條據寧波天一閣博物館藏手稿釋文。由張文穎整理。傅山全書初版本未收。

[二] 「沒」，丁本作「設」，據他本改。

## 太原汾州讀風爲分*

太原、汾州讀「風」爲「分」，最爲鄙也。或有人善之曰：「風本以『凡』得聲，當爲分也。」此就人之鄙音，以見其六書之學，此亦不勝與辨。〔一〕如「矜」字从「今」得聲耶，何不列今部中，而在庚韻也？「茸」字从耳，平聲，亦但當爲「人」，何詎讀爲「戎」耶？不知風亦聲，矜亦聲，戎亦聲，此正聲之妙，若江爲艱、皇爲還、芒爲瞞、郎爲藍，又何足笑也！

## 姓名*

姓名者，名姓者，姓姓者。唐名初譜曰：「彭名之後，以名爲姓。」漢書食貨志有姓偉，律曆志有射姓，儒林有丁姓。「射姓以前名少姓」，可對以「彭名之後姓其名」。

〔一〕「與」，丁本作「於」，據他本改。

## 先父背上結痏數處*

先父背上有結痏數處，每洗面時，以手摸著，則淚下如雨。山小時問之，云：「此爾爺教我讀書，鞭朴之恩也。今不得矣。」輒大痛。子孫知此痛在那裏？（齋廬帖、霜本）

## 爲學先當立志*

爲學先當立志，修身先當知恥。

## 學生與學者*

童子讀書，人皆謂之學生。長而好讀書，人稱羡之，則曰學者。老夫每道：寧可老作學生，不可少作學者。生不可量，者則者矣。者者，著也。著始者無所著，者渠不者。人之爲人，豈可自者？而令人者之而已。者上本𣥠，古旅，旅聲。果爾旅，則不得者之矣。好學而無常家，當復何者？無所住而生其心，者字於何安頓耶？〔二〕子夏曰：「日知其所亡。」似生。「月無忘其所能。」

〔二〕「耶」，丁本作「乎」，據他本改。

近者。禮後之悟，生矣，者能欲捨矣。凡涵詠已知，敦篤已能，皆者也。抱柱洗浴，把纜放船，命根到底斷不得。者之病，病魔、病佛等。者不者，而者佛非佛，者魔非魔，不者魔非佛，不者佛亦非魔。見的眞正，拏三道三是，拏三道四、拏五道十者無不是。遇知音者，不向拏、向道上尋伺，對面大笑，只瞞了瞎漢。老子此段話頭，學者且用不著。若有向上志氣，勿作驚怖在。

## 粗非豪*

混目冒躁之士者，曰粗豪。粗非豪也。果豪矣，必不粗也。且道卯君之豪中，書者喜其粗耶？亦屬其銳而長耶？如以粗也，〔一〕緝羊牛毛，如指、如臂、如腹，何難？豈不中用哉？何必兔脊、狸背、鼠鬚之選也？

## 眞英雄不粗疏*

局面大而精氣英者，伊何人哉？天下之事，以粗而敗者往往。焉有眞英雄而粗疏者！粗之一字，不學無術之人自喜之稱也。然而且有瑣屑自便之夫，借之爲欺人之具矣。

〔一〕「也」，丁本無，據他本補。

## 學不顧軀命*〔一〕

「學不顧軀命，心志清白者，吾未見其虛往也。」眞書喫緊切實語，貧道常心誦之。作遯卦「天下有山」之傍注。

## 讀書難字過*〔二〕

「讀書難字過」，是老人眞實話。「不求甚解」，亦是曠人通識，亦是嬾散人自然處。頃見人士以讀書博學自雄者，見其所與致辨爲勝，率皆人所易曉，不勞紬繹可知者，輒筆之以自鳴。至于精義奥物，皆置而不論，豈得「難字過」「不求解」與宗耶？

## 發心卽是尚志*〔三〕

會讀書底，無所非師。不會讀書底，守著師也不能與作蝍。可憐，可憐！顏涿聚魯大盜，知師孔子，此一種志向卻又不知是如何秉賦，然卻用人勸挾不得。所以禪家要個發心。發心卽是尚志。

〔一〕此條據浙江省博物館藏手稿釋文，由寶元章整理。傅山全書初版本未收。
〔二〕此條錄自文物出版社書法叢刊一九九七年第一期圖版，由寶元章釋文整理。傅山全書初版本未收。
〔三〕此條據張學良先生定遠齋藏册頁手稿釋文，由堀川英嗣整理。傅山全書初版本未收。

## 讀書不必貪多*

讀書不必貪多，只要於身心有實落受用處，時時理會。如宋儒語錄，不勝尋討，須細細涵詠之。近代薛文清語錄最好。若能領略得一句兩句，便不是從前不痛不癢人矣。

## 讀書不可貪多*

讀書不可貪多，只於一種裏鑽研窮究，打得破時，便處處皆融。此與戰陣、參禪總是一樣。若能如此，無不可用。若但亂取，東西齊撞，殊不中用，不唯不得力，且累筆性。此不是不教讀書之說，是戒讀而不精者之語。知此，則許言博也。翫物喪志之言，亦是一般。

## 家與牢*

家，但以字觀之，〔一〕宀下之豕，何異於宀下之牛？而人習以牢爲不祥，〔二〕以家爲安宅，亦大不智矣。故有志之士，在家不得灑脱，〔三〕想到天命人事，終有一掃興開交之時，自然澹冷。不乃甚濃熱，〔四〕在此世界，卻又不能絶人逃世，作自了漢。只把堯舜看天下底襟懷拏出來，一切恩愛嗜欲，

〔一〕「家」字，丁本空白，據王本補。
〔二〕「祥」字，丁本空白，據王本補。
〔三〕「不」字，丁本空白，據王本補。
〔四〕「熱」字，丁本空白，據王本補。

米鹽盆盎，俱不值一錢，只是當爲者而爲之。〔二〕

## 窩囊*

俗罵齷齪不出氣人曰「窩囊」。窩，言其不離窩，無四方遠大之志也。囊，言其知有囊橐，包包裹裹，無光明取舍之度也。亦可作膿，膿是多肉而無骨也。大概人無光明遠大之志，則言語行事，無所不窩囊也。而好衣好飯不過圖飽煖之人，與猪狗無異。

## 讀書是學人分内事*

讀書是學人分内事。析得一疑，闡得一幽，與後進作眼目，則誠有功。專欲指謫前輩之陋，則非矣。況疑義不二，後復有所析闡，則我亦在陋中耶！戒之，戒之！〔鄧藏手稿〕

## 名世不必作相*

名世不必作相，相亦未必名世。誠能令書種不絕，緜緜經史，培植聖賢根蒂，耕食鑿飲，饒足自貴，卻是天地間一種不可限量苗稼。

---

〔二〕「者而爲之」四字，丁本空白，據王本補。

## 令不斷書種*

「後人但令不斷書種，爲鄉黨善人足矣。」此吾終日求之而不得者也。〔一〕

## 子弟讀書*

子弟苟可以讀書識字，卽不可令改業。鈍工久磨，終有成就。〔拾遺、王本〕

## 傅眉詩*

寓中鬱鬱無嘉況，時取舊所理論史傳復之，餘唯昏睡而已。昨冬，眉自土堂來，有詩看之，頗頗兩日解頤，因時徵所得爲枚生之發。近日僑中，又見其飲馬、秣馬、咏史數作，頗益老鷙矣。無寫寄古度，俾此少年輩有生氣，足以鼓我輩老弊。〔拾遺本〕

## 爾心綿密*

爾心綿密，文心、霞犫兩小賦，亦豹班矣。精進其業，終有所成。然吾不欲爾爲熟閙文人。「窺其戶，寂若無人；披其帷，其人斯在。」如此藏身養德，最爲上頓。孟襄陽、韋蘇州二集，皆我與爾父（下缺）〔省博手稿〕

〔一〕「也」，丁本無，據拾遺、王本補。

## 不要奴*

不拘甚事，只不要奴。奴了，隨他巧妙雕鑽，爲狗爲鼠已耳。

## 看古人行事*

一雙空靈眼睛，不唯不許今人瞞過，並不許古人瞞過。看古人行事，有全是底，有全非底；有先是後非底，有先非後是底；有似是而非、似非而是底。至十百是中之一非，十百非中之一是，了然於前，我取其是而去其非。其中更有執拗之君子，惡其人，即其人之是亦硬指爲非。喜順承之君子，〔一〕愛其人，即其人之非亦私泥爲是。千變萬狀，不勝辨別，但使我之心不受私弊，光明洞達，隨時隨事，觸著便了，原不待討論而得。無奈平素講究不明，主宰不定，一切妄聽妄說，無師無友，混帳糊塗，强牙賴嘴，想要只等算個人物在世上，熊頭虎腦，但令識者含磣鯺鰫而已。

## 山漢*

矮人觀場，人好亦好。瞎子隨笑所笑，不差山漢啗柑子，直罵酸辣，還是率性好惡。而隨人誇美，咬牙捩舌，死作知味之狀，苦斯極矣。不知柑子自有不中喫者，山漢未必不罵中也。但說柑子，即不罵而爭噉之，酸辣莫辨，混沌鑿矣。然柑子即酸辣不甜，亦不借山漢誇美而榮也。戴安道之子

〔一〕「順承」，丁本作「承順」，據他本改。

仲若「雙柑沽酒聽黄鸝」，眞喫柑子人也。

## 山秀才*

白果本自佳果，高淡香潔，諸果罕能匹之。吾曾勸一山秀才啖之，曰：「不相干絲毫。」眞率不僞，白果相安也。

又一山貢士，寒夜來吾書房，適無甚與噉，偶有蜜餞橘子勸茶。滿嚼一大口，半日不能咽，語我曰：「不入，不入。」既而曰：「滿口辛。」與喫白果人徑似一個人。然我皆敬之，爲至誠君子也。細想「不相干絲毫」與「不入」兩語，慧心人描寫此事，必不能似其七字之神。每一愁悶，憶之，輒噱發不已，少抒鬱鬱，又似一味藥物也。

## 養漢婆娘*

凡養漢婆娘，未必都是淫婦，只是面柔耳柔，則人敢狎而調之矣。百丈之崖，但有陵夷迤徑，莫不可登。一仞之石，嶄焉如削，欲躍而上，也難矣！包孝肅笑比河清，不唯自嚴，而愛人以德之意，亦寓于中。人不至以不情擾托人，德全矣。即人不知自愛，亦因此而知儆，而知愛矣。吾謂一切竿牘之階，輭情陛之也。〔晉祠手稿、霜本〕

## 不要被瞎話瞞蔽*

南無虚空藏菩薩宗門下事，亦不可不留心，但不得令瞎話瞞蔽。〔二〕若自已有見地了，饒他奇奇怪怪，卻是糟粕。何則？我又有一種張眉竪拂作用，所以者個事套他不得。案可翻，不可襲。卽有襲者，語言之際，顚倒亦復不同。從來不知瞎喝瞎打出了多少笑話，〔三〕造了多少黑業，到如今日勝一日。〔晉祠拓本、霜本〕

## 煖煖姝姝*

「煖煖姝姝」四字，形容自喜宵器殆盡，滿眼皆是吳趨楚士，殺人陰狠是其本色。乃有挾策問人而好爲師者，豈不令專設諸、朱買臣笑其腐臭，負江山之用哉！〔鄧藏手稿〕

## 自信者*

自信者，能死能不死；不自信者，不能死，不能不死。〔省博手稿，王愛國重校。〕

---

〔二〕「令」，丁本作「會」，此據拓本。

〔三〕「喝」，丁本作「唱」，此據拓本。

## 天下無解人*

「初謂天下沒許多解人，既而謂沒幾个解人，終謂沒一个解人，而今竟道沒半个解人矣。」此話太易。天下大矣！或有之，吾不見也。然聞之矣。以其所聞，喜而公聞之人，人以爲不必然之事憋人。我意中之人，亦當如我所云，沒半个解人也。有我人不知，猶之乎有人我不知也。然終少。此中多詐。美人兮予懷。〔二〕如何？如何？

## 不仁不義之口*

不知其於人有損無損，而知於其身萬無益者，不仁不義之口；不知其於人有益無益，而知其於身萬無損者，過忠過厚之心。

## 人面*

人面正不妨過寒，〔三〕省多少諉諉也。（晉祠手稿、王本）

---

〔二〕「予」，丁本作「子」，據他本改。

〔三〕「正」字，王本與傅山全書初版本均無，據手稿補。

## 亂離之世*

亂離之世，才一起念圖便安受用，便是大糊塗。且莫説耿耿之中，有所不忘，欲得而甘心者，諸事有所不暇矣。只説要一个身輕，先貪戀受用不得。

## 離書*〔一〕

厭而作離，想自大擔荷人看之，是不濟漢營生。然不厭不離，亦終無濟日，尤是不濟漢營生也。前月二十四夜，才假寐，不知人語，亦不知自語。正喜人間傳好事，忽驚天上有離書飄來，回復「離書」兩字，新警可省。卽又復正法念處經一段，云：「一切迷惑，繇多言語。是故當於曠野空閑寂靜之處，獨無餘人，在一處坐，一心正念，壞煩惱魔，一切親舊知識、兄弟來去，語言皆離。」乃寤曰：卽此「離書」哉！命之矣！命之矣！

## 山鬼之伎倆*

山鬼之伎倆有限，老僧之不聞不見，無窮者不聞不見，卻是從聞來、見來穿過去底。不然，顢頇待渠山鬼弄你个七顛八倒，敗陣而逃，沒處安身躲死也。

〔一〕此條據浙江省博物館藏手稿釋文，由竇元章整理。傅山全書初版本未收。

樞機之發*

樞機之發，榮辱之主，言行君子之所以動天地也。可不慎乎？同人「先號咷而後笑」。子曰：「君子之道，或出或處，或默或語，二人同心，其利斷金。」〔百泉帖，谷錦秋重校。〕

卿相屈體*

俗語正在「卿相屈體」四字耳。眞能胸中有數百卷書，又何用卿相之屈體爲榮也？然無他，只是説卿相敬讀書人耳。若寘此念胸中，尚能讀得幾句書也。松僑老人山。〔嗇廬帖〕

禹見耕者*

禹見耕者五耦而式，過十室之邑則下。爲秉德之士存焉。〔鄧藏手稿〕

當秀才*

汾州一老生，好言「我昔日當秀才時」。「當」字甚有味，如今秀才，與一切「當」者何異？〔拾遺、王本〕

李然周*

李然周極可敬。遭亂入山，自墾窮壤而食，十指磂砢，如椎笨田父。知義知時，河西佳人也。〔百泉帖，谷錦秋重校。〕

## 韓屯李先生*

韓屯李先生，初極許孝義張元輔有志行。後聞張與虜官不絕往來，張再見之，卽謝不見。此近日極有分數人也。

## 張子臺*

張子臺視之似鄙樸人，然其心中不知天地間何者爲美，何者爲好，敦然似如與陰陽合德者。作人如此，自可不富貴，然而患禍當何從而來？世有高亮如子臺者，皆多力慕，體之不可如也。〔省博手稿，王愛國重校。〕

## 張秋江*

山十二三歲時所藏此二志，是南關張秋江先生家物，梅花紙板，雖不甚清明，然古色可玩，亂後失之矣。今見此，不勝念舊之感。秋江老諸生，能道所經歷事，竟日夜不怠，先人友之有年者，八十四五歲以壽終，亦前輩人也。〔省博手稿，王愛國重校。〕

## 解雜亂紛糾*

「夫解雜亂紛糾者不控捲，捄鬬者不搏撠，批亢擣虛，形格勢禁，則自爲解耳。」能言之者，未必能行。〔省博手稿，王愛國重校。〕

## 衣食與高論*

人經終年，不聞一高明之言乎？「不衣、不食可也，不聆高論不可。」此甚難言。不衣食是凍餓死，不聆高論，腌臢腐臭死矣。豈無人撥此論？卽聞高論，而無衣食，亦不終免凍餓而死！說到此間，果然使人無辭哉！呵呵大笑。滿口嚼肉，滿口呑酒，徧身羅綺，眞個賢於滿案書史？楊名遠勸人喫劣肉，曰：「給在肚裏是細絲。」明言哉！明言哉！伯夷、叔齊、爰旌目之流，餓死鬼耳。焦先、孫登、陳無已，凍死鬼耳。我悟了，多承教誨。楊名遠，蒲州人，貢士而膨，常穿松江草鞵，戴馬尾九華巾，念時文不輟口，不知何處記得一句「十年今始，得肯相饒」，往往用之，說是曉得紅拂曲。

## 文章與富貴*

文章暫爾雲行雨，富貴終然錦障泥。〔鄧藏手稿〕

## 飢渴與志氣*

當飢渴時，切莫令外面飲食操吾之命。先把个不飢不渴之意提提志氣，則飲食無權矣。然後漫漫取之，小咽三五口，飢渴之害不能毒也。戴君賓不飲食，積十四日方死，亦可以見君子度命，不全在飲食也。〔王本〕

## 崇高與富貴*

富貴兩個字，若看作受用事，便負卻富貴矣。崇高莫大乎富貴，不是而今擁千萬貲財、一官一爵之類。至於無儋石之儲而富，與無一命之榮而貴者，向詩書中求之即得，且省奔競勞苦出醜敗章也。〔王本〕

## 我累了饑寒*

偶論及某饑寒，眉從傍曰：「此輩卻非饑寒累了我，正是我翻累了饑寒。」此語大有味。饑寒眞是恩義導師。若能如此，道腴自足。〔一〕。〔嗇廬帖、霜本〕

## 貧道嘗擬作華棚*

貧道嘗擬作華棚，爲春郊尋芳集客之具，意中結構殊精妙。每歲華期，扶老慈，攜子弟，圖數日承顏於風輕雲淡之野，即事令羣季賭花事，記室隨習聲律，擷漱芳潤，以爲游藝之益。後乃要詞壇昆弟，載酒限韻，以紀一年春游之勝。於今已矣！襤褸黃冠，且圖敲木魚，持瘿瓢，沿門叫化十方茶飯，以養吾老慈矣。風味似大相懸異，究竟宜然，未是落魄耶？通侻殊自佳，悲憤塞天地。饑餓瘫瘃，不分於凡。〔傅青主法帖、霜本〕

---

〔一〕 自「此語大有味」至此，霜本作「此語大可讀，饑寒眞是恩」十字，此據嗇廬帖。

## 貧道岑寂中*

貧道岑寂中，每耽讀刺客、游俠傳，便喜動顏色，略有生氣矣。〔傅徵君法帖、霜本〕

## 匄貸不可謾爲*

匄貸決不可謾爲，此中往往作負責也。果奇才遠略，不無少因，亦得知我豪士通之。若本無經紀，而妄需人引手，打算將來，不如忍餓乾淨。始而乞憐，終而怨尤，喪氣丢人，千萬劣狀，不可勝寫。若我可以通諸人者，絶當抹去此念。與人而或負，亦不得以負我責之，並不許藏諸心。〔嗇廬帖、霜本〕

## 任元受事母盡孝*

元仲隸任姓事憶，任元受事母盡孝一則，眞誠至性，與邴根矩言同。人子自然之極，不但魏公許之，卽子桓亦不得讐也。此等情事，原不得少舟旋于中。管子曰：「使君親之，察同索屬故也。」一時就君用臣之言耳。而既云「禮義，人君之神也」，「親戚之愛，性也」，語氣亦自分明。又云：「使君不安者，屬際也。」意取用屬于君，不徒際也。若屬際則君不安，似謂不屬而際也，當屬而際也。好諛之君，聞之當喜。吾終不謂然。義合、天合，自有分别，立言者不得不爾。必竟忠是忠，孝是孝。求忠臣于孝子之門，語自深婉。卓老責趙苞、温嶠之論，天理之至。

## 元仲每患貧*

元仲每患貧，輒曰：「吾任家不聞出富饒人。卽如任棠，豈不有隱居之名？龐參訪之，先以水一盂置戶屏前，龐思其微意，久之，曰：欲吾清也。其窮可知矣。」貧道謂：君家囂，定楊粤之亂，秦亡，遂築關隘守南海。有如此窮漢耶？宣曲之任先，爲狄道倉吏，〔一〕獨以窖倉粟致巨富，漢主重之。亦可以少慰元仲之心矣。至於阿陵侯炳然雲臺，豈有食侯邑而尚不得富饒者？猶足自喜。若有唐之濤，不第工詩，李鷺爲免郡役，恐當時富虜未必能以財爲地道免役，貧又大勝矣。明初，任原、序兄弟從學於趙汸，原不受其習，而歷功至將軍，不囿于方，奇士也。何必富饒？平遙通政公良弼，歷官卅年，琴書而已。元仲家世善琴，不可不知此公。且云遠祖某公以琴授七品散官。後有憲副公能琴，亦清貧，幾不被子孫。豈琴之不富人故耶？如此，則元仲當燒琴更張矣！

## 言不及義*

羣居終日，言不及義，此等人便只是有小慧，無所用心，便生出極不好事來，不如且在博弈上斷送，較少罪過。〔拾遺本〕

---

〔一〕「狄道」，史記貨殖列傳作「督道」。

## 謀利須大膽*

凡人謀利，須是大膽，先把「名」之一字撇過，如王藍田足則止，其本領正在無所顧忌，以快其志。若又好名又不能不好利，名固不得矣，而利亦未必能大得，此亦歧牆于君子小人之間之弊。人之多言，亦可畏也。惡人惟利是事，亦足成品，若先事利而忽有所不爲，卒爲善士四字，亦終歸之。若先竊一清潔之譽，而後多營逐，下喬入谷，前夸不能蓋之。〔陳監先先生輯〕

## 名者泄氣之罅*

名者，泄氣之罅，智者逃之。機者，不測之變，靜者見之。

## 身後名不如即時酒*

瑜迦七十三卷，名一苦諦攝，其義不知何在？而但觀世之求名者良苦，使我有身後名，不如即時一杯酒，亦抉擇分中一好事耶！

## 清不如濁*

清字本是好字，而自我視之，不如濁字多矣。〔晉祠手稿，增補。〕

## 切莫存好名心*

切莫存好名心，名是影響。有表有鐘鼓，影響不須又著力安排去做矣。近來者幾個好名人敗露來，令人掩口，爾輩共聞共見之矣。〔王本〕

## 比周以相譽*

比周以相譽，陰行以取名。明知賢可以黴，與左右不同而多，多必重己。心說之而身不近之，身近之而實不至，而懽忠不盡；懽忠盡見於恐。而貌克如此者，隱於多友者也。〔鄧藏手稿〕

## 名士與妄語*

王眉子曰：「豈有名士終日妄語？」今日大異，若不能妄語，憑何作名士？〔王本〕

## 人生在世*

人生在世，期著一二不朽以傳後禩，洵可尚也。如高深甫先生遵生八牋一部，無不具備，使人得之，如珍在掌。先生其博雅君子哉！〔王本〕

## 名聲要從實地來*

「疾沒世而名不稱」、「四十、五十而無聞」。須知聖人不是教人向名聞上急做。鼓鍾于宮，聲聞于外，那個聲聞不是從實地出來底？至于道家專是逃名，不知者以爲奸術，且道謙卦只是有而不居，六爻皆吉，是奸術耶？只因後世儒者不知大道，但係二氏之言，疾之如仇。妙在就打看不見「不矜莫爭」明是書經中語，而老子取之，何也？近來有幾個讀書底，專要把來凌古人，誇今人，胸子佯佯，觸一青天。者個模様，莫說道家笑他，便吾先聖，難說許他尔尔。聖門之狌，第一是曾點。他狌，卻不是對先聖說。曾讀八索、九丘、三墳、五典，只是春風沂水耳。又要知春風沂水底胸襟，卻不是腹中無所聞見，而寡説者幾句蕭灑淡話，以掩其孤陋。且道春風沂水又是甚麼名頭心腸來也？故「四十、五十而無聞」諸語，是先聖教最下劣底一種學人，若上乘人，先聖便不與説此等話矣。孟子説「聲聞過情，君子恥之」，是兩句老實話，教人人醒得。可憐人人讀之，人人不略迴炤迴炤，只嫌其名之不過情也。磣鬼們做名頭事，眞正偷東抹西，把一副頑面皮放得本本底，搖擺妝扮，覺得誰也不如我。明眼人冷冷覰破，半錢不值。漆園先生「發塚」之譏，尚是説能戮力記誦底，此輩又不在其話下耳也。〔晉祠手稿，增補。〕

## 修名之人*

修名之人，醜態不勝千百萬狀，隨一舉動，隨有無數窟壠。忠厚者尚不揚扢，少輕薄者描寫惟恐不工矣。其人尚不覺，沾沾自喜，愈益自鳴，亦無可奈何，亦無奈何。〔二〕實大聲洪，苟有實矣，不愁無聞。〔晉祠拓本、霜本〕

〔二〕霜紅龕集本脱「亦無奈何」一句。

## 宵人*

宵人自己覺靈慧，動輒覓得人便意。君子以其便意者爲不屑而與之，宵人便以爲君子墮其計。〔二〕

## 處士之心*

處士之心，怕多一番麻煩，不自在耳。〔霜本，增補。〕

## 先曾祖遺訓*

先曾祖家書與先祖在陳州時行草寸許大字，其中有「爾只體帖『公生明，廉生威』六字」，紙末又大書一行，曰「切忌乘怒責人」。山藏之，圖上石，作家寶，亂失之矣。所能記者，只此十二字耳，子孫尚知之。〔嗇廬帖、拾遺、王本〕

## 病狂都有我*〔三〕

病狂都有我，知妒卻無人。

---

〔二〕 此下，傅山全書初版本有丈夫垂名一條，因所引爲杜詩，故移至雜記（八）要字條前。

〔三〕 此條據寧波天一閣博物館藏手稿釋文。由張文穎整理。傅山全書初版本未收。

先離垢君嘗書「韓魏公說到小人忘恩處，如道尋常語」于壁。

## 凡好詆毁人*

凡好詆毁人，于人無纖豪之損，而其奴氣自呈，惹人厭賤。〔省博手稿，王愛國重校。〕

## 說我好駡人*

天下虚心人莫過我，憐才人亦莫過我，而謬膺一「好駡人」之名，寃乎哉！即使我眞好駡人，在人亦當自反。駡不中耶，是仰面唾天。若駡中耶，何不取以自省，以我爲一味藥何如？〔一〕況我又知佛教中說，一破戒比丘過者，如出佛身血。此等工夫，少能自檢，不知於人我之間培多少忠厚和平之德，何利於妄口誣賢而爲之！訐以爲直，聖賢大惡，童而習之矣。

## 朋友之難*

朋友之難，莫說顯爲賴人者不可誤與，即頗好名之人，亦不可造次認賬。相稱相譽之中，最多累人，〔二〕人不防也。此事亦是曾經與此輩交，而受其稱譽攀援之累者，始知之。所以獨行之士，看著孤陋，其養德遠辱之妙，眞不可測。故認得一人，添得一累。少年當知之。　七十六歲翁傅山書。

〔太原段帖、霜本，王愛國重校。〕

---

〔一〕「一味藥」，丁本作「一藥味」，據王本改。

〔二〕「多」，傅山全書初版本誤作「爲」，據段帖手稿與霜紅龕集改。

## 交友不失輕浮*

「人生許與分，亦在顧盼間。」世上豈無若輩！然不如漸與日深者，不失之輕浮誤信也。若夫眞正豪傑，一言半語，性命同之，何方爾爾！但恐一眞一假，便有單複。且諸生離卻幾篇時文，〔二〕無所與交，可知時文中有幾个像樣底人也？〔太原段帖、霜本，王愛國重校。〕

## 好友不可交財*

大概好友斷不可交財，以護其始終可也。凡極相好之人，一旦無故乖離，其人必不祥，此亦幾微之可以先者也。所以古人道：「絕交不出惡聲。」無可奈何，自厚而已。〔陳監先先生輯〕

## 交遊一道*

交遊一道，不如不交遊好。眞可與交，不見面亦交。若匪人，日夕傾倒，何益於我？徒陪卻好工夫耳！〔王本〕

## 我的交遊*

吾自二十歲外以來，交遊頗多，亦儘有意氣傾倒之人，漸漸覺其無甚益我處。庚午，楊城張公

〔二〕「離」，丁本誤作「輕」，據段帖改。

子履旋赴鄉試來會城，司徒公寄與扇子一柄，一詩戒之。首句曰：「交友休從意氣生。」吾初疑其不然。人無意氣，亦何足與交也？後來漸漸知所謂意氣者，皆假爲名士之弊，坐此敗露者實繁。始知前輩皆實實歷過，才以此等句教子弟也。〔太原段帖、霜本〕

## 親仁善鄰*

親仁善鄰，國之寶也，而村居愚惡，全昧此義。鄰村上下，苟可凌躒，無所不至，焉能戶告？讓之則不知其讓，而遂弱之欲兼矣。想古時或不爾耶？〔拾遺本〕

## 兄弟親*

舍兄弟不親，天下其誰親之，誰知天下卽有不欲其兄弟相親之人。賈詡，亂人也，而寄語袁氏兄弟曰：「兄弟不能相容，而能容國士乎！」且看詡何如人，乃知以此等語揶揄不肖。有兄弟者念之！〔嗇廬帖、霜本〕

## 兄弟左右手*

兄弟者，左右手也。譬人將鬭而斷其右手，曰：「我必勝若。」如是者，可乎？棄兄弟而不親，天下其誰親之？屬有讒人反構其閒，以求一朝之利，願塞耳勿聽也。〔霜本，增補。〕

## 白鷴墮海*

新會白崖山御舟白鷴哀鳴墮海事，〔一〕令人痛激。吾常道及，便淚出也。至情至性，何必在人，禽鳥尚矣！（晉祠手稿、霜本）

## 只爲愛花不怕死*〔二〕

戴之莊紫阿果花，著有楊昆弟勸曳春屧逶迤入香林，披離雪片，歷落臙支，莓莓綴花，未哆也。丹崖老子夷睨之，眼花、耳花、鼻花、舌花、意花，根塵識十八花陣，若花有言，令卬以死，老子卽能斫頭陷胸死花下，尚榮落英爲馬革。浣花翁之詩：「不是愛花卽死花。」卬爲釄之：「只爲愛花不怕死。」日之夕矣，迷留沒亂，抱懷而反。如傷别離，閈敷一切樹花。夜神揶揄：「卬若不愛花。若眞愛花，死之可也，何待花有言責死乃死也？」卬憮然。卬其負山之人哉！

## 名根

天子求言而無受諫之地，雖納諫亦是名根。莊子曰：「爲善無近名。」此語不得胡盧提過。

〔一〕「新會」，丁本誤作「新念」，據手稿改。

〔二〕此條據臺灣何創時書法基金會藏嗇廬翰墨手稿釋文，由堀川英嗣整理。傅山全書初版本未收。

## 邪來煩惱至*〔二〕

邪來煩惱至，正來煩惱除。邪正不兩立，清淨至無餘。

## 險莫險於談論*

險莫險於談論，危莫危於弄筆，恥莫恥於妄作，慙莫慙於無學。寡言則途坦，焚硯則心安。知恥不殆，知慙長進。慙恥交生，不墮危險。

## 廓清本體*

「先帝知臣謹慎」，只此便是翼翼小心。「澹泊明志，寧靜致遠」，只此便是廓清本體。

## 老人心情*

老人與少時心情絕不相同。除了讀書靜坐，如何過得日子？極知此是暮氣，然隨緣隨盡，聽其自然。若更勉强向世味上濃一番，恐添一層罪過。

---

〔二〕　此篇前，傅山全書初版本有「佛之妙用」一篇，因是景德傳燈錄道信對法融語，故删去。

王道語*

「酒正使人人自遠」，王光祿道語，非復沈湎類説，一切瞎嗑人那得妄引！〔一〕（鄧藏手稿）

得少爲足*

得少爲足，于問學則小器，于飲食爲上智。

凡事天勝*

凡事天勝，天不可期。〔二〕人純天矣。不習於人，而自期以天，〔三〕天懸空造不得也。人者，天之便也。勤而引之，天不深也。

昨日新前日陳*

昨日新，前日陳；昨日陳，今日新；此時新，轉眼陳。大善知識，無陳無新。口頭有轉軸，一轂三十幅。山之庨窌巧老，水之窊隆詭戾，收在長笛鏓硐，一氣吹出都是。

〔一〕「嗑」，傅山全書初版本誤作「啞」，據手稿改。
〔二〕「期」，丁本作「欺」，據拾遺、劉本改。
〔三〕「期」，丁本作「欺」，據拾遺、王本改。

## 無常*〔一〕

閻王差鬼使勾人，皆是猙獰醜漢，所以人人懼怕。若令西子、毛嫱作鬼使，則人人怕不得死矣。死，一也，而憂喜不同，此之謂隨境轉移，故曰無常。堪爲大地衆生一笑。

## 勸君莫逞才*

勸君莫逞才，才露爲薄輕。勸君莫用智，智與詐爲隣。

## 吃柳菇*〔二〕

昨涵虛送柳菇，晚飯熇噉之，風韻不可名狀。會痁新合，頗疑其濕熱蒸來會有發，不敢放口大嚼。然實强忍之，又復時時少啜其汁，眞未曾有之味。夜間瘖口微作癢，次早果有一小漿泡。吾終謂是其濕熱之性所蒸及也。夜飯尚有十許莖，復熇噉之，美更甚於初。想安得日日有此奇脆之味說此老脾？此物素以春日多生食。壬午、癸未時，秋住西村，沿河柳下不時摘得，方有秋菇之美。今年秋雨絶少，重九始一場，遂能有此奇味。不餽噉此者實二十餘年矣，復得食此，那得不貪！〔鄧藏手稿〕

〔一〕　此篇前，傅山全書初版本尚有「刻削之道」一篇，因是韓非子說林原文，故删去。
〔二〕　此篇前，傅山全書初版本尚有「宋之富賈」和「衛人嫁其子」兩篇，因是韓非子說林原文，故删去。

## 猜字*

吾極喜近日柏山和尚一「猜」字。

## 眼鏡*

魏道官卓上放一眼鏡，最好。問是多少價，曰一錢多。我要問他買，又恐他不賣，縮舌不曾與言。別處有，皆不如他底。不知可是他底。者鏡恆好與我眼分數對耶！〔省博手稿，王愛國重校。〕

## 老眼在黑房*

老眼在黑房，全看不見，逕寫翻了。及到晾處，才知是翻。吹吹！〔省博手稿，王愛國重校。〕

## 介賁*

十五年前，吾見介賁尚蹀躞狹邪，固者或依之，又或離之，吾獨無異同。追憶三立之集，一二老大理學座下人，爲陰有北里之興，獨不把面目向吾。數數過我，爲招素所狎妓勸酒，輒流連日夜，亦于我無異同也。頃八、九年來，介兄逕閉門，不街市輕踏半步，守郎君讀書，使欲入道，只不長齋耳。吾每過州必集，集竟日，欲無言，卽言亦低如無聲。安往非學問進也？且如今年，以錄科例，應入省，逕死心踏地名刹之念，聲銷影滅矣。益知向日狹邪之游，全不礙蒲團上事。松僑附記。〔潛蘇集帖〕

## 先曾祖結婣王府*

先曾祖之結婣王府也，迫於勢。卽因騎過中尉之門，中尉數數見之，一旦擁而入，莽插戴之，王府選中婿，卽與簪花掛紅，謂之插戴。不令出。遂聞之於府主，而請爲儀賓矣。既贅於府，隨其黨朝王畫卯，米鹽牽制，不得自由，甚恨之。稍長，遂廢讀書業，郎青君亦無可奈何，聽之而已。復聽娶妾，始得娶殷太宜人，〔二〕而生先大夫兄弟三人。先高祖妣王，尚居忻州。先大夫之生也，王聞而奔會城，抱先大夫歸忻，顧乳撫養之。每晨汲水井上，輒以裙束先大夫於胸襟前，先居士每道先大夫念茲，輒泣下沾襟，思有報之，不遂。曰：「我脫墮井，願兒隨我去。」不欲落他人手也。當時情勢如此。先祖既貴後，諸舅尚挾宗室勢力，不命坐不得坐。至先御史祖，則與抗衡，不甚修甥舅之意，諸舅亦稍凌遲遜謝矣。先曾祖考終，遺筆有「子孫再敢與王府結親者，〔三〕以不孝論，族人鳴鼓攻之」。凜凜在子孫耳目間也，豈無所爲懲哉！豈無所爲懲哉！至先叔，諱譔。徑以其子從周。尚晉穆王之女。裕王之妹。先伯、先父痛阻之不得，而終犯先曾祖遺命，誠不知其孝與否也。當王女出府時，不知受中官宫人多少鏖糟苦惱，而先叔安之。異哉！

王女出府後，先伯待其拜祠堂，三日不來。先伯卽上裕王書，書辭甚偉。裕王，賢王也，隨遣兩中官督之。謁祠堂時，伯叔四門，王亦遣逐門拜諸公姑。先伯云：「王女亦不必逐門拜也。」拜祠堂畢，先伯叔四人在庭，令總拜之。先伯母及叔嬸同在内樓下，亦令總拜。皆立受四拜，然後如

---

〔二〕「人」，丁本作「大」，據他本改。

〔三〕「結」，丁本作「接」，據王本改。

民間新婦，各送拜禮，請新婦喫飯也。王女亦甚樂於往諸公姑家，往來不挐般作勢，而中官宮人故爲尊貴之耳。

## 無用老人*

西村住一無用老人，人絡繹來，不了，不是要藥方，卽是要寫字者。老人不知治殺多少人，污壞多少綾絹扇子，此輩可謂不愛命、不惜財，亦愚矣。勸己之莫逆之友，少年若或有之，不知何故，漸漸衰毁，始知我與人莫逆，而人不與我莫逆也，可憐哉！然我不負人，面無慚色，盡其在我，終不失爲長也。〔陳監先生輯〕

## 不知那個是眞我*

老來打算不化以待盡，事事不如人，不如物。偶見鴨子在塘中浮水，洒快活地，我不如鴨子。又見明雞飛入柳林中鳴，又洒快活，我不如明雞。内炤，又有我不如我處。同我，我有不同，不知那個我是眞我。〔晉祠手稿，增補。〕

## 老人之苦*〔一〕

瘡痛急時不暇理，噎膈及大便秘時又不暇理。瘡痛苦哉！老人之苦遝集，展轉無俚，良難生

〔一〕此條録自上海書法雜誌二〇〇七年第四期刊傅山傅眉書册，手稿藏朶雲軒，由葛敬生整理。傅山全書初版本未收。

活，氣血俱衰極矣。即藥餌何裨，不但補益難，即消導亦不靈也。

## 過凨猶*

平白地被人拉扯過凨猶，放耙弄箒，整忙一月。耑來敝廬，亭午坐棗樹下，喫水飯，過以苦苣，才覺是自己脾胃受自己滋長，一月前酒肉與我何干也！三十年不噉凨猶苦菜矣，今年在彼，正當脆嫩，眞如綠玉，極宜薄脾，一切油膩賴之滌盪，良仙茹也。〔百泉帖，谷錦秋重校。〕

## 甲寅八月*

甲寅八月，同胡季子過吾玉介石山房，宿龍泉道靖。孫蓮蘇侍。　眞山題。〔一〕〔傅山書法〕

## 甲寅八月*

甲寅八月遊靈泉了，發青龍，過金容寺小憩，寺主老量不募不積，不宗不教，力田脩寺，知報佛恩者也。煮粥一宿去。偕來者王珸、胡庭，孫蓮蘇侍。　松僑老人傅山題。〔傅山書法〕

## 己未十月*

己未十月十九日，又得全盆四紅。〔省博手稿，王愛國重校。〕

〔一〕「眞山」，傅山全書初版本誤作「傅山」，據傅山書法改。

## 庚申正月*

庚申正月初五日夜半，夢入似一廟堂，雲塑梓潼相。及細仰看，卻非梓潼相。纔塑泥朝冠服，相形甚老，尚未莊飾金采。方仰看時，神忽起立，漫漫向座上西邊，以手點山。山近之，神手出一物，金色，物如此，上玲瓏，與山。山接之，則成一金扇。展視之，上通有字滿面，方寸大。頭一行寫「此生自重泉而生」，此七字最眞，後恍惚讀不眞。少頃，從堂西過一人，則非神矣。方巾青衣，微須，指此扇上字，云是蘇字。山于時向上禮拜，云願皈依。〔省博手稿，王愛國重校。〕

## 庚申十月*

庚申十月二十八日，有白氣從西南起，長徑丈餘，如布寬，直抵天河，至臘月初漸微。〔省博手稿，王愛國重校。〕